U0103242

張永堂著

明末清初理學與科學關係再論

臺灣學生書局印行

明末清初理學與科學關係再論　目次

第三章　梅文鼎的生平與思想……一〇五

緒論

關心明清思想史的學者總要碰到一個問題，即清代經學興起的原因是什麼？或宋明理學何以轉變爲清代經學？因此學界不斷從政治、社會經濟等各種外緣因素以及思想史內在的發展理路加以解釋，也因此我們目前對於明末清初經學的興起及其與宋明理學之間的關係可以說已經有一個較全面的了解。可是相對的來說，明末清初科學的興起及其與理學之間的關係卻較少討論。科學雖然在明末清初似乎還不能像經學那樣是一個主要學術潮流，但是起碼也是一個重要潮流，它與經學的興起有同步的現象，而且由於學術專業化還不很強（比起今天而言），它與經學之間也有許多同質性。因此我個人始終認爲在探討理學與經學關係的同時，若能同時對理學與科學加以探討的話，應該更有意義。而且既然從思想史內在理路可以提供宋明理學演變爲清代經學一個合理解釋，則理學與科學之間亦必然有思想史內在理路可尋。拙著《明末方氏學派研究初編——明末清初理學與科學關係試論》（文鏡文化事業有限公司，1987，以下簡稱《試論》）一書中已作了初步的探討。但是當初本人對於理學與科學關係的論斷主要是依據安徽桐城方氏五世家學的觀察中所獲得的啟發。因此我總覺應再從方氏家學以外，尋找更多個案才能使結論更具說服力。本書《明末清初理學與科學關係再論》就是在這樣的背景下完成的。

明末方氏學派肇始於方學漸。他曾撰《心學宗》一書以闡揚心學。但他有覺於陽明心學末流的流弊，因此提出了「挽朱救陸」的主張，意欲以朱子學矯正陽明學的缺失。三傳至方以智則提出「藏理學於經學」的口號，與顧炎武「經學即理學」的主張不謀而合，象徵著宋明理學轉入清代經學的里程碑。他所撰《通雅》被四庫館臣譽為開清代經學考證之先河；他的《物理小識》則被目前學界公認是科學研究之著作。而方氏家學四傳則有方中德《古事比》、方中通《數度衍》、方中履《古今釋疑》，則更顯明的反映了清代學術之特色。根據方氏家學的發展，我們起碼可以得到以下一些結論：一、方氏家學五代的演變可以說是明末清初由宋明理學演變為清代經史考證的一個縮影；二、由方以智同時撰述《通雅》與《物理小識》（該二書原擬合刊發行）可以看出經學考證與科學研究是同步發展，而且內容上有同質性；三、「挽朱救陸」的主張，顯然企圖以朱子學矯正陽明學的流弊。換言之，方氏想用朱子格物說來補陽明格物說的不足；四、明末清初科學與經學的興起，從思想層面說都是朱子格物說的一種發展。這也就是拙著《試論》一書的主旨。

由於拙著《試論》一書並不是以哲學論證方式去證明程朱或陸王哲學可否開展科學，而是以史實舉證方式，探討理學家研究科學，或科學家研究理學的個案，來看理學與科學的關係。因此我覺得若能在方氏家學以外，多做幾個個案研究，或者可以對《試論》中的觀點有所修正或進一步印證。因此本書乃根據方氏家學以外的熊明遇、游藝、梅文鼎、王錫闡做個案研究。其實這四個人除王錫闡以外，都與方氏家學有些關係，熊明遇是方孔炤（方以智父親，著《潛草》一書，為科學著作）的朋友，也是方以智西學啟蒙老師之一。游藝從熊明遇習天官之學，所著《天經或問前集》由方以智鑒定，是方以智的學生。梅文鼎雖與方以智未曾謀面，但是兩人的易學頗近，方以智亦甚欽服梅文鼎象數之學的成就。方以智諸子與梅文鼎有密切往來。也由於這些關係，我在《試論》一書中曾企圖把這些與方氏家學主張相近的學者稱爲「方氏學派」，以凸顯當時學術思想特色。不過他們並無意要成立「方氏學派」，今人逕以此名之，頗覺不妥；而且以「學派」固有助於了解他們共同的主張，但是相反的也阻礙對彼此相異性的了解，因此我目前傾向放棄「方氏學派」的觀點，而寧願以個案對他們的觀點做深入研究。當然以與方氏家學有密切關係的人物爲個案印證《試論》中的結論，或許可能給人不客觀的感覺，不過目前本人研究重點在此，其他則有待來日。

其實，無論熊明遇、游藝或梅文鼎、王錫闡都不是有名的思想家，因此一般研究思想史的人很少注意到他們。但是他們都研究科學，都有科學著作，而且都在著作中反映了一些思想觀點。我個人覺得以他們從事科學研究而提出來的一些思想主張，反而更具有反映時代思潮的意義。因此我企圖由他們本身來回答以下的一些問題：他們從事科學有何思想上的動機？他們對理學都有一定素養，那麼他們把自己的研究定在程朱（包括邵蔡象數之學）或陸王？亦即他們對程朱與陸王採取什麼態度？他們都是儒者，而不是僅有一技之長的「疇人」，那麼他們如何爲自己的研究在儒學中定位？而他們在儒學中爲科學定位時，他們又如何爲儒學定質？換言之，他們如何賦予儒學新的內容？此外，如果科學是原始儒學的內容，那麼科學與經學關係又是如何？由於他們都接觸了耶穌會士傳來的西方科學，甚至有的與耶穌會士有密切往來，因此我們也必須了解他們對於西學的態度如何？他們對於中西科學的比較、會通有何看法？西方耶穌會士對中國科學的批評，他們的反應如何？如果這些問題可獲得解答，則本書所要探討的理學與科學關係，便有了滿意的答案。而這些答案對我們了解明末清初思想史的轉變應有所裨益。

本書第五、六章原是國際學術會議宣讀的論文，主要都是探討耶穌會士傳入西方科學對中國的影響。因爲與本書論題有密切關係，故一併收入。這兩章主要是在說明耶穌會士介紹西方科學雖然只是傳教手段，但畢竟把西方科學傳到中國而產生相當大的影響，這種事實不應否認。但是我更主要的論點，是耶穌會士對中國的影響，不純粹只是增加了科學知識，而是科學的思惟方法。簡單地說，耶穌會士爲了把創世主的地位保留給「天主」，因此一方面否定朱子的理生氣、生物、生數等觀念，一方面則強調「理在物中」、「致知在格物」、「求理於數」、「推闡所以然」等等觀念方法。而這些西方「窮理學」的特徵其實與程朱格物窮理觀念是完全相合的，朱子雖主張理生物，但更常談論的則是「理在物中」、「窮理於物」。因此我的結論是西方格物窮理之學所提供的科學思惟方式與程朱格物說在某些層次上完全相符，而且豐富了程朱格物窮理說，促進了明末清初科學的發展。

最後有一點必須說明的是，本書使用「科學」一詞指明末清初學者從事的「物理之學」、「格致之學」、「窮理之學」，也是不得已的。因爲「科學」一詞因時、因地、因人而往往有不同的定義，恐易啟讀者誤會。但是如果我用明末理學與物理之學或格致之學、窮理之學的關係作爲書名，恐怕讀者更莫名奇妙。因此在不得已情況下還是使用「科學」一詞。讀者但知其意即可。

本書完成頗爲匆促，疏漏自知難免，尚祈讀者鑒諒。最後兩章頗有大題小作之嫌，將來擬補充資料，再作申論。本書對耶穌會士來華之前及雍正禁教之後理學與科學關係的許多有意義課題未作探討，也只有俟諸來日。

第一章　熊明遇的格致之學

無論從中國思想史或中國科技史而言，熊明遇可以說是一位名不見經傳的人物。《明史》有他的傳，但所記載的主要是他在明末萬歷、天啟、崇禎三朝仕宦的事蹟，幾乎完全沒有透露他在學術思想方面的蛛絲馬跡。入清以後，熊明遇是一位隱居的遺民，因此有關於他的記載更少。甚至阮元《疇人傳》也完全沒有提到他。事實上，熊明遇在明朝萬歷年間已與耶穌會士有密切往來，對於西方的神學、倫理學、科學都有頗爲深入的了解，而且進而援引西方學問從事格致之學（或稱「物理之學」）的研究，《格致草》六卷便是他的代表著作。他可以說是與徐光啟、李之藻同屬研究西學的第一代學人。熊明遇雖然沒有成系統的理學著作行世，但是他也講性理之學，而特別強調居仁集義之旨。因此他的格致之學與性理之學之間應該有極爲密切的關係。本文基於這樣的假設，擬以《格致草》爲主要依據，探討熊明遇格致之學的內容與意義，進而分析明末格致之學與程朱理學之間的關係。

第一節　生平

熊明遇，字良孺，號壇石山主人，江西進賢人。生於明神宗萬歷七年（1579），卒於清順治六年（明永曆三年，1649）。萬歷二十九年（1601）進士。授浙江長興縣知縣。次年之任。四十三年（1615）擢兵科給事中，旋掌科事，上疏極陳時弊❶，帝不省。亓詩教等以明遇與東林通，出爲福建僉事，遷寧夏參議。

天啟元年（1621）台省交薦，內擢尚寶少卿。二年（1622）陞太僕少卿，尋擢南京右僉都御史，提督操江。天啟四年（1624）建營伏虎山，選練蒼頭軍，以資守禦。永樂中，齊王榑以罪廢，其子孫居南京，號齊庶人。有睿熗者，自負異表，與奸人謀不軌，明遇捕獲之，置其黨十餘人於法。魏忠賢黨謀盡逐東林，以明遇嘗救御史游士任，五年（1625）三月，給事中薛國觀遂劾其黨庇徇私，忠賢即矯旨革職。未幾，坐汪文言獄，追贓千二百金，謫戍貴州平溪衛。

莊烈帝即位，釋還。崇禎元年（1628）起兵部右侍郎。明年進左，遷南京刑部尚書。四年（1631）召拜兵部尚書，疏陳四司宿弊，悉見採納。楊鶴被逮，明遇上疏言剿撫之策，帝亦納之。❷

五年（1632）正月，山東叛將李九成等陷登州，明遇過信巡撫余大成言，力主撫議，久愈猖獗，萊城被圍幾陷，乃調關外軍討定之。當是時，清兵入宣府，巡撫沈棨與中官王坤等遣使議和，饋金帛牢醴，師乃旋。事聞，帝惡棨專擅，召對明遇等於平台。明遇曲爲棨解，帝不悅，逮棨下吏。於是給事中孫三杰力詆明遇與棨交關誤國，同官陳贊化、呂黃鐘，御史趙繼鼎連劾之。明遇再疏乞罷，帝責以疏庸僨事，命解任候勘。尋以故官致仕。久之，用薦起南京兵部尚書，改工部，引疾歸。明亡，與子人霖流寓福建建陽縣崇泰里熊屯。越五年回江西進賢。順治六年二月得脾疾，至六月，端坐長逝，享年七十有一。❸

以上這個傳統式的履歷傳記，對於熊明遇一生仕宦的理解固然提供了最基本的資料，但是如果僅從他一生中的幾件重要事蹟，如上疏極陳時弊而不爲所用，與東林往來而爲閹黨革職，平定明末民亂不力而解任，明亡後遺民以終等等而言，他與一般明末官員的遭遇是很類似的。由於他是遺民，《明史》對於他入清以後情況幾乎全無記載，這是可以理解的。但比較遺憾的是他在學術思想方面的成就，也隻字未提，因此以下我們將根據《文直行書》所提供的線索，做一些背景的介紹，再以《格致草》爲中心，對於他的學術思想作較深入的分析。當然熊明遇曾官至南京兵部尚書，一生經歷明朝末年的黨爭、民亂，以至亡國，這樣的經歷與他強烈的經世思想及會通中西以發展格致之學之間應有密切的關聯，以下我們將作進一步的分析。

第二節 著作

熊明遇著作甚富，據其子熊人霖〈文直行書初刻述事〉云：「文直書藏名山凡二百四十餘萬言，今刻以行者不及十分之二」❹。換言之，熊明遇著作刊刻行世者不到五十萬字。由於熊明遇入清以後，以遺民而終，因此他所刊行著作流傳也不廣。目前本人所見有關熊明遇著作主要的有《文直行書》與《格致草》二書。《文直行書》共三十卷，除首一卷外，詩十三卷、文十七卷。此書爲熊人霖於順治十七年（1660）編刊，國立中央圖書館藏。《格致草》六卷，爲順治五年（1648）由熊志學所刊刻。熊志學把《格致草》與熊人霖《地緯》合刊，並命名《函宇通》行世。目前似僅美國國會圖書館藏有一部。《格致草》是本文探討熊明遇格致之學的主要依據，以下諸節將詳細加以介紹。本節擬就《文直行書》的特色略作說明，以便幫助我們對熊明遇有進一步了解。

《文直行書》除了十三卷的詩以外，大部份文章都是記、書敘、賀敘、祝敘、議論、章奏以及列傳、行狀、墓表一類的作品。此外也有些關於道學、經學、史學、物理之學的片斷文字。大體而言，這些文字不易看出熊明遇的系統思想，但是至少有三個特點值得提出加以說明。

（一） 熊明遇著作中詩文似可反映明末文學的一些主張。其子熊人霖刻《文直行書》所列凡例說：「先文直公論詩最重辨體。不惟律詩字句不可入古詩，即唐古亦不可入選古。選古之與樂府，亦各有門逕也」。又說：「先公論文最貴深重典雅。六經爲經，周漢爲緯。……雜文間有用魏晉南朝體者」。此外，如記、書敘、賀敘、祝敘、議論、章奏都頗著重辨體。可見就文學觀點，熊明遇自有一套主張。

（二） 熊明遇著作反映強烈的經世思想。他的作品在形式上最重辨體，而內容上卻最重載道。熊氏一生事功在吏治與軍政。他親身經歷了明末軍事與政治的各種問題，因此，在他的奏疏一類作品，很明顯反映了他對明末問題解決的一些看法。即使他在經學、理學、史學、物理之學方面的關心，也與經世思想有密切關聯。也因此他死後私諡爲「文直」。熊人霖說：「孔子之言曰文不在茲乎？孟子之言曰以直養而無害，則塞乎天地之間；先君子每舉以教小子暨來學」。故私諡「文直」。又其著作題曰「行書」之理由，熊人霖也有說明。他說：「題曰行書，猶之寸晷而可定分至也」。似乎他的著作不只是坐而言，而且可以起而行。[5]

熊明遇曾說：「天下無離世之學問。入世焉而自得而已矣」❻，由此可知其學問具經世思想。

（三）熊明遇雖一生成就在事功，但是他對理學卻很重視。他認爲事功、氣節都要以理學爲歸宿，才是聖人之學。〈文直行書凡例〉曾說：

先公（指明遇）少與梁溪、潯上、關中、吉州諸君子游，講道談心，深契居仁集義之旨。當身當官，時時體驗，晚而盎然達天，獨不肯開講受徒，恐啟標榜附會之門。

可見熊明遇雖因避免標榜附會，而未開講受徒，但自少與梁溪、潯上、關中、吉州諸君子游，對理學頗多講求。所謂「居仁集義之旨」更明白指出他傾向宋儒程朱一派的理學主張。熊明遇認爲理學是事功與氣節的歸宿；否則講事功將雜于霸，講氣節則傷于激。他說：

理學、事功、氣節三而一者也，要以理學爲歸宿。事功不本諸理學，則勳蹟雖爛，雜于霸而已矣。氣節不本諸理學，則矜奮不顧，傷于激而已矣。❼

又說：

今之時倘有能爲轅固生言《詩》，伏生之言《書》，高堂生之言《禮》，田生之言《易》，董仲舒之言《春秋》，而又以明天人分際，古今興革，律歷河渠，鹽鐵兵馬，設科課程，敬業樂群，浸尋于河津、姚江之間而折衷于孔子，寔學彬彬，事功、節義一本于此，而後乃今爲聖人之徒，庶不爲當世之所指目也。（同上）

熊明遇所謂理學即是實學，包含六經、歷史、地理、吏治、軍政等，是事功與節義之本。它既不單指程朱理學，也包括河津、姚江理學，而根本則在於原始儒學，即折衷于孔子。由此可見明遇的事功與經世思想與宋明理學有密不可分的關係。當然與經世思想相連繫的還有熊明遇的格致之學。這是本文論述主題，留待下文討論。

第三節　熊明遇與西士、西教的關係

讀過《天學初函》的人都知道熊明遇曾在萬曆四十二年（1614）爲龐迪我的《七克》撰序，名〈七克引〉；同年十一月仲冬也爲熊三拔《表度說》寫序。可見熊氏在萬曆年間已與西士往來，並對西學有相當理解。他在萬曆年間所撰的《則草》就是彰顯西學、研究物則之科學著作，也是《格致草》一書的前身。

熊明遇在《格致草》卷五，〈野火〉條云：

……以上四論似涉荒唐，然歐邏巴人常與余言，彼國有山，火燄常不滅；環山之下，水草常茂美，或亦不誣也。

他的兒子熊人霖所撰〈懸象說〉更明白指出他父親所交往之西士：

> 先君久與龐、陽、徐、畢諸君遊。初刻《則草》，始章西學；晚刻《格致草》，稍正金水諸天之未盡，則以遠鏡之測，尚有剩義也。❽

按：龐指龐迪我，陽爲陽瑪諾，徐是徐光啟，畢即是畢方濟。熊明遇所交往之西士除此三人以外，可能還有熊三拔。蓋明遇曾爲熊三拔撰〈表度說序〉。這些耶穌會士都有豐富的科學與神學著作，對熊明遇自然有影響。至於其他未曾直接往來西士的作品多少也會有影響。

熊明遇對西士極爲稱許。〈七克引〉說：

> 西極之國，有畸人來。……偕徒友十數，絕海九萬里，觀光中國，斯亦勤己。……諸公大雅宏達，殫見洽聞，精天官、日曆、算數之學，而猶喜言名理，以事天帝爲宗，傳華語、學華文字，篝燈攻苦，無異儒生，真彼所謂豪傑之士也耶！❾

「畸人」一語，出自《莊子・大宗師》：「（子）曰：畸人者，畸於人而侔於天」，也就是說西士雖異於世人，卻精於天學。因此與中國儒生無異。

〈表度說序〉又說：

> 西域歐邏巴國人，四泛大海，周遭地輪，上窺玄象，下採風謠，彙合成書，確然理

解。仲尼問官于剡子，曰：「天下（「天下」當爲「天子」之誤）失官，學在四夷，其語猶信」。⑩

按：《左傳》昭公十七年剡子來朝，孔子問學於剡子⑪。把西士比爲郯子，換言之，西士有值得中國儒生請益之處。此一主張不但充分顯示熊明遇對西士尊敬之態度，也對中西文化交流提供一極佳之準則。方孔炤、方以智也是抱著這種態度接受西學。這種以仲尼問學於郯子作爲接受西學之根據，與「西學源於中國說」有某種程度之不同。關於熊明遇與西方科學的關係學界已有初步討論⑫，本文擬就熊明遇與西方宗教教義關係略作說明。

熊明遇的格致之學雖然大量藉用西學以探討天文曆法，而且也運用四大元行與中國陰陽五行解釋各種自然現象，但是他畢竟是一位傳統的儒家學者，他最終目的是在探討宇宙間的理，也就是他所說的《中庸》「不貳之道」與《孟子》「所以然之故」。顯然他在從事科學研究的過程中，也不斷在尋找「原理」、「定理」、「所以然之理」，這一部份結論是否正確是另一個問題，然其研究態度卻頗具科學精神。但是當他在追求宇宙間之最高原理時，似乎把最高的不貳之道歸諸於「神」與「上帝」。首先我們應指出他把神當作道的同義語。他說：

神之爲道，充斥形氣，幹運無方而不滯於形氣。大如天地，小如人身，形氣之內，形氣之外，靈應動盪，何處非神，何處是神。天地所以不毀，人身所以常存，皆神爲之。必指其事象，以求一事一象，各具其神，萬事萬象，統體其神，謂神爲道可也。

神是無所不在的，充斥於形氣之內之外，而且也是天地人所以常存不毀的原因。因任何一事一象都有其神，總體而言萬事萬象也有其總體之神，因此他的結論是「謂神爲道可也」。[13]

熊明遇不但以神來解釋道，而且似乎企圖用西方的上帝來解釋道。他首先指出探討天地人之起源問題是儒者窮理所必要的事。他說：

> 六合內外，蒙莊存而不論，論而不議。蓋以鴻洞深昧之理，未可臆譚；與其揣摩啟疑，不若緘縢存信。然大造者天與人之所受造也，立本知化，端非高遠；儒者莫要于窮理，民可使由也，儒者不可不使知也。[14]

莊子認爲六合之外，存而不論，論而不議，主要是其理難窮。而熊明遇認爲儒者既以窮理爲要務，一般人可以不知，但儒者卻必加探討。換言之，從格物窮理必須追究事物之所以然的觀點來說，對於天地人最終極之所以然的探討是很自然的發展，只是熊明遇採取的是天主教上帝造物的說法。

熊明遇指出很多學者認爲「大造」就是中國人一般所謂的「天」，其實「天」不是造物者，而是受造者。他說：

> 逸史氏曰：學者多言大造矣，然口耳傳授未嘗深思其元本，動則舉大造而歸之曰天，不知天亦受造者，非造造者。[15]

所謂「大造」當然是指天主教的天主，也就是宇宙萬物之創造者。熊明遇認爲中國人一般所說的「天」並不是造物者，而是受造者；中國《中庸》諸書確曾提到宇宙間有造物者，即所謂「大造之眞宰」。他說：

《中庸》諸書蓋備言之。其曰小德川流，大德敦化，此天地之所以爲大；又曰君子之道費而隱，語大天下莫能載焉，語小天下莫能破焉；又曰鬼神之爲德，其盛矣乎；又曰大哉聖人之道洋洋乎，發育萬物，峻極于天；又曰天地之道可一言而盡，其爲物不貳。則聖門固標明一大造之真宰。⑯

熊明遇顯然想借助中國傳統文獻詮釋西方的造物者——天主，他認爲《中庸》所謂「大德敦化」、「語大天下莫能載」、「鬼神之爲德」、「聖人之道」、「天地之道」都是指天主。換言之，中國古聖先賢已有天主之說，與西方耶穌會士的天主指的是相同的創世主。即所謂中西各已有一「大造之眞宰」。不只儒學如此，老子、關尹子、莊子亦均有此說：

老子曰：無名天地之始，有名萬物之母。關尹子曰：天非自天，有爲天者；地非自地，有爲地者。莊子曰：生天生地，神鬼神帝。語意具可參考。⑰

此即不只儒學有「大造之眞宰」之說，老莊、關尹子亦均有類似說法。⑱

熊明遇不但援引古籍，證明中西方均承認宇宙間冥冥中有一造物主，而且從實際宇宙現象必須有一造物主加以論證。他說：

> 今夫萬物芸芸，無主則亂，帝王于人，其顯且大者也。鳥鳳獸麟，蜂房蟻蛭，尚必有王長，況以天地之大，時行物生，來寒往暑，際上蟠下，限蠻隔夷，雲潤星輝，風揚月至，止一氣之自消息耶？圓則九重孰營度之？其運其處，孰主張之？孰居無事而推行之？其有機緘，不能自已耶？其有真君存焉。⑲

這是根據人類生物都需有帝王或王長，以天地之大，豈可無一造物之上帝以營度、運處、主張與推行。

其次，熊明遇爲了證明《中庸》、老、莊所言不誤，更以其格致研究心得證明之。他說：

> 試觀江艎海舶越艇蜀艇，乘風盪漢，渡岸淩波，指使如意，豈舟之能哉，有舵師探之若神者在焉。⑳

這是以舵師比諸上帝。

熊明遇不但證明上帝之存在，而且認爲部份天主教教義，「持有故，言成理」。他說：

既作大造論矣，蓋從孔子、老子、莊子間特爲拈出。畸說者偶于西域圖經中見其持有故、言成理，不與吾道悖馳者，爲之譯其意云。㉑

「大造論」指〈大造恆論〉，「畸說」指〈大造畸說〉，均見於《格致草》卷六。熊明遇對天主教教義所採信者主要有三點，一是創世說，即《舊約》所述上帝七日創世云云；二是上帝無始無終；三是人之靈性同天地有始無終，其餘皆有始有終，即靈魂說。他說：

天地間一切落于形質者皆有對待，有對待斯有生克，有生克斯有始終。惟大造之宰無始無終，人之靈性同天地，有始無終，其餘則皆有始有終。蓋大造之真宰與人之靈性皆不落形質、無對待，而靈性之所以有始者始于真宰之賦畀也。㉒

人之靈性始於眞宰之賦畀，自此以後此一靈魂便萬古不滅，一般草木只有生魂，禽獸有覺魂，而人則除生魂、覺魂外有靈魂。此其所以爲萬物之靈。人之靈性因上帝賦予而始，天地因上帝開闢而始，但自此便有始而無終，此乃天地人之所同，因此熊明遇說「靈魂必待眞宰畀也。人同天地，人性有所待而畀，天地有所待而開，宇宙眞一圈矣！」㉓似乎天主教義又爲中國傳統的天地人合一提供了另一證據。㉔

熊明遇在《格致草》一書中還有很多地方提到大造之主，並用以解釋宇宙現象，如〈荆棘虎狼之生〉、〈蚊虻蠅蚋之生〉、〈化濕卵胎之生〉、〈聖賢愚賤之生〉等等現象都歸諸於大造有意之安排，也是大造之仁及愛育之德。至於〈人身營魄變化〉條更把人身奧妙之組織與功能都歸諸眞宰，這當然明顯是受湯若望《主制群徵》一書的影響。

根據以上說明，熊明遇除西方科學以外，顯然也承認西方上帝說、靈魂說以及創世說等神學教義。同時認爲此一問題也是儒者窮理所必知，是其格致之學的一部份。

除了神學以外，熊明遇也接觸西方倫理學。他不但爲龐迪我《七克》一書撰序，而且認爲該書以「遏欲存理、歸本事天」與孔孟儒學相契合，他說：

> 《七克》一書，順陽（即龐迪我）所著。大抵遏欲存理、歸本事天。……孔子論仁於視聽言動之四目，而以禮克。孟子論性於口鼻耳目四肢之五官，而以命克。鄒魯相傳，所以著道之微，安人之危，千古如日月經天。不意西方之士，亦我素王功臣也。[25]

所謂「七克」是指謙讓以克驕傲、仁愛以克嫉妒、捨財以克慳吝、含忍以克忿怒、淡泊以克飲食迷、絕欲以克色迷、勤于天主之事以克懈惰于善。很顯然的這些德目除了「勤于天主之事」以外，與中國倫理完全可以契合，以七種美德克除七種惡德也完全符合宋明理學「存天理、去人欲」之說。無怪乎熊明遇說它是「素王之功臣」。

第四節　《格致草》一書的主要內容

《格致草》一書除熊志學序與熊明遇自序外，全書分爲六卷（目錄不分卷）。卷一類似總論，如〈原理恒論〉、〈原理演說〉、〈大象恒論〉、〈大象演說〉、〈諸天位分恒論〉、〈諸天位分演說〉、〈列象恒論〉、〈列象演說〉共九條。卷二主要討論天文，包括天體、日體、月體、日月交食、二十八宿定度等共二十五條。本卷末有〈節度定紀〉條是順治五年（1648）在潭陽山中所撰，目錄中未見此條。卷三討論曆法問題，主要有〈曆理〉、〈曆訣〉、〈清蒙氣〉、〈分野辨〉、〈五星降人辨〉、〈望氣辨〉等共二十七條。卷四討論氣化之各種現象，主要有〈化育論〉、〈氣行變化演說〉（目錄作〈氣行化育演說〉）等共二十五條。卷五大抵與第四卷同，但特別討論到草木蟲豸等各種生物之氣化現象，及〈神鬼妖怪〉、〈仙佛〉、〈召魔〉、〈煉丹〉、〈巫〉等問題，本卷共三十條。卷六主要特色是討論了天主教神學的問題，有〈大造恒論〉、〈大造畸說〉、〈洪荒引據〉、〈眞宰引據〉等共十三條。從這個簡單的介紹可以看出熊明遇格致之學的內容包括了天文、曆法、生物、鬼神及各種自然現象。換言之，天地間一切存在與現象都是格致之學研究的對象。這與宋明理學家之偏重於人生倫理道德相較，可說是一大特色（與程朱格致觀念頗爲接近）；與清初以後之偏向經學考據相較也大大不同。換言之，熊明遇的格致之學著重在物理之研究，從今天的觀點也可以說是科學的研究。

其次，《格致草》在著作形式上還有一個特色。熊明遇在《格致草》每條論述之後，往往同時附錄有「格言考信」與「涉論存疑」，把歷代有關這個主題之相關論述，就其可信與可疑分別匯錄，以供讀者研究參考。何謂「格言考信」，他說：

> 格言者古聖賢之言，散見于載籍而事理之確然有據者也。夫不尊不信，無徵不信，尊

> 而徵矣。竊附于好古之述，或不爲妄作也。[26]

對於古聖賢只要確然有據者都採取肯定尊信的態度。熊明遇抱此觀念而把他的格致之學建立在古聖賢的基礎之上。所謂「好古之述，或不爲妄作」，正是孔子所謂的「述而不作」。這種尊重聖賢與經書的態度與明末左派王學大異其趣。

當然熊明遇也不是全然信古而不加批判，所謂「渺論存疑」就是對於古人不經之寓言與臆說的系統批判。他說：

> 渺論者固皆子史傳記所載，其說章章行于世矣！然多才士寓言，學人臆測，揆之于理，殊扞格不合，心所未安，何敢附會，故目之曰渺論，明乎其不經也。[27]

熊明遇大抵認爲聖賢經典多爲可信之格言，而子史傳記多爲可疑之渺論。但是判斷格言與渺論更根本的標準還是「理」，所謂「揆之天理，殊扞格不合」者便是渺論，反之則列入格言。

熊明遇格致之學有「格言考信」與「渺論存疑」可以說是對中國傳統科學研究採取批判繼承的態度，當然他對待西方傳來的科學也是如此。這種對傳統文化與西方文化包容的態度比諸明末或民初知識份子的態度可以說是正常得多。[28]

《格致草》一書在著作形式上還有一個特色。它不但對於個別自然現象作了科學的研究與記錄，而且更重要的是他有意從這些個別研究中尋找出通則與定理，因此他的著作中有不少所謂「恒論」、「演說」。如卷一有〈原理恒論〉、〈原理演說〉、〈大象恒論〉、〈大象演說〉、〈諸天位分恒論〉、〈諸天位分演說〉、〈列象恒論〉、〈列象演說〉；卷之二有〈曆理〉、〈曆訣〉；卷四有〈化育論〉、〈氣行化育演說〉；卷六有〈大造恒論〉、〈大造畸說〉等。這些文章即熊明遇研究物理之學的通則性或原理性的結論，也可以代表他在自然哲學方面的主張。這些結論或主張是他據以評判傳統與西學的主要依據。從思想上說，就是他所要探究的所謂「所以然之故」、「不貳之道」。茲以上述文章爲主，略述熊明遇格致之學的主張。

（一） 探究「原理」

熊明遇所謂「原理」，可以說是「本原之理」。換言之，他不滿意宋明理學，甚至戰國以來諸子百家所言之理，而擬從「眞象」、「眞數」中探討「眞理」。他鑒於一般人言天文皆以占星氣爲主，都有悖事理，因此要探討古人之「理」的原始意義。他說：

> 今人言天官，俱以占星氣爲急，其所指次，率悖事理，故首以恒論，推明其不盡然也。題曰原理。㉙

熊氏這種追求所謂「原理」的動機與程朱、陸王之追求「原道」是一樣的。在理學內部產生歧異學說之際，唯一解決爭端的辦法是探求儒家原始之道理，而科學產生爭論時，熊明遇亦借助《大學》、《中庸》、孟子、孔子的學說。這是明末清初共同之趨勢。

（二） 原理與象數：對歷代小占天地者之批判

熊明遇指出追求原理的重要性以後，便提出原理與象數之間的關係。他認爲原理是抽象的，因此追求原理必須根據「象」與「數」，而「象」表現在具體的「氣」中，「數」則表現在具體的「事」之中，離開象數固不能言理，捨理也不可能了解眞正的象數。他說：

> 天地之道，可一言而盡也，其爲物不貳。不貳之宰，至隱不可推見，而費于氣則有象，費于事則有數。彼爲理外象數之言者，非象數也。[30]

天地之道簡單地說就是唯一不二的理而已。但是這個唯一不二的理是抽象而微妙的體，只有在「氣之象」與「事之數」中才能加以把握。因此理與象數密切連繫的存在。「爲物不貳」與費隱觀念均出自《中庸》[31]，這是熊明遇理論根據之一。唯有把握上述原則才能把握兩間之「眞象數」，也才能理解「眞天地」。

熊明遇根據上述觀念對中國歷代學者作了全面性批判。他認爲黃帝以來基本上可以把握眞象數與眞天地，但自從文明逐漸發展，論著逐漸增多以後，兩間之眞象數遂逐漸掩于恢奇要渺之論，不見眞天地，而春秋戰國之亂象也因此而生。他說：

> 世運遞降，聰明日繁，論著日廣。春秋戰國以來，徂丘稷下，譚天雕龍，鄭圃漆園，慕玄標異，轉相郵效，邪說標興，舉兩間之真象數，悉掩于恢奇要渺，寧復見真天地哉！夫象不真則氣戾，數不真則事誖，氣戾事誖則理反。于是乎弒逆公行，九法淪壞，天地惡而伐之，以好還之道，誅無君無父之人。[32]

春秋戰國所以混亂在於邪說渺論盛行，眞天地、眞象數及眞天理不爲人所知。換言之，熊明遇認爲天下治亂與時人對於天地之間眞象數之理解有必然關係。他身處明末亂局而提倡格致之學，顯然有撥亂反正企圖。

秦火以後這種弊端更爲嚴重，以至於眞象數研究簡直與雞占兔卦糾纏不清，天文曆法與星占之學無法分開。他說：

> 秦火痛斷誣天罔聖之學，懸象闇而恆文乖，彝倫斁而舊章缺。于是神聖統理之官、觀象法類之意，漸以湮沒，而人傳天數，家占物怪，以合時應。其文圖籍，譏祥不法，雖皆祖裨灶、甘公、唐昧、尹皋、石申之遺言，然課驗淩雜米鹽，而急候星氣浸假，令兩儀不貳之理同于雞占兔卦，先王敬授人時之曆，亦舛午不合矣。[33]

熊明遇所批判的是中國天文學與星占不分的傳統，也就是象數研究與術數研究糾纏的傳統。在他看來，這種現象即使《史記》、《漢書》、《晉書》一類正史也不例外，更不用說是稗官野史或筆記小說（這些不經之說也就是《渺論存疑》中所引錄的）。就人而言，僧一行、李淳風如此，朱熹、邵雍也不例外。他說：

> 無論其他，即司馬遷世掌天官，其書亦多蠢駁，……班固沿之，未見匡改；……《晉書》、唐曆，紕繆更繁，一行、淳風任術遺理，其于真象數安在哉！有宋諸儒，研精

> 理窟，望氣用數，得失平分。河南（指二程）、紫陽（指朱子），狎主壇坫，皇極經世之書（指邵雍）具在，皇帝元伯、元會運世，任意配合，求之於理，鮮有獲焉。萬世以後，誰爲證案。紫陽箋註經書，素王羽翼，《語類》雜出門人，理氣之論，尚無一歸，而宋誌占詞又未免同漢儒之凌雜也。[34]

熊明遇認爲僧一行、李淳風「任術遺理」，程朱「研精理窟」，邵雍一派則偏重「望氣用數」。他們雖然各有一偏之見，但就「理」的探求而言都還不能有定論。至於他所處的明代也是「史官喪紀，疇人子弟剿襲陳言，靈台類占，徵應雜奏，莫適所從」。

從春秋戰國以迄明代，無論官員或學者，探討天文均與星占混在一起，因此眞象數不明，眞理也就無法掌握。雖然傳統如此，但是熊明遇很樂觀肯定地指出只要把握眞象數一定可以了解眞理。他說：

> 氣爲真象，事爲真數，合人于天而真理不爍然于吾前乎？……愚一言以蔽之曰：天地之象至定，不定者氣蒙之也；天地之數至定，不定者事亂之也。達者始終古今、深觀時變、仰察蒙氣、俯視亂事，而權衡真理，則天官備矣。[35]

天地之象數至定，因此根據氣與事，再「合人于天」，必可掌握眞理。但是氣變爲蒙氣，事變爲亂事，則往往影響我們對於眞象數之認識，因而必須「仰察蒙氣」、「俯視亂事」，再加以「始終古今」、「深觀時變」才能認識眞理，也就是熊明遇所謂的「原理」。可見熊明遇所謂的象數是合物理與人事而言，他的理也是人事與物理兼而言之。這是當時格致之學的共同特點。

（三）「合人于天」的格致之學

明末清初重視科學研究的學者，認爲格致之學，一方面應該強調自然或物理之學的研究，但同時另一方面也不可忽視自然物理與人文之間的關係。因此在自然科學研究的基礎之上，他們總還要提出天人關係問題。熊明遇的格致之學便很強調「合人于天」的觀念。

熊明遇一方面指出格致之學是「大而天地之定位……細而草物蟲豸，一一因當然之象，而求其所以然之故，以明其不得不然之理」，但一方面也指出要把握人與天地之間的關係才是格物。他說：

> 人身戴圓履方，身附天地；抱魂載魄，身含天地，二而一者也。明乎天地之爲物與物身者不悖，斯進於格物矣！㊱

由於身附天地，身含天地，因此人身與天地不相悖，二而一。格物必須涵蓋此一內容才算格物。〈氣行變化演說〉（《格致草》卷四）也指出人身是小天地，天地人身一而已。他說：

> 大抵天地如人身五臟之官，雖該五行，而通身布濩，全藉火力。火爲牝，以水爲牡，牝以求牡，牡牝配合，濕熱均停，所以長生，……故曰人身小天地。人身不必根抵，虛空動作，神滿其中；天地安頓亦不必根抵，虛空變化，神滿其中。神在何處，無象

> 有靈，天地人身，一而已矣。

熊明遇不但認爲天地與人身是二而一，而且在探討象數原理時，還把象數變化歸因於人事。其實這種主張也是明末清初許多學者的共同主張，如方以智、錢秉鐙都是如此。

熊明遇認爲氣有地氣與天氣。而地氣因時因地而有凶氣與吉氣。其所以如此是由於數，而實胚胎於人事。他說：

> 地氣一也，何爲此方吉，彼方凶；此時吉，彼時凶。曰：是則數爲之也，實胚胎於人事也。如堯舜被動華之德，行揖遜之事，醞釀宇宙太和元氣，故彼其時便能立地平天成之事業。厥後漢唐猶纂堯緒，故仲尚復興齊，稷教稼穡，契明人倫，有安養生民之事業，醞釀宇宙太和元氣。厥後商祀六百、周世三十，及桀紂而以塗炭生民爲事，其數應窮，便致湯武放伐，斯固事數相依，而氣操其關籥者也。[37]

好人行好事便有吉氣，壞人行壞事便有凶氣，盛衰世運全繫於人事。換言之，天地間氣行變化，胚胎於人事。這是強調人的根本主宰性。但吉地生吉氣，或凶地生凶氣，也自然影響該地之人。他說：

> 氣由地起，如此地有吉氣，上徵爲青雲紫氛、龍文矞彩，人在氣中生養，自有聖賢豪傑挺生。有凶氣上蒸爲風霾、旱魃、淫雨、攙搶、暈背，人在氣中生養，自有饑饉兵

戈橫出。故吉徵非能生祥，由氣先祥也，凶徵非能生孽，由氣先孽。[38]

這是說先有吉凶之氣才有吉凶之徵（即象），一般人以徵爲本，不知吉凶之本原是氣，所以是一種本末倒置。

其次，熊明遇也認爲天氣與地氣一樣都對人類文明有一定程度的影響。他說：

> 中國處于赤道北二十度起至四十四度止，日俱在南，既不受其亢燥，距日亦不甚遠，又復資其温煖，稟氣中和，所以車書禮樂、聖賢豪傑爲四裔朝宗。若過南逼日太暑，只應生海外諸蠻人。過北遠日太寒，只應生塞外沙漠人。若西方人所處北極出地與中國同緯度者，其人亦無不喜讀書、知曆理。不同緯度便爲回回諸國，忿鷙好殺，此又一端也。[39]

這是一種緯度、氣候影響人類文明論。由於熊明遇有此認識，因此對耶穌會士及其所代表的文明採平等看待態度。（亦即前述孔子問郯故事）

熊明遇不但根據氣說明各地文明發展之不同，而且以氣說明歷代質文之運循環之現象。他說：

> 或曰世有古今，由氣有否泰，將來愈趨愈下，其氣象如何？曰：質文之運也，三代如循環。大都聖賢開國之初，便是湯武氣象，守成有令主，便是啟甲成康氣象，其亡也

便是桀紂氣象。請借漢唐爲喻，伐秦亡隋，何異湯武弔民，文景殷富，貞觀治理，何異啟甲成康。其季之昏弱，又寧下桀紂乎？故曰三代如循環。若曰去古愈遠愈趨愈下，則邵子皇帝王伯之運已終于桓文之季，至今似應趨入魑魅矣，安得有我明之聖神御世，寰宇同風哉。[40]

熊氏顯然反對邵雍的歷史發展哲學。邵雍認爲歷史發展愈趨愈下，但熊明遇則根據氣運循環解釋歷史興衰，他認爲歷史發展循著開國之君，守成令主，及昏弱之君三個階段循環進行，歷代皆然。這是用熊氏象數之學批判邵雍歷史哲學。熊氏結論也是歸因於人事。他說：

> 由是而觀，質文有定運，興廢有定數，皆自人事釀成。……此千古至定之理也。[41]

熊明遇用氣的變化來分析人文之興衰，認爲都有定數，但其變化之根本還是在於人事的變化。

熊明遇認爲不同時空所以有不同吉凶之氣，主要繫於不同之人事。而且歷代盛衰循環雖然是氣的變化，也是繫於人事。因此熊明遇提出「合人於天」的主張。熊明遇的「天」是用科學方法所探究的不貳之理。藉科學研究而認識的自然定律是人類所應效法學習的。這是「合人於天」的眞義，唯有如此，社會才有秩序，也才能國治而天下平。熊明遇認爲客觀的自然世界雖然有秩序、有不貳之理，但因人事不上軌道，因此地氣表現爲凶，而呈現妖象，這便是亂世；反之則爲治世。熊氏提倡格致之學，主張「合人於天」顯然也是對明末混亂時代思考後所提出的解決之道。他與顧炎武等遺民關心問題是一樣的，所不同的是一個企圖以科學研究途徑，一個則用經學考據的方式。[42]

（四） 氣行變化說

熊明遇對於天文曆算學之研究，基本上是採用耶穌會士之學說，特別是受《崇禎曆書》、《天學初函》等書影響最大。《格致草》前三卷就是專門探討天文與曆算。他相信地圓說以及地球中心說，並且特別相信研究天文有賴數據與觀測。卷三〈表圭〉、〈渾儀圖說〉、〈平儀圖說〉、〈夜測星晷〉、〈晝夜晷〉、〈測高象限懸儀〉都是介紹觀察儀器之專章。他尤其肯定望遠鏡對天文研究的貢獻[43]。但是值得特別指出的是熊明遇雖然認爲天體不落於五行之生克關係，因此有「至純」、「不壞」、「難定色相」等特色，但是天體卻爲氣所充塞，以至「不容空隙」，他說：

> 大圜之下，重地居中，四行包裹，層層精密，如水包土，氣包水，火包氣，月天包火，以至金水日火木土諸天，以及于宗動天、靜天，皆是清虛，皆是凝結至純至健不可思議。即如地上氣界，似屬空虛而真氣填滿，即罌瓶之孔不虛也。試以瓦罌盛水，必置二孔，塞其一孔，水便不出，氣閉其外耳。[44]

由於氣充塞宇宙，因此不但天體沒有空隙，其他一切似屬空虛者也都爲氣所充塞。地球所以不墜也是氣的關係。他說：

或曰：地既虛空懸著，且質重濁，不虞其墜且倚乎？曰：天包著他，元氣晝夜運行，四面都是上，無可墜處。又在天之至中，亦無可倚處，分定故也。地既虞墜虞倚，則日月如此其大，且時時飛動，亦虞墜虞倚乎？譬如鳥飛魚躍，人豎畜橫，各有定分、有定理，自然而然，不得不然者也。

熊明遇認爲由於氣的充塞宇宙，以至於天體均各如其位運行，而不至墜落或偏倚。地球亦不例外。㊺

熊明遇不只是企圖用「氣」解釋天體運行，而且也用之解釋地球生物一切變化現象。這就是《格致草》卷四、卷五的主要課題。他首先指出天地之道所以「不貳」的道理。他說：

夫天地以不貳，生物不測，則兩儀、四象、庶類總通於「一」。「一」之間，無論四象庶類，不得與天地貳，即地亦不得與天貳。古人合祀天地於南郊，良有以也。蓋地乃天之一點中氣，處於至靜而樞軸九天之動。風雲雷雨，皆自地上變化而成天功，山河江海要爲天所噓籥而成地德，「一」之爲用妙矣哉。㊻

「不貳」就是「一」；此即天地之道。換言之，天地間一切萬物的變化都離不開這個道。因此他說「一之爲用妙矣哉」。他說：「天地之神氣合體流行，豈非萬世不刊之至論乎？」（同上）關於「神」另見下節詳論。關於「氣」，在當時有中國本土的五行說，有佛教七大之說，有邵雍之說，西方耶穌會士也有四大元行說。熊明遇似乎企圖用中國陰陽二氣加以統一。他說：

> 若二之爲二，五之爲五，各就其變化氤氳，徵爲不測，亦宜殫論。儒曰五行，金木水火土；釋曰四大，地火水風；西方之人曰四大元行，水火土旡。蓋以金木在天地間，不能敵水火土之用也。故邵子《皇極經世書》取水火土石四配柔剛，不言金木。曰風曰旡總不外吾儒之所爲二氣也。氣行變化各有定理。……㊼

中國、印度、西方對於宇宙構成與變化，雖提出了五行、四大與四大元行之不同說法，但熊明遇認爲表面上看，印度說風，西方說旡，都是中國儒學所說的陰陽二氣而已。他擬借此統一諸說之不同。其實中國五行說主要是對宇宙萬物性質變化的說明，是一種有機宇宙觀，西方則是對宇宙構成元素的分析，是一種機械之宇宙觀。㊽

熊明遇一方面企圖用中國陰陽二氣統一諸說，但一方面卻顯然採用西方四大元行來說明宇宙間之變化。他說：

> 夫金者土之精，木者土之毛，雖其德配春秋，然麗質而生，無騰踔變動之象，不必詳論。石亦土也，更不必盡宗邵說，姑即水火土乘旡之上際下蟠，發爲化育之妙，有難以言語形容者，詮說于左，以俟格物君子。㊾

由於熊明遇採用西方四大元行說，因此對於風、雲、雨、霧、霜、露、雷、電、慧、孛、流星、隕星、日月暈、雪、雹、天漢、虹、地震等自然現象，以四大元行說加以解釋，並且對於傳統中國許多可疑之渺論，也藉此加以批判。如卷五之火災、海潮汐、江河、山泉、井泉、温泉、野火、陽燄、雨徵、南北寒温之異等都是明顯的例子。

總之，熊明遇似乎一方面企圖綜合中國五行說與西方四大元行說，但一方面又相當採用四大元行說以說明宇宙內之各種現象。由於耶穌會士帶來的科學主要是依據四大元行說來解釋萬物現象，熊明遇《格致草》既大量吸收西方科學，當然也不能避免採用其四大元行說。

第五節　《格致草》的主要意義

《格致草》是熊明遇探討所謂「物理之學」的代表作，是根據他自己在萬曆年間完成的《則草》一書增訂擴充而成。而且根據熊志學[50]的〈函宇通序〉指出，《格致草》主要是仿《崇禎曆書》而作，因此它在崇禎年間應是大量增訂擴充時期，而且應已大致定稿。明亡後熊明遇流寓福建期間仍續有增訂，如〈分至金水諸論〉（見〈節度定紀〉）便是順治五年（1648）「考測乃定之論」。熊志學撰序在順治五年，即熊明遇死前一年。可見《格致草》一書之撰述從萬曆年間至順治五年，歷時數十年。

熊人霖曾於天啟四年（1624）仿《職方外紀》（天啟三年刻於杭州）而撰《地緯》一書，並曾於崇禎十一年（1638）刊刻。熊志學以《格致草》專談天象，《地緯》專談地理，因此於順治五年合而刊刻，並名之爲《函宇通》。熊志學對二書評價甚高，以爲有功於朱子與孔子。他說：

漢宋名儒，惟董子「道之大原出於天」、程子「儒者本天」之語，足爲盡性至命根蒂。若性理書所載形氣之說，猶之臆焉耳，可遂謂窮至事物之無遺哉！吾宗壇石大司馬（明遇）、伯甘小宰（人霖）、橋梓隱居吾考亭之里也，性理之言既皆大有功于考亭矣。而大司馬《格致草》之言天也，賅《崇禎曆書》而約之，更有富于曆書所未備者；小宰《地緯》之言地也，賅《職方外紀》而博之，更有精於《外紀》所未核者。其學問崇宏、思慮淵奧、窮理盡性以至於命，豈特功於考亭哉！蓋上之而功于孔子矣！51

熊志學明白指出熊氏父子「性理之言既皆大有功於考亭」，換言之，都是朱子學者，而且認爲《格致草》一書有功於朱子與孔子。這是我們研究明末清初科學與理學關係，特別值得留意的一點。

其次我們來看看熊明遇如何爲自己的著作定位。玆依熊明遇〈格致草自敘〉分三點敘述。

第一，熊明遇從思想史觀點指出，《大學》、《中庸》、《孟子》爲代表的儒家思想，是研究格致之學的原始依據。他說：

儒者志《大學》，則言必首格物致知矣，是誠正治平之關籥也。然屬乎象者皆物，物莫大於天地，有物必有則。《中庸》曰：「天地之道，可一言而盡也，其爲物不貳，則其生物不測」。《孟子》曰：「天之高也，星辰之遠也，苟求其故，千歲之日至，可坐而得也」。是思、孟之所以受於孔子，有味乎其言之歷千古之諸說同異得失而無蔽也。

《大學》言格物致知是衆所皆知的事，此一觀念歷代曾有許多不同注解，起碼在宋明理學中程朱與陸王便有截然不同的解釋。熊明遇站在程朱立場，因而提出「物莫大於天地，有物必有則」的解釋。他認爲《大學》格物致知意思是指研究天地萬物之規律、規則。《中庸》所謂天地之道是「爲物不貳」，也就是「一」，由「一」而生萬物。這個「爲物不貳」的天地之道，也就是《大學》所謂天地萬物的規律，亦即《孟子》所謂的「故」。「故」也就是所以然之理。換言之，在熊明遇看來，早在先秦著作中原始儒學典籍，如《大學》、《中庸》、《孟子》已經指出，研究自然天地萬物的所謂「則」、「道」、「故」，是儒學的要務，而這種思想也正是孔子的思想。換言之，熊明遇所從事的格致之學，就是原始儒家所倡導的傳統。由此可知，熊明遇認爲科學不但與儒學不衝突，而且還是孔、孟儒學所強調重視。

第二、熊明遇從科學史觀點指出，只有三代以前約略能把握儒家格物窮理之義，但自春秋戰國以後則均不能折衷於孔子、子思、孟子之義。他說：

物以則而呈象，聖人則其則。如虙羲氏則〈河圖〉以畫八卦，禹則〈洛書〉而陳之〈洪範〉，其義精微矣。上古之時，六府不失其官，重黎氏世敘天地，而別其分主。其後三苗復九黎之亂德，重黎子孫竄於西域，故今天官之學，裔土有顓門。堯復育重黎之後，不忘舊者，使復典之；舜在璿璣玉衡，以齊七政，於是爲盛，三代迭建，夏正稱善，今之所從也。

熊明遇認爲天地萬物本身有其規則、規律，而聖人就是根據這些規則、規律把它表現在八卦或〈洪範〉之中，堯舜等聖王都設有專官以專司其事。由於上古聖人、聖王都能把握正確方法，因此其研究成果比較正確可靠，也因此夏曆始終爲後世遵循。但是自春秋戰國以迄明代，對於天文曆算等格致之學卻各有缺失。他說：

至春秋戰國，騶衍、楊朱、莊周、列禦寇之徒，荒唐曼衍，任臆鑿空，其則安在？秦火之後，漢時若董仲舒，第以推陰陽爲儒者宗。劉向數禍福，傳以〈洪範〉。而司馬遷之書、班固之志，張衡、蔡邕、鄭玄、王充諸名儒，論著具在，文辭非不斐然，其於《中庸》不貳之道、《孟子》所以然之故，有一之吻合哉。唐溺於攻詞、疏於研理，僅僅李淳風以方士治曆，但知測數立差，其於差之故，亦茫乎未之曉也。宋儒稱斌斌理解矣，而朱子《語錄》、邵子《皇極經世書》，其中悠謬白著，耳食者輒群然是訓是式，而不折衷於孔子、子思、孟子，其可乎？

歷代談天諸家不是「荒唐曼衍、任意鑿空」便是「推陰陽」、「數禍福」，總之都不能探討物則及所以然之故，全失子思、孟子、孔子所強調之研究方法，因此都有缺失。[52]

熊明遇認爲他所處的明末清初因爲耶穌會士帶來西方之科學圖書，有比較好的研究條件，因此格致之學勝於前代。他說：

> 我朝天明普照，萬國圖書，物於秘府，士多胥臣之聞，家讀射父之典，人集剡子之官，而睿慮廣延，考課疏密，以資欽若，台史業有充棟之奏。

耶穌會士傳入之西學對明末清初格致之學的發展有正面作用是衆所周知的事實，熊明遇深受西學影響，因有此論。

熊明遇所謂格致之學，研究對象從天地之定位，星辰之彪列，氣化之蕃變，以及小至草物蟲豸都包括在內。其次，熊明遇指出其格致之學是要「一一就其當然之象而求其所以然之故，以明其不得不然之理」，所謂求物之所以然之故與明物之不得不然之理，正是他超越前代學者之處；他所要矯正的也就是唐宋諸子的無稽之談，並且要使「兩間物生而有象，象而有滋，滋而有數者，各歸《中庸》不貳之道」。這些見解其實並非熊明遇所獨創，亦非《中庸》所獨有，宋明程朱一派的理學家也有這些格物致知窮理的觀念。所不同的是熊明遇把格物窮理觀念用在天地萬物的研究上，而且借西學素材，在科學研究上作出更好的成績。這是他的貢獻所在。當然熊明遇並沒有今天吾人所謂「科學」這個觀念（熊明遇稱之爲「物理之學」），但是他「物理之學」的研究的確爲宋明理學開拓了新的領域，特別是程朱理學中格物窮理觀念用在自然研究上，因此在思想史與觀念史上都有重要的意義。

第六節 《格致草》一書的影響

熊明遇在萬歷年間便與來華耶穌會士往來，並接觸西學，撰述《則草》一書，後來更不斷加以增訂補充而成《格致草》。他與徐光啟、李之藻同爲明末清初援引西學而從事格致之學研究的第一代學人。在熊明遇的影響與啟發下而研究格致之學的除了他的兒子熊人霖以外，最明顯的例子是方以智與游藝。

方以智從事格致之學的代表作之一是《物理小識》。根據該書中的陳述，他研究格致之學似乎主要受到其師王宣《物理所》一書的影響，他的父親方孔炤曾著《潛草》一書，《物理小識》也常加引用。但是熊明遇及其《格致草》對方以智也有顯著的影響。根據方以智自述，他在萬歷四十七年（1619）曾隨父親在福建長溪，常與熊明遇會面。當時方以智年僅九歲，但聆聽熊明遇談西學，卻「喜其精論」。《物理小識》卷一云：

> 萬歷己未，余在長溪，親炙壇石先生，喜其精論。

流寓南京時期所撰之《膝寓信筆》回憶此事也說：

> 西儒利瑪竇泛重瞑入中國，讀中國之書，最服孔子。其國有六種學，事天主，通曆算，多奇器，智巧過人，著書曰《天學初函》；余讀之，多所不解。幼隨家君於長溪，見熊公則草談此事。

萬曆四十七年，熊明遇任福建僉事，方孔炤則任福寧縣知縣，兩人都致力於援引西學以治格致之學，因此見面則頗多討論。方以智此時隨父於任所，常有機會聆聽他們的討論，而且對熊明遇的見解，有「喜其精論」的印象。由此我們可以推測方以智在幼年時期便深受熊明遇談論西學與格致之學的啟發。如果我們仔細比對《物理小識》與《格致草》，更可以看出熊明遇對方以智的影響。

《物理小識》卷一天類第二條是〈天象原理〉，便主要綜合了《格致草》卷一〈原理恆論〉與〈原理演說〉兩條而成。方以智在結尾說：「萬曆己未，余在長溪，親炙壇石先生，喜其精論，故識所折衷如此」。〈天象原理〉對《物理小識》一書而言，具有相當重要的理論性地位，而其來源卻是《格致草》。其次如卷一〈節度定紀〉條，幾乎全部引用自《格致草》的〈節度定紀〉條[53]，方以智在引用了熊明遇資料以後指出當時學界研究此一問題的概況說：「近惟海寧朱康流、檇李陳礦菴，皆事黃石齋先生，知曆法，山東薛儀甫，究此廿年。六合湯聖弘，好讀書，知授時曆，與黃俞邰善。建陽游子六，因良孺熊公而推之，聞其褐塞，研極不厭，終當一決」。此外還有卷一〈南極諸星圖〉、〈九重〉、〈聲異〉，卷二〈雨徵〉、〈凍成花鳥草木之形〉、〈南北風寒温之異〉等條不但可以在《格致草》中找到相同的條目，而且在內容上也引用了《格致草》的全部或部分。至於〈野火塔光〉條則是綜合了《格致草》的〈野火〉與〈塔放光〉二條而成。由以上所舉諸例，可以明顯看出方以智在物理研究上受《格致草》一書的影響。當然方以智的《物理小識》在思想上頗承《易經》思想，而熊明遇則較繼承《中庸》、《孟子》系統，而且兩書在分類上與研究範圍上也有些不同，但這並非本文探討的範圍。

游藝，字子六，福建建陽人。是明末清初從事天文曆法研究的一位儒者。他所著《天經或問》一書，共有前後兩集。雖然此書《前集》是由方以智鑒定，《後集》由林雲銘鑒定，但是他是熊明遇的學生，因此在從事格物窮理之學研究上直接得到了熊明遇的啟發。前面所引方以智所說：「建陽游子六，因良孺熊公而推之」可以為證。熊明遇也曾指出：

（游藝）每參議帷中，以書相質。余屬其仰觀俯察，按圖窮理，造重黎之儀，定義和之晷。與他人言惛惛無所辨，藝輒得心應手。[54]

游藝在《天經或問》一書中不但屢稱熊明遇是他的老師，而且該書許多條目與內容也明顯地受到了熊明遇《格致草》的影響。茲列一簡單對照表如下：

《天經或問前集》	《格致草》
一、〈星動爍曜〉	〈星動由地氣閃爍辨〉
二、〈天漢〉	〈天漢〉
三、〈晝夜長短〉	〈晝夜長短〉
四、〈霄霞〉	〈霄霞〉
五、〈雹〉	〈雹〉
六、〈雷電〉	〈雷電〉

七、〈虹〉　〈虹〉
八、〈天開〉　〈天開〉
九、〈地震〉　〈地震〉
十、〈海〉　〈海〉
十一、〈潮汐〉　〈海潮汐〉
十二、〈野火〉　〈野火〉
十三、〈分野〉　〈分野辨〉
十四、〈望氣〉　〈望氣辨〉
十五、〈風雲雨露霧霜〉　〈風雲雨霧霜霧〉
十六、〈風雨徵〉　〈雨徵〉
《天經或問後集》
十七、〈賢愚貴賤〉　〈聖賢愚賤之生〉
十八、〈僊佛〉　〈仙佛〉
十九、〈黃河清〉　〈黃河清〉
二十、〈鬼神妖怪〉、〈蠱巫姦神〉、〈神鬼妖怪〉
二一、〈方士幻術〉　〈召魔〉、〈煉丹〉
二二、〈星降生〉　〈五星降人辨〉

由以上簡表可以看出游藝《天經或問》所討論的問題有很多與《格致草》完全相同，而內容上也頗多承襲《格致草》。所不同的是《天經或問》是以問答的方式出現，因此比《格致草》似乎更適合一般讀者，這或許也是《天經或問》比《格致草》更具普遍性的原因之一。當然儘管《天經或問》在許多地方承襲《格致草》，但是它特別加重探討歷代曆法以及理氣性命，而且也沒有特別引用《格致草》中關於耶穌會神學，如〈大造恆論〉、〈眞宰引據〉等等文字，則是兩書很大的不同之處。

總之，熊明遇對於方以智、游藝在天文曆算及格致窮理之學的研究上曾有過相當程度的啟發與影響是不容否認的，因此雖然他的《格致草》在清朝以後似乎沒有《物理小識》那樣的影響力，在日本也沒有《天經或問》那樣的爲人所知，但是它在明末清初學術思想史上的地位仍是值得特別加以重視的。

第七節 結 語

根據以上的研究我們對熊明遇及其格致之學起碼可以獲得以下的一些結論。

(一) 熊明遇歷仕明末萬歷、天啟、崇禎三朝，官至兵部尚書，親身經歷了明末黨爭、民亂，以至明亡的衰亡局面，最後在異族統治下，以遺民而終。因此他與許多明末學者一樣具有強烈的經世思想。所不同的是熊明遇同時處在耶穌會士來華而大量介紹西學的時代，因此他不但與西士往來，討論西學，而且企圖援引西學，以建構一套格致之學。在他看來，格致之學是當時中國最急需的經世之學之一。這與明末清初以經學經世的主張可謂異曲同功，殊塗同歸。

(二) 熊明遇雖一生成就在事功，而且身爲異族統治下遺民，因此特別講究氣節，但是他認爲無論事功或氣節都必須以理學爲依歸。他說「事功不本諸理學，則勳蹟雖爛，雜于霸而已矣。氣節不本諸理學，則矜奮不顧，傷于激而已矣」。由此可見熊明遇爲學爲官都以理學爲其中心準則。他的兒子熊人霖指出他父親早年與梁溪、潯上、關中、吉州諸君子講道談心，深契「居仁集義」之旨，可見熊明遇的理學思想傾向於程朱。因此我們可以說《格致草》一書基本上是根據朱子對於《大學》「格物」的解釋，而更著重在天地萬物之理的探討。更明白的說，朱子的「格物致知」雖然強調自然科學的研究，但是比重不高，而熊明遇的格致之學卻是以自然科學研究爲主體，這是他的格致之學出於朱子而卻有異於朱子的地方。當然這主要是因爲西方科學的輸入提供了熊明遇較好的條件，另外是明末因陽明學末流使尊德性之學出現了危機，而道問學思潮將代之以興所致。

（三）　熊明遇與西方耶穌會士交往密切是一個事實，而且對西方文化的接受也不僅止於科學，他對龐迪我《七克》一書所談的西方倫理學以及《聖經》中天主創世的神學也頗多引用討論。可是就目前資料我們無法確定他對於西方上帝是否已到達信仰的程度，或者他是否皈依受洗，但是我們可以確定的是他企圖會通中西文化的層面除了科學、倫理學（以宋明理學的遏欲存理解釋七克）以外，還包括中國古籍中的「天」、「帝」來解釋西方神學中的創世主。由此可見他頗爲關心宇宙、人類及歷史的起源問題。而且在這種中西文化的比較會通中，熊明遇對中西文化採取不卑不亢、截長補短的態度，這也是他格致之學的特色。

（四）　熊明遇格致之學很重視「原理」的探究，所謂「原理」就是「本原之理」。換言之，在熊明遇看來，因爲歷來學者忽視本原之理的探討，因此對於天地萬物的理解便多存疑之渺論，而少可資考信之格言。他認爲孟子所謂「苟求其故」、《中庸》所謂「不貳之道」就是在強調這種原理的探討。而追求原理必須根據象數，換言之，就是要追求原理於象數之中。否則便流於一般「舍物言理」空虛之弊。《格致草》一方面列舉天地萬物各種現象作個別探討，一方面作了許多原理、恆理的探討。殊不論其結論正確性如何，但是這種求原理於象數之中，並隨時不忘於象數探求中歸納原理，是很符合明末清初普遍興起的一種思惟方式。

（五）熊明遇的格致之學不但賦予《大學》「格物」觀念一種新的解釋，而且也是朱子「格物」觀念在自然研究方面進一步的實踐。如果我們把熊明遇的格致之學當作一種自然科學的話，那麼，明末自然科學研究不但與程朱理學有密切的內在關聯，而且與原始儒家不但不相衝突，反而是一種相輔相成。

註釋

❶熊明遇上疏提出八憂、五漸、三無。他說：

今春以來，天鼓兩震於晉地，流星晝隕於清豐，地震二十八，天火九，石首雨菽，河內女妖，遼東兵端吐火，即春秋二百四十年間，未有稠於今日者。且山東大祲，人相食，黃河水稽天，兼以太白經天，輔星湛沒，熒惑襄月，金水愆行，或日光無芒，日月同暈，爲恆風，爲枯旱。天譴愈深，而陛下所行皆誣天拂經之事，此誠禽息碎首，賈生痛哭之時也。敢以八憂、五漸、三無之說進。

今內庫太實，外庫太虛，可憂一。餉臣乏餉，邊臣開邊，可憂二。套部圖王，插部覬賞，可憂三。黃河泛濫，運河膠淤，可憂四。齊苦荒天，楚苦索地，可憂五。鼎鉉不備，棟梁常撓，可憂六。群譁盈衢，訛言載道，可憂七。吳民喜亂，冠履倒置，可憂八。

八憂未已，五漸繼之。太阿之柄，漸入中涓。魁壘之人，漸如陷穽。制科之法，漸成奸藪。武庫之器，漸見銷亡。商旅之途，漸至梗塞。

五漸未已，三無繼之。匹夫可熒惑天子，小校可濫邀絲綸，是朝廷無紀綱。滇、黔之守令皆途窮，揚、粵之監司多規避，是遠方無吏治。讒搆之口甚於戈戟，傾危之禍慘於蘇、張，是士大夫無人心。天下事可不寒心哉。（明史本傳）

又見《文直行書》卷九〈災異陳言疏〉，由此奏疏可以看出熊明遇對明末各種時代問題的認識，同時也可以看出他與明末許多學者一樣，仍採用以災異陳言的傳統。

❷ 楊鶴主撫誤國，被逮下獄，戍袁州。事見《明史》卷二六〇，〈楊鶴傳〉，北京中華書局標點本，1974。

❸ 以上據《明史》卷二七五，〈熊明遇傳〉；清聶當世，1673年刊本，江西《進賢縣志》卷十五，〈良臣．熊明遇傳〉（台北成文出版社印行）；趙模修、王寶仁，1929年鉛印本，福建《建陽縣志》卷十二，〈流寓．熊明遇傳〉（台北成文出版社印行）；熊人霖〈先府君宮保公神道碑銘〉，收入熊人霖《鶴台先生熊山文選》卷十二，該書原藏日本內閣文庫，台灣中央圖書館有微捲。

❹ 收入《文直行書》，1660刊本，中央圖書館館藏。

❺ 見〈文直行書初刻述事〉。

❻ 《文直行書》卷十七，〈目論十則〉。

❼ 《文直行書》卷十一，〈理學議〉。

❽ 《鶴台先生熊山文選》卷十一。

❾ 《天學初函》（二）。明李之藻1628刊刻，台北學生書局印行，1965。

⑩《天學初函》(五)。

⑪《左傳》:「昭公十七年秋,郯子來朝。……仲尼聞之,見於郯子而學之。既而告人曰:「吾聞之,『天子失官,官學在四夷。』,猶信。」(見《春秋左傳會注》(下),頁1389,北京中華書局,1981)

⑫馮錦榮〈明末熊明遇父子與西學〉,1991「明末清初華南地區歷史人物功業研討會宣讀論文」,此文由Benjamin A. Elman 教授轉贈,特此致謝。

⑬《格致草》卷五,〈神鬼妖怪〉。《格致草》,1648刊本,美國國會圖書館館藏。

⑭《格致草》卷六,〈大造恆論序〉。

⑮同上。

⑯同上。

⑰同上。

⑱《格致草》卷六〈眞宰引據〉云:「《中庸》曰:郊社之禮所以祀上帝也。《詩》曰:皇矣上帝臨下有赫;又文王陟降,在帝左右,又惟此文王,小心翼翼,昭事上帝。《老子》曰:有物混成;先天地生,寂兮寥兮,獨立而不改,周行而不殆,可以爲天下母,吾不知其名,字之曰道,強爲之名曰大。《詩注》曰:以其形體爲之天,以其主宰爲之常」。熊明遇似乎承認古籍所載,可以證明上帝眞宰的存在。他似乎並未受洗入教,但承認上帝存在。而且他對教義不只是介紹或藉之以與中國學術會通,從〈大造恆論〉的結語看來,恐怕也是一種信仰。他說:「嘗閱天學諸書備載大造眞宰始終天地萬物之故,人有始無終之故,則吾人當置夏虫井蛙之見,以翔乎廖廓、返照于不歇之靈根、本天親上矣」。

⑲同⑮。

⑳同上。

㉑ 《格致草》卷六，〈大造畸說序〉。

㉒ 同⑮。

㉓ 同上。

㉔ 熊明遇亦因耶穌會士所言開闢之說而探討中國古史。他認爲「西曆所記開闢至今未滿六千年。據其譜系代數，皆有的然之文字，則羲皇以前（至盤古）似不及千年。事理或信。惟是所稱洪水盪世，僅餘諾阨三子，分傳天下，則不能無疑焉」。（《格致草》卷六，〈洪荒辯信〉）

㉕ 收入〈天學初函〉（二）。

㉖ 《格致草》卷一，〈格言考信序〉。

㉗ 《格致草》卷一，〈渺論存疑序〉。

㉘ 熊明遇格致之學的理論雖與程朱一派理學相近，但是對程朱之科學研究也有嚴厲批判。如《格致草》卷四〈雹〉條開頭便說：「雹理不明，儒者或謂蜥蜴所噴，或謂龍鱗所藏，此眞婦人兒子之譚也」，他在同條末所附「渺論存疑」中便引用伊川話加以批判。他說「伊川曰：世間人說雹是蜥蜴做，初恐無是理，看來亦有之。只謂之全是蜥蜴則不可。自有是上面結作成的，也有是蜥蜴做的。某少見十九伯說親見如此」（此段話見於《二程集》卷十。北京中華書局，1981）。他接著批評道：「說理不去，伊川遂亦騎墻，曰曾見十九伯說是如此。然則鄉里父老說神說鬼，遂皆可信爲經與？伊川賢者，恐後世藉口，故徑黜之爲渺論，曾子豈欺我哉！」所謂「曾子豈欺我哉」見於同條所附「格言考信」。熊明遇引曾子曰：「陽之專氣爲雹」一語，並評曰：「此語精甚，宜其爲傳道一人」。

熊明遇對朱子之科學研究固亦頗多採信，但批判爲渺論者不少。《格致草》卷二〈日月食〉條雖把朱子注《詩經·十月之交》對日食的解釋列入「格言考信」，但朱子對月食之解釋則列入「渺論存疑」；並加以批評說：「月在天上，日在地下，請問月如何亢日而月爲之食，恐紫陽夫子也解不去。凡解得去者便做得像，試請做一元旦闇虛之象如何？」至於《朱子語類》的可信度更值得懷疑，熊明遇說「語類是非相半，由門人見解不同」。（《格致草》卷一）

㉙ 《格致草》卷一，〈原理恒論序〉。

㉚ 同上，〈原理恆論〉。

㉛ 《中庸》第二十六章云「天地之道，可一言而盡也；其爲物不貳，則其生物不測。」第十二章云：「君子之道費而隱」。

㉜ 同㉚。

㉝ 同上。

㉞ 同上。

㉟ 同上。

㊱ 同上。

㊲ 《格致草》卷一，〈原理演說〉。

㊳ 同上。

㊴ 同上。

㊵ 同上。

朱子論氣，有時代之氣，有地域之氣。《語類》云：「氣有盛衰，盛時便做得未是，亦不大段覺得。眞宗時，遼人直至澶州，旋又無事，亦是氣正盛。靖康時，直弄得到這般田地。前漢如此之盛，至光武再興，亦只得三四分。後來一切扶不起，亦氣衰故。」此是論時代之氣。又云：「先生因說詩中關洛風土習俗不同，曰：某觀諸處習俗不同，見得山川之氣甚牢。且如建洲七縣，縣縣人物各自是一般。一州又是一般，生得長短小大清濁皆不同，都改變不得。豈不是山川之氣甚牢」。

41 同上。

42 「合人於天」是明末清初科學研究者普遍共有的思惟模式。梅文鼎、王錫闡、薛鳳祚如此，游藝、揭暄、方以智等人亦然。

43 《格致草》卷一〈諸天位分演說〉云：「……因知從前所論皆臆說也，獨西極之國，近歲有度數名家造爲望遠之鏡，以測太白，則有時晦，有時光滿，有時爲上下弦……」。

44 《格致草》卷二，〈天體不容空隙〉。

45 《格致草》卷一，〈大象恆論〉。

46 《格致草》卷四，〈化育論〉。

47 同上。

48 請參考陳衛平《第一頁與胚胎——明清之際的中西文化比較》，第四章第二節之〈「四元素」說與「五行」說〉；第五章第三節之〈「五行」和「四元素」的辯駁〉。上海人民出版社，1992。

49 同46。

50 熊志學字魯子，福建建陽崇化里人。《建陽縣志》卷十〈文苑·熊志學傳〉云：「熊志學，字魯子，崇化里人。超穎博學，以明經任光澤縣學訓導。持身端謹，多士敬服。著有《易經衷指》、《冊府元龜序論》諸書」。

51 〈函宇通序〉。

52 所有這些批判均見於熊明遇《格致草》所附之「渺論存疑」中。至於可信的言論則見於「格言考信」中。

53 《格致草》第33條〈星恆不食月不恆食圖〉之後有〈節度定紀〉條有：「今歲戊子避地潭陽

山中」之語。可見此條即熊志學〈函宇通序〉所云「戊子考測之作」。按此條不見於《格致草》一書目錄。或許《格致草》目錄係依據《則草》一書之目錄所致。此外《格致草》本文共分爲六部分，明顯可以視爲六卷，但目錄卻不分卷。

54 《文直行書》卷八，〈壽游子六母五十設悅序〉。

第二章 游藝的窮理之學

游藝，福建建陽人，是明末清初典型的民間學者。他未曾在明朝作過一官半職，也沒有在科舉上得過任何功名。少孤家貧，所好惟學。他有緣從熊明遇習天官之學，並撰《天經或問》一書。他在科舉、仕途上都沒有熊明遇那樣的經歷，但是他的《天經或問》不但列入《四庫全書》，而且傳到日本，受到江戶時代學者的歡迎，這是比《格致草》幸運的地方。但是本文主要關心的是，游藝何以以「天經」名其書，它除了研究天文之理以外，是否包括天地萬物之理或性命之理？那麼這些探討與宋儒格物窮理有何關聯？游藝理學立場是什麼？他對儒學看法又如何？換言之，本文主要目的是要探討游藝天文研究或天地萬物研究與宋明理學之間的關係。以下首先將以有限資料敘述游藝生平及其著作，再根據《天經或問》一書，分析游藝研究天文或天地萬物的目的，他的理學思想，及對儒學的批判，最後看看明末清初學者給予游藝怎樣的評價。

第一節 游藝的生平與著作

游藝傳記見於阮元《疇人傳》及《清史稿》，但均極簡略。目前所見稍爲詳明的是《建陽縣志》，茲全錄於下：

> 游藝，字子六，號岱峰，崇化里人。少孤，事母孝。家貧嗜學，讀書普覺寺，作〈蒼霞吟〉以見志。所交若方以智、法若真、林雲銘諸君子，皆當世知名士。耿藩未叛時，慕其人，聘之再三始往；旋即歸。嘗從豫章尚書熊明遇遊，授以天官之學。所著《天經或問》採入《四庫全書》。又有《歷象成書》、《奇門超接》、《萬法歸宗》、《詩法入門》等書行世。忠端黃道周曾至普覺寺，手書「此中世外」四字榜於楹以贈之，今猶存。❶

茲就此一傳記，略對游藝生平作一些補充與說明。

（一）游藝先世是宋儒游酢。祖父懷德，父親賢選。關於他的家世，熊明遇所撰〈壽游子六母五十設悅序〉說：

> 游固宋名賢廌山先生諱酢者苗裔。茲茲十數傳而生懷德；懷德生賢選。懷德爲子擇佳婦，乃文定之竹田周公道隆女，以其地風氣鍾毓。果也太君實能支持游氏門戶教子。❷

游酢字定夫，與楊時同爲程頤高弟，《宋元學案》卷二十六有〈廌山學案〉。游藝在理學思想上傾向程朱，可能與其家世有關。但由於游懷德、游賢選生平不詳，亦難考證其家學淵源如何。但無論如何，游藝少孤家貧，且讀書普覺寺，其家境不好是可以確定的。

（二）　關於游藝生卒年，迄今亦因資料缺乏，難以詳考。王重民曾加以推測說：

> 他（指游藝）從熊明遇學天官之學，和方以智、揭暄、林雲銘作朋友，則明室滅亡的時候，他總應在三十歲左右。是書（指《天經或問後集》）有林雲銘序云：「辛酉三月，子六自書林來杭，訪余於客邸」。辛酉是康熙二十年，那時候，他應該是七十歲左右的人了。又卷內〈吉凶禍福〉一條，註引康熙辛卯雲南黃公園內大鳥一則，疑爲刻書時他的兒子們所竄入，因爲辛卯是康熙五十年，游藝絕對活不到這個時候。[3]

如果照王重民推測，則游藝大約生於一六一四年左右，而卒於一六八四年以後。前引熊明遇文中說：「以余聞游母周太君者，歷春秋五十而君子見背垂二十年」，熊文在《文直行書》中繫於〈壽黃母李太孺人七十序〉後，而該序撰於崇禎十四年（1641）。如果假定此年游母五十歲，則游藝父親賢還應死於天啟元年（1621）前後，而游母則大約生於萬曆二十年（1592）。假定游母二十歲生游藝，則游藝生年應在萬曆四十年（1612）左右。王重民推測大體上可信。就此而言，游藝與方以智大抵屬於同輩的人。當然關於游藝生卒年還需要更可靠資料才能證明，以上所述純屬推測而已。

（三）　關於游藝的交遊，傳記中提到方以智、法若眞、林雲銘、熊明遇與黃道周五人。從《天經或問》還可以看出他與張昌亮、張自烈、余颺、揭暄、王勷、嚴宗聖、鄭郊等人有學術上的交往。這些人與游藝之間的詳細交往情形還有待資料加以證明，但是除了黃道周在明末殉難以外，其餘諸人可能都與游藝一樣是明朝遺民[4]。而且除了黃道周、熊明遇以外，都曾爲《天經或問》寫序，對於游藝的學術思想給予相當正面的評價。

（四） 與耿藩關係

耿繼茂繼其父耿仲明爲靖南王，於順治十七年（1660）七月駐守福建，並勦撫台灣鄭氏有功。康熙十年（1671）正月，疏陳疾劇，以長子精忠代治藩政。十二年（1673）疏請撤藩。十三年（1674）叛，十五年（1676）降。精忠次子昭忠受鎮平將軍，駐福州，代精忠治藩政。十六年（1677）藩下參領徐鴻弼等訐精忠降後尚蓄逆謀，昭忠具以聞，並劾助逆曾養性等十餘人。上以精忠在軍，未即發。十九年（1680），召精忠詣京師，二十一年（1682）磔於市[5]。前引《建陽縣志》〈游藝傳〉有云：「耿藩未叛時，慕其人，聘之再三始往，旋即辭歸」。林雲銘爲《天經或問後集》撰序也說：「子六其持此書，以應當寧旁求，宜必有合，乃別來數年，頭顱未改，僅以此書自見於風塵間，何可勝惜！」據此可知游藝在康熙十年至康熙十三年之間曾因耿精忠之聘而前往，但不久即歸里。游藝應聘動機與辭歸理由不詳，但王重民曾「懷疑這件事沒有那麼簡單」。他說：

> 我懷疑這件事沒有那麼簡單，而游藝之投耿藩，還有其他作用。他那肯「以應當寧旁求」呢？不論在什麼時候，當然是「頭顱未改，僅以此自見於風塵間」罷了。我嘗以爲明季篤嗜天算的學者們，即不參加反清運動，也消極的作了明代遺民，游藝那能是例外！

換言之，游藝應耿精忠之聘可能是有意聯合反清勢力，而絕不是有意仕清。如果是這樣，其辭官歸里也許是由於耿藩當時無意反清，或者游藝認爲耿藩反清沒有前途。但無論如何，從游藝交遊多遺民，甚至像方以智更有明顯反清意圖而言，王重民的推測頗可成立。

（五）子嗣

游藝有四子，名熊、熙、燕、照。林雲銘序指出他們皆能「服膺庭訓、詮述後先」。他們的傳記著述不詳，但從他們爲《天經或問》所作的注中可以看出他們頗能繼承其父之學。

（六）著作

據《建陽縣志》所載，游藝五種著作均曾問世，而且其中《天經或問前集》四卷曾收入《四庫全書》。但目前除《天經或問前集》、《天經或問後集》及《詩法入門》以外，餘三種均未見。從書名推測《歷象成書》應該也是天文曆法類圖書，《萬法歸宗》或許是批判三教九流與中西學術而推崇儒家正學的著作，至於《奇門超接》或許是術數類圖書。

從以上的敘述可以看出，由於資料限制，我們對游藝生平所知實在有限。他雖然少孤家貧，但因爲是宋儒游酢苗裔，所承繼先世的恐怕就是宋代理學。而從他所交往的名士來看，其遺民立場也頗爲明顯。此外，由於熊明遇的啟發與影響，而撰述了《天經或問》一書，並得以列入《四庫全書》，可謂幸事。

第二節　《天經或問》一書的版本

民國以來國人研究《天經或問》一書版本應以王重民爲最早。他曾有跋《天經或問》三則，一是〈跋倭本天經或問〉（民國31年7月30日），一是〈跋文津閣本天經或問〉（民國36年6月11日），一是〈跋天經或問後集〉（36年6月11日）。王重民〈跋倭本天經或問〉一文指出：「此本由日本西川正休所訓點，享保十五年（雍正八年）大坂書坊所刊行。卷端載張昌亮（康熙十四年）、張自烈、余颺、方以智、揭暄等諸家序，又嚴宗聖歲差說序，鄭郊後序（康熙十一年）。凡圖一卷，天一卷，地一卷。天地卷端並題：『皖桐方密之先生鑒定，閩中游藝子六氏輯答，潭水余明汝正氏繡梓。（地卷余明作餘明）』」這是一種版本。接著王氏又說：「後二十年為寬延三年，東都書肆嵩山房又刻入江修註解」，這是日本所見之第二種版本。王氏認為短短二十年兩次翻刻，可見日本流傳之盛。王氏除日本所見兩種版本外，舉出第三種版本即文津閣本《天經或問》。他說：「閣本凡圖一卷、天二卷、地一卷，都為四卷，則簡明目錄作一卷者誤也。又倭本論天者僅一卷，今不記憶其內容如何，不知有所合併，抑有所刪節也。閣本僅有揭暄序，無張昌亮、張自烈、余颺、方以智、鄭郊五序。有歲差說序，然不著嚴宗聖名」。前面三種版本都是指《天經或問前集》而言。王氏所述第四種版本是《天經或問後集》。這是存於北平圖書館善本乙庫的一部刻本，題：「晉安林西仲先生鑒定，閩潭游藝子六氏輯著，書林熊維立文氏繡梓」。全書無卷數，共一百二十頁，分訂四冊。共有六十九節目：記述歷代曆法的十四節，論造曆要法的十四節，論理氣性命的二十四節，又為圖十七，以明天道變異。王氏並推測此刻本應刻於康熙五十年（1711）以後，乾隆元年以前。

目前本人所見《天經或問》有三種版本。一是日本享保十五年日刻本，即王重民先生前述倭本第一種。一是文淵閣四庫全書本。此本並無揭暄等人序文。另外一種是靜嘉堂文庫所藏《天經或問前集》、《天經或問後集》抄本❻。茲就這三種版本略加說明。（三種版本以下簡稱享保本、文淵本、抄本）。

（一）　享保本《天經或問》共三卷，與西川正休所著《天學名目鈔》合刻。因此有木寅亮汝撰〈合刻天經或問天學名目鈔序〉。作於享保十五年（即清雍正八年，1730）。此外有西川正休撰〈新刻天經或問凡例〉共六條，其中幾條對《天經或問》的一些錯誤提出了批評。此刻本雖云三卷，實際上係根據四卷本重新編排爲首之卷、天之卷、地之卷三卷。而且此本地之卷最後一條〈人轉世〉爲文淵本與抄本所無。

（二）　文淵本《天經或問》四卷，也是指前集。此本省略了享保本及抄本所收的所有序言。而且除了沒有〈人轉世〉條以外，也刪除了卷之一第一條〈天地之原〉。文淵本雖可以根據《四庫全書總目提要》了解館臣對此書的看法，但是享保本中保留的中日學者序跋卻更有助於我們了解當時學者對此書的全面性評價。

（三）　抄本最大特色是它包括了《天經或問前集》四卷與《天經或問後集》（無卷數）。據中山茂所說，藏在靜嘉堂這本抄本，並不是德川時代傳入日本，而是後來向中國江南藏書家陸存齊所購買的❼。抄本附有十六個眉批，前集有張昌亮等五人序，但撰序者姓名全部漏抄。〈天地圖說〉作者王勷、〈游子六先生歲差說序〉作者嚴宗聖也沒有註明。〈鄭郊序〉、〈人轉世〉條及首之卷的〈北極河漢星見界圖〉、〈南極河漢星見界圖〉、〈禹書經天合地之圖〉、〈古今天學家〉亦均付之闕如。尤其是抄工不精，錯字頗多。從筆跡上看抄工亦不止一人。但無論如何，由於享保本與文淵本都只是收錄《天經或問前集》，而此抄本卻包括前集與後集。藉此抄本較易窺得游藝《天經》全貌。（眉批中有道光五年（1825）

八月與道光十年五月史事，可見抄本爲道光以後據原刻本抄成。）

就以上三種版本比較而言，僅就《天經或問前集》來說，享保本收錄最全，文字也最正確；文淵本刪除所有序言及〈古今天學家〉、〈引用書目〉等資料，無法反映時人之評價，而抄本同時包括前集、後集最稱完本，可惜錯字太多，間亦有漏抄部份。本文基本上將以抄本爲主，必要時據其他兩種版本加以補正。❽

第三節　游藝研究天學的目的

《天經或問》基本上以研究天文曆法爲主要內容，討論天文曆法一些重要的基本問題。也因此書前列有〈古今天學家〉147人，西域天學家10人，共157人。其中包括歧伯、梓愼、裨灶以及洛下閎、郭守敬等傳統天學家，有徐光啟、李之藻、許胥臣等接受西方天學的學者，有他的師友如黃道周、熊明遇、方以智父子、揭暄等人，而且更包括宋明理學家周敦頤、程頤、朱熹等人。因此他所謂「天學」範圍頗廣，除一般天文曆法的科學家以外，也包括談天的哲學家。但是在這個名單中有薛鳳祚，卻沒有梅文鼎、王錫闡，游藝似乎沒有接觸到他們的著作。如果我們進一步分析所附的〈天經或問引用書目〉，也可以看出此書來源之龐雜。他指出：「書中收採甚博，而多遺其名者，因融貫成篇，達其理而止。故附集書之目，非敢攘爲己有也」。他所列舉之引用書目有106種之多。其中當然有《天學初函》、《崇禎曆書》、《曆法西傳》等西學著作，也有《炮莊》（即方以智《藥地炮莊》）、《啟蒙》（即朱子《易學啟蒙》）、《南華經》、《易飛候》、《皇極經世書》。換言之，游藝《天經或問》固以研究天文曆法爲主，卻不以研究天文曆法爲限。《天經或問前集》除了列有22個有關天文星象圖以外，共有72條問答。而這72條當中除了〈望氣〉、〈占候〉、〈地理〉、〈數〉、〈星降生〉、〈人轉世〉諸條較偏重人事現象以外，其餘大部份都是天文、曆法、氣象等問題的討論，因此〈天經或問後集凡例〉（以下均簡稱凡例）指出：「天經前集，古今天學，理之精切，象之眞實者，揆而正之，不使荒唐不經，驚世駭俗也。」因此如果我們只根據《前集》大體可以說《天經或問》是一本天文學著作。但是《後集》目的卻有些不同。他說：「後集以人事合天者，補爲全璧云」（凡例一）。換言之，游藝《天經或問》一方面企圖批判荒唐不經，驚世駭俗之論，建立一套「理之精切、象之眞實」的天文學，一方面更企圖「以人事合天」，以建立一套天人一理的學問，這是他撰述《天經或問》前後集的目的，兩集缺其一，均非「全璧」。

游藝如何「以人事合天」呢？凡例二說：

> 天經後集首列諸賢創制之法，明天道曆學之理；次輯剖析疑愕之事，窮究性命之旨；辨疑似之毫芒，窺聖賢之閫奧；萃古今之精蘊，發天地之秘藏。不致紛途雜學，炫惑人之聰明。

由此可知游藝擬透過「列諸賢創制之法」、「輯剖析疑愕之事」、「辨疑似之毫芒」、「萃古今之精蘊」四種方式，達到「明天道曆學之理」、「窮究性命之旨」、「窺聖賢之閫奧」、「發天地之秘藏」四大目的。而這四大目的也可以說是他所謂的四大「人事」。換言之，他要把天道曆學之理、性命之理、聖賢之理、天地之理貫通爲一，而其總標準則是《天經或問前集》所探究的天學之理，也就是「以天爲經」，這是游藝所謂「以人事合天」的意義。他認爲如此一種「以人事合天」、「以天爲經」的建立，可以消除所有炫惑人之聰明的各種雜學。這是游藝窮理學的最終目的。

游藝窮理之學的目的在建立「以人事合天」、「以天爲經」的正學，因此他在凡例三至七條更明確指出讀此書起碼有以下五個預期效果：

（一）　知天地萬物，皆平常至理。他說：

觀此書，宜洗心研慮，迸絕俗學，不存我見，則知天地萬物，皆平常至理；一切徒弄玄虛之說，俱屬誣罔欺世之言。（凡例三）

（二）　知今勝於古。他說：

觀此書，則知古之未明者，今已明之；古之未知者，今闡發之；古之缺略者，今顯著矣。膠見駴異者，晰理歸正矣。（凡例四）

游藝以其窮理的經驗，認爲古代對天地萬物有未明、未知、缺略或膠見駴異者，藉歷代不斷窮理而加以闡發，因此就窮理而言，今勝於古。《天經或問後集》有〈古今不同〉條，舉出各種例証，說明歷史發展並非每下愈況。

(三)　知天地物理變化是自然而然的。他說：

觀此書，則知天地物理，有息必盈，盈必消，消必虛，虛則復息，而必有待。對待者數，流行者氣，主宰者理，皆自然而然也。(凡例五)

游藝以理氣數解釋天地物理變化自是承襲宋儒。在消息盈虛的變化中，主宰者是理，流行的是氣，對待的是數。

(四)　知天人理同，而居易俟命。他說：

觀此書，則知天地氣候，冬寒之極，春生必盛，夏熱之極，秋風必淒。萬物榮瘁，人事炎涼，與之相同。故有大權者必有大禍，多藏者必有厚亡。知此就可以居易俟命，不怨天尤人。(凡例六)

游藝認爲自然氣候變化、萬物榮瘁與人事炎涼的規律相同，都是《易經》否極泰來、禍福相依的道理。人若明白天地萬物與人事變化規律，就可以居易俟命，不怨天尤人。

(五)　讀此書則知天地如彈丸，萬古如晝夜，而想做聖賢出世。他說：

觀此書則看天地如彈丸，視萬古如晝夜。此襟懷就如海闊天高，只想做聖賢出世，而功名富貴，則座視之矣！(凡例七)

《天經或問後集》除法若員、林雲銘師徒二人序及凡例七則外，全書共53條問答及16個圖。53條中論歷代明象作曆法者14條，造曆要法有141條，言理氣性命者25條（包括本書最後一條〈形氣始終〉）。最後是以16個圖說明天道變異。就目錄上分類而言，《後集》主要探討的是曆理、性理以及天道變異之理，而目的則在與《前集》天理配合。即所謂「以人事合天」。

從以上論述可以看出游藝撰述《天經或問》前後兩集的目的有四：

（一）藉助西方進步的天文學知識，建立一套有別於與占驗合流的天文學。這樣的一套天文學，主要在客觀地呈現日月五星等天體運行規律。這些規律是永恆不變、四海皆準的天道或天理，在游藝看來就是所謂「天經」。至於天文學可否與儒家經典並列而稱《天經》，游藝本人雖無討論，但是爲《天經或問》作序的學者卻是贊同的，此待第六節討論。

（二）游藝藉天文學研究以探索天道、天理而建立天經之後，基於天人同理的假設，進一步企圖「以人事合天」。詳言之，所謂「人事」有四，即明天道曆法之理、窮究性命之旨、窺聖賢之閫奧、發天地之秘藏。換言之，即會通天理、曆理、物理、性理，開展新的理學，而以天理爲依歸。就此而言，我們可以說游藝研究天文學的目的是要建立一套新理學。

（三）游藝天文學及理學研究的最終目的在建立正宗儒學，也因此對於與此系統不相符的雜學、俗學都在排斥批判之列。凡例中所謂「荒唐不經、驚世駭俗」、「徒弄玄虛之說」、「誣罔欺世之言」都與「理」不合，都是所謂雜學、俗學。[9]

（四）游藝藉天學、理學的建立及對俗學、雜學的批判似乎有意建立一套今勝於古的歷史觀。他雖然認爲今古不同，甚至人類文化在某些方面是值得憂慮的，但大體而言今勝於古。

根據以上的討論，我們可以得出一個結論，即游藝所謂「天經」有狹義與廣義兩種。狹義的所謂「天經」即天文之經，廣義的「天經」是指天地萬物之經。從《天經或問》所討論的問題範圍、凡例所說明的撰書目的、書前所附的引用書目以及古今天學家名錄，也可以證明《天經或問》一書的「天經」兼具廣狹二義。游藝顯然企圖以窮究天文之理爲起點，進而窮究天地萬物之理，及性命之理。換言之，《天經或問》是一本窮理之學的書。

第四節　游藝的理學思想

以目前有限資料而言，我們可以確定游藝起碼是天學家，但是卻不容易確定他是理學家，更不容易整理出他有系統的理學思想。因此本節的論述只是根據現有資料所作的推測，主要目的在幫助我們了解游藝研究天學的理學背景。

熊明遇曾指出游藝是宋代名儒游酢的後代，似已暗示游藝有宋代程朱一派的理學思想立場。關於這一點，爲《天經》撰序的張昌亮也指出：

或有謂此書亦祇自成一家之言，以備天下後世之詳擇也，噫！渺乎小哉斯語已。以予覯子六，蓋世本（享保本作承）厥祖廌山先生（抄誤本作「鹿」山先生）後，家學之服習素矣。故其安貧篤行、窮理盡性，進而推夫天人合一之撰，所爲能自得之也有如此。其傳於天下後世也無疑。

張昌亮唯恐一般人誤認《天經或問》只是天文一家之言，而小看了游藝成就，特別指出游藝是游酢後代，家學淵源有自，因此他能「安貧篤行、窮理盡性，進而推夫天人合一」。由張、熊二氏之論，我們可以推測游藝在理學思想上顯然繼承了程朱一派的理學傳統，而非陸王一系的心學傳統。

游藝在《天經或問後集》凡例中已指出對待者數，流行者氣，主宰者理，因此他顯然也是用理氣數觀念解釋天地萬物的變化。以下分三點加以分析探討。

（一） 理的來源與性質

游藝在《天經或問前集》開宗明義便討論「天地之原」的問題。他認為天地雖然是萬物的本原，而天地本身也有其本原。他說：

> 夫天之有體，非自爲體也，有所以爲體也；地之有形，非自爲形也，有所以爲形者。天之與地，皆有原也。《詩》曰：文王小心翼翼，昭事上帝。⑩

游藝以《詩經》中的上帝作爲天地之本原，顯然是對於西方耶穌會士的一種不滿。因爲他認爲作爲天地本原的上帝相當於太虛。他說：

> 太虛，宋儒稱爲天殼，西儒名爲常靜。……太虛實包天之外矣。然天生於太虛，即安

> 於太虛。地生於天內，即安於天內。[11]

> 予以可見之天地有形有質，與人物同，故亦有終始；不可見之天地爲神明，爲太虛，爲於穆不已，爲至誠。故始而參，繼而配，再而知，終而浩浩其天，乃爲上天之載，能縮天地萬物於無窮，實有始而無始，有終而無終者。[12]

所謂的天地有兩層意思，一是可見的、有形質的天地，它與人物一樣，都是有始有終，另一是不可見的、無形質的天地。這個無形質不可見的天地就是有形質可見的天地之本原，即太虛、天穀、常靜、神明、於穆不已、至誠主宰的上帝的天，它無始無終、永恆不變。當時耶穌會士神學認爲宇宙的創造者是天主，全知全能，無始無終，是「所以然之所以然」，或稱「大所以然」、「初所以然」。游藝開宗明義探討「天地之原」，卻顯然不接受創世主的觀念。

游藝不但認爲不可見天地是可見天地的來源，也就是天道的來源，而且認爲天道可以用測算之法與測量之器計算出來。他說：

> 天道微妙，古明其理而略其測，今徵其理以精其測。從地至宗動，遠近各有測算之法，測量之器，實非荒唐之言，揣摩之見，直是一毫不爽者。[13]

天道不但可以測算，而且由於天道不變，因此隨著測算方法與儀器不斷的精密，人們對天道的理解也愈來愈明。他說：

天載之玄，精微深邃，故歲月愈久，則人心漸悟，非一時能測其玄密也。三代之前，始能定其體象，立其法式，而玄微未晰，推測唯概耳；三代以後，漸次悟法，諸賢遞改，各闡其精也。[14]

天道雖然可以測量[15]，而且愈測愈精，但是由於天體隨時在運動中，必有一靜者爲準才能測算，而此一準則即是常靜天，他說：

天亦理也，有動必有靜。凡測量動物，必有一不動之物爲準，如舟行水中，遲速遠退，苟非以不動之地爲準，則若干道理，何從而知之。……自宗動以下，隨時展轉，……故當有不動之天，其上有不動之道，不動之度，不動之極，然後諸天運行，依此立準。……不動之極，對地中心，至大之天、至小之地，通軸於一，而後諸天錯行不忒也。故天之動者以靜爲基。[16]

總之，游藝根據天文研究的結果，認爲萬物本原於有形的天地，而有形天地本原於無形的天地，這個無形的天地即太虛，宋儒稱爲天殼，西方稱爲常靜天，中國古聖賢稱爲上帝、至誠、神明、於穆不已。它的性質是無始無終、永恆不變、靜止不動。它主宰有形質可見的天地，而且是有形質可見的天地之準則。更重要的是游藝根據天文研究認爲這無始無終、永恆不變、靜止不動的天地，可以藉測量之器、測算之法加以把握理解，而且可以愈算測愈明。這是後人勝於古人之處。宋明理學家幾乎沒有不談天道的，但是如此運用天文學而擬欲以觀測之器、測算之法研究天道的似乎少見，游藝認爲這樣的天道不是「荒唐之言，揣摩之見」，而是「一毫不爽」。因而他稱之爲《天經》，換言之，它與六經一樣都是永恆不變，永遠可以作爲準則。游藝所說的天道也就是天理。因此他的窮理之學也就與宋明傳統有所不同。

（二）氣論——理在氣中

游藝雖然認爲不可見的天地是可見天地的本原或主宰，這個本原或主宰即是天道或天理。但是同時游藝也認爲天道或天理顯現在可見的天地之中，而這個可見的天地就是「氣」。游藝首先指出天地間的一切虛或一切實都是氣。他說：

> 天無實形，地上虛空皆天；蓋虛空皆天，則天皆氣也。地亦氣所結，則地亦天也。外雖實，內則虛；虛者亦氣塞之，地之內外無非天也。……有凝形之氣，有未凝形之氣，凝者上爲日月星辰，下爲土木金石。未凝者則通塞空虛，無有空隙，而不可見。究之一氣貫徹，凝形之氣，即未凝形之氣所成。[17]

由於天地萬物都是氣所凝結而成，空虛之處也由氣所充塞，因此天地間萬物的生長變化便全都是氣的變化。游藝《天經或問》一書可以說幾乎大部份都在討論這個問題。《天經或問前集》第一個圖〈昊天一氣渾淪變化圖〉，便是說明從地球至常靜天之間所有日月星辰的變化，都是一氣的變化。他說：

天渾淪一氣，無有重數。特以外制內，以剛制柔，則氣漸遠漸殺，以至永靜，因分重數，以便起測。萬化皆由一氣，萬物皆由一動，微妙不測者莫如此動。

由於昊天渾淪一氣，事實上無所謂九重或十二重之說，其所以分重數主要是爲了測算之便。而且天體之所以轉動主要是氣在轉動。所謂「萬化皆由一化，萬動皆由一動」，所謂「一動」即指「氣」。由於氣轉動力量之強弱等關係，使得常靜天與地球都是處於永靜狀態。關於天體何以轉動，他在《後集》中專立〈天轉〉條加以說明。他說：

問：天之渾體，中亙一丸爲地球，外裹一殼爲常靜，而內日月經緯，旋轉不停，然靜者自然而靜，轉者何故而轉，請示之。

曰：天之元位元氣，胚胎包裹，晶明透徹，故清宅不毀，萬象爲章，是其元氣之生機，最靈最異也，故剛健中正，運旋不已。

天體何以運行是十七世紀歐洲學者試圖以科學解答的問題，游藝則以中國傳統道家與醫家的「元氣」說，試圖加以解釋，這是他「氣論」的特點之一。[18]游藝以氣解釋天轉，而且以氣的作用解釋萬物之生長。他說：

天屬氣而氣激爲火，聚爲水，發爲木，結爲土，凝爲金，長養萬物，故不外五行，不

> 間形質，皆氣發爲用也。[19]

> 凡物資天地之氣而生，則各物自成其質而別。若植物各具本體，本體之力，皆藉氣成。……動物各具種性，皆原於精血，藉於陽氣發舒，而能生能長也。……大抵肢體皆血所變，藉氣成其質模，使各得其當，然皆氣之功也。[20]

一切有形質之物（無論動物、植物）均是由氣所成，因此都在五行的生剋制化中生長。《後集》·〈物之變化〉條列舉古今各種萬物生剋制化的記載，游藝都是以氣的變化加以解釋。游藝認爲人之有賢愚貴賤也是氣有清濁。他說：

> 人中亦有靈頑貴賤之殊，不能一律者，是氣有清濁，性有善惡也。[21]

至於天下風土殊異，也是因爲太陽遠近正斜照射，使氣有異所致。他說：

> 風土殊異，非是地爲，亦非天施。總由太陽遠近正斜照臨寒暑消長之地與氣而生也。……各國有各國日行最高之占，歲與氣候各有不同，因此生物亦不同。……所以生物不類，皆是日之偏斜，氣之冷熱故也。而人乃天地之靈氣，亦爲寒暑之地圍。惟中華一帶，氣之温和，則生物英秀，生人靈異。[22]

《後集》・〈吉凶禍福〉條也說：

天之象有定，而氣必正，但日出有遠近正斜，而氣始有中和燥冷。當中和之地，則禮樂詩書，聖賢豪傑；燥寒之地，物亦不秀，人多頑戾，此氣由日遠近，而貴賤殊也。

根據游藝的看法，人類所以有賢愚貴賤，與氣之清濁有關，而人類各地區文化有高低不同也是因爲太陽遠近正斜照射影響了氣候不同所致。這種說法與熊明遇、方孔炤、方以智等人說法一致。他們據此解釋耶穌會士所處之西方何以也能創造出高度的文化。

游藝對於天地間許多禨祥災異也是以氣的變化加以解釋，他說：

氣原不同，氣母則一。其所出之體，或輕或重，或密或鬆，或膩或爽。又兼帶客氣，隨地所出，各各不同，因所變亦不同也。究之皆陰陽之氣，遇地合人，和戾相感，旋轉相生，以變禨祥也。㉓

總之，游藝認爲天地間主宰者是理，而流行者是氣。因此他企圖用氣的作用解釋天地間所有現象。天體何以轉動不停，風雲雨露霧霜、雷電、地震、潮汐、野火、山市海市、山飛地陷等自然現象，以至寤寐夢覺、鬼神妖怪、賢愚貴賤，吉凶禍福等人世間種種現象，乃至各種動植物的正常及異常之變化，全部的變與化都是氣的流行。「萬化皆由一化，萬動皆由一動」，所謂「一化」、「一動」都是指氣的流行而言。他顯然企圖從氣的流行與作用解釋天地萬物，並從氣的流行中尋找出主宰的理。換言之，游藝一方面肯定主宰者理，一方面主張「理在氣中」，這是游藝理氣論的主旨。

（三） 數論——理在數中

《天經或問後集》凡例五指出：「觀此書，則知天地物理有息必盈，盈必消，消必虛，虛則復息，而必有待。對待者數，流行者氣，主宰者理，皆自然而然也」。因此游藝撰寫此書目的固在探索此一主宰的理，卻用了大部份（甚至可說全部）篇幅描述天地間流行的氣。游藝爲了更進一步要探討氣之流行的規律，因而必論及數。所謂「數」，簡單的說也就是天地萬物的消長盈虛之數。因此如果我們說游藝企圖「求理於氣」，那麼也可以說他同時企圖「求理於數」。

最能反映游藝「求理於數」或「理在數中」的觀念的應是他的天文曆法研究。他認爲「天有定位，故運旋循度，星有定行，故遲速合轍，而物雖錯綜而有定準」[24]，這種定位、定行、定準也就是定理，都是因爲有定數的關係。因此研究定理，必須根據觀測之器與測算之法。這就是所謂求理於數。《天經或問》所有關於天文曆法諸條雖然以明理爲主要目的，但卻必須藉助於數學。《四庫全書總目提要》評《天經或問前集》時指出了這個特點說：

> 昔班固作《漢書·律曆志》，言治曆當擇專門之裔、明經之儒、精算之士。正以專門習于成法，明于古義，精算得其確數，欲使互相參考，究以往以知未來，非欲高談雄辨，徒究其精微幽妙之理而已也。邵子曆理歷數之說，亦謂知其當然與知其所以然，

學者誤會其旨，遂以爲曆數之外，別有曆理。……夫天下無理外之數，亦無數外之理。……藝作此書亦全明曆理，于步算猶屬未諳。然藝尚能知曆數，故反覆究闡，具有實徵。存是一論，可知即數即理，本無二致，非空言天道者所可及也。

雖然「數」是研究當然，而「理」則在知其所以然，但所以然即在當然之中，亦即理在數中，因此兩者本不可分，所謂「即數即理，本無二致」。四庫館臣認爲游藝雖「于步算猶屬未諳」，但是「尚能知曆數，故反覆究闡，具有實徵」。言理不言數便是「空言天道」，這是宋明理學家的缺點。游藝言理又言數，且有「實徵」，符合明末清初以後求理學於經學的實證精神，因而爲四庫館臣所稱許。當然在理論上說，游藝認爲不只是天文曆法應該以數求理，所有天地物理都應該如此。但是限於當時科學環境，他對於天文曆法以外的現象主要還是根據五行之生剋制化去把握其虛盈消長的對待關係。這一部份，他雖然作了許多努力，但結論似乎還是帶著濃厚的傳統色彩。

（四）　至誠前知與格物窮理之知

游藝在《天經或問後集》的〈至誠前知〉與〈吉凶禍福〉兩條中討論了至誠前知與格物窮理之知的不同。游藝既主張理爲主宰，氣爲流行，數爲對待，因此進而由「理在氣中」與「理在數中」而提出了「求理於氣」與「求理於數」的主張，那麼求理於氣與求理於數所得的知識便是屬於格物窮理之知。他舉例說：

若子產知台駘黃熊、孔子知玉羊萍實，張華知蛇化雉、洛鐘鳴，介盧知牛三犧，耶律楚材知角端，荀勗之知勞薪，欒蔿知積油爲火，此格物窮理之知也。[25]

其實大至日月星辰，小至一草一木之理的探索應該都是格物窮理之知。這種看法事實上是程朱理學特色，游藝比較超越前人的是他不只提出理論，而且眞正實踐。除此之外，游藝特別強調天垂象以辨吉凶，是屬於氣的變化，也是一種格物窮理之知。他說：

> 問：能前知者，必至誠，則自明。《中庸》曰：至誠如神。此理誠然。《易》曰：天垂象，見吉凶。是吉凶預有其象耳。此非前知，真格理矣！
>
> 曰：至誠則能明燭幾先。幾即善惡之垂象，屬神非屬氣也；天垂象，見吉凶，屬氣非屬象也。若夫象者天理也，非人之吉凶也。天垂其度，地產其狀，物獻其制，身具其符，心自冥應（抄本誤作「其應」），但未求其故耳。如天有二日兩月、奇星異火，非天有是物，是其下之氣，發徵乎上也。人在氣中生養，故吉徵非能生祥，由氣先祥，凶徵非能生孽，由氣先孽。望氣者止宜於當土辨吉凶，不宜於普天率土，百年易世，一概率合。[26]

游藝基本上認爲「天垂象」的「象」是指氣而言，而不是天文本身的象，天文本身的象就是天理。天垂象的象是氣的作用，前者無所謂吉凶，後者才有所謂吉凶。但是兩者都是格物窮理的對象，其知識都屬於格物窮理之知，不是至誠前知之知。

除了格理之知以外還有至誠之知。游藝認爲格理之知未必有助於至誠之知。甚至有時互相衝突。他說：

問：窮理博學，能通天地人之休咎，何昧昧不知；或能知者，乃隱逸賢士，非博學文人，何也？

曰：人若廣博，心則不誠，而物欲蔽。心能隱逸，塵囂已忘，而知慧生。如鏡清可辨妍媸，水定可燭鬚眉，況心之誠耶！人之心即天地之靈，唯至誠則靈，不爲物欲所蔽，則因物付物之本空，而理自冥應者也。而萬事萬理皆燭之無爽，此理已與天通，此心自與天侔，故曰至誠如神。㉗

由於「至誠如神」出自《中庸》，因此宋明理學家頗多肯定至誠可以前知㉘，游藝也不例外。一般認爲前知能力，本來人人具有，「愚夫取識，猶且不爽，況齋戒至誠，而叩神明方正之士」。一般人所以失去這種本具能力，主要是人心爲各種物欲所蔽，以至喪其天眞。他說：

至理在耳目前，人自不察耳。其不能者乃有所蔽。有物欲者爲物欲蔽，有其善者亦爲善蔽，執意見者爲意見蔽。不窮理焉能格物？蔽虛靈焉能前知？且蔽其虛靈，則喪其天真，直如禽獸矣，雖刀斧相臨，亦不知懼，尚能明燭而神異矣。㉙

游藝顯然肯定至誠如神與格物窮理都是認識理的方法，但是比較而言，他認爲即使有至誠前知能力也只是聖學初功，不可駐足。他說：

> 雖聖學初功，有此數種，但不可駐足，爲是則誤矣。更精進嚴密，愈入愈深，至聖賢閫奧，則運用皆宜，而中規合矩，始爲得之。(30)

換言之，游藝所強調的還是格物窮理的工夫。

（五）主　敬

游藝繼承宋儒說法，認爲性有天地之性與氣質之性。人之有賢愚貴賤、靈蠢清濁都是因爲氣質之性所致，如果有澄治培植之功，便能於萬欲沸騰之中反諸一念誠敬，則天地之性復存，眞己之體長存。因此他承襲朱熹、陳淳等人思想而提出主敬工夫。他說：

> 夫所謂敬者，非頑然拘執，如槁木冷灰；亦非茫蕩無著，以歸虛無之謂。即日用云爲，酬酢萬變，守是一個天理，而不許一毫人欲之私以間之，則天理昭明靈覺，而不昏昧放逸，方是主敬工夫。須求無間斷，則此心活潑潑地，藹然惻怛，與物同春，而天機不息矣。所謂維天之命，於穆不已，不已者即是誠敬，誠敬之體即是眞己。此眞己無一毫非禮萌動虧損了他，則自能通乎天地萬物，自能範圍曲成。有此謂之存誠，見此謂之見易。故神無方而易無體，是謂彌綸天地之道，是謂窮理盡性以至於命。此是入聖入賢真正路頭，其餘種種，皆屬空華。(31)

游藝的主敬說當時人俞大剛曾給予很高評價。他說：

游子稱盡紛途雜歧，單持一敬字教人，真是千古理學之心髓。即周子主靜，靜亦敬也。張子主誠，誠亦敬也。白沙主端倪，陽明主良知，雖稍著方所，然亦敬也。今當性學昌明，始有此簡切。

游子言真己之體，即性與理，返歸于天之己也，不是釋氏以一物復輪迴爲一物也。㉜

游藝認爲主敬工夫是入聖入賢之眞正路頭。據此可以使氣質之性返回天地之性，也就是回復到俞子所謂返歸「天之己」的眞己之體。這樣的眞己守著天理，無一毫人欲之私，自能通天地萬物，自然能範圍曲成。

從上面的討論，可以看出游藝理學思想基本上承襲宋儒，特別是程朱一派。因此他的理氣數觀、窮理與主敬說，都明顯繼承了程朱學說。但是游藝運用西方天文歷算的最新知識對天道作科學探討，對天地萬物進行全面性研究，並進而作爲理學思想的主要部份，這是他突破前人而在明末清初思想史上有創新意義的部份，值得特別加以肯定。

第五節　游藝對於俗學的態度

游藝《天經或問》一書，一方面企圖藉研究天道與天地萬物之理建立一套以理學思想爲主體的正宗儒學，一方面更企圖剖析疑愕之事，「不使荒唐不經、驚世駭俗」、「不致紛途雜學，炫惑人之聰明」、「洗心研慮、迸絶俗學」、「一切徒弄玄虛之說，俱屬誣罔欺世之言」、「膠見駴異者、晰理歸正」（〈天經凡例〉），而事實上建立正宗儒學與批判俗學雜學是一體兩面，相輔相成，都是游藝窮理之學重要組成部份。以下分條加以說明，以期更全面掌握游藝的思想。

（一）二　氏

游藝站在儒學立場，對於道家長生不死或白日飛昇之說，與佛家所謂脫離生死以生極樂之說均持反對態度。他認爲《老子》一書中向無此說，歷史上也沒有聽過說有長生不死之例，秦皇漢武追求不死也沒有成功。他引用了張載「浮圖不知天亦不知人」的闢佛言論後指出眞正儒學是什麼。他說：

> 吾儒之學，只是切己自反，改過遷善，爲倫常物理上做工夫。離卻物理，更無用力處；另有一種，則非正學也。故聖人之道，本於人倫，焉有視倫常爲毒仇，以求自在者，以爲道也。此不過以軀殼上起意見，欲求去盡根塵，空諸所有，以求頓悟，故無下學工夫。且道器本不相離，今舍物以明理，泯跡以求心，是不知萬物一體，順理而行，豈知道哉！至於恍惚間，略見得心性影子，都不見裡面許多道理，就使有存養之功，亦只存養得他所見影子，終不分明。[33]

游藝反對「舍物以明理」、「泯跡以求心」、「空諸所有，以求頓悟」，主張「道器不離」、「倫常物理上做工夫」、「離卻物理，更無用力處」。雖然這些言論主要目的是在批判二氏成仙成佛之說，但是用來批判陽明末流也是正確的。因此這一段言論反映了游藝站在宋代程朱一派理學的顯明立場。游藝站在這個立場認爲：「幽居山林，保形煉氣，使精氣團結，而延年益壽者有之，若云白日飛昇，長生不死者，斷未有也」。但是游藝認爲二氏之說雖與理不合，卻仍有其社會功能。他說：

今天下生齒日煩，機智日增，就二氏粗處，亦能使飢者得食，獰者回心，亦佐道之一端耳。吾儒之宗，皎日中天，自不可少此星月，以成天象。但專治而欲精之，則蔽甚矣。[34]

（二）占　候

中國傳統天文學與占候密不可分，而游藝的天文學研究主要目的卻在窮理而非占驗。因此他一方面企圖區分二者之別，另一方面也肯定占候之功能。他說：

問：古今天學家首言占驗，方爲有補之學，今所言者唯理而已。或者休咎不言乎？不然測步如此繁劇，豈不徒費苦心乎？

曰：天者群物之祖，理性之所由出，其文即猶理性之耳目也，今舍吾耳目之性之理之靈，而漫言耳目，其不爲皮相者鮮矣。故西儒亦曰：天文，格物窮理之首務。旨哉言也。故云測算非關占候吉凶。[35]

天文研究最終目的是在研究萬物之祖以及萬物理性所由出的本原，所以才要測步如此繁劇。換言之，這是窮理之學，而且是窮理之首務。因此基本上天文測算與占候吉凶不相關。

游藝認爲占候吉凶與天文測算不相關，主要理由是「吉凶所係，在吾人心中所造」。他說：

> 吉凶所係，在吾人心中所造，而禍福則由自己耳。後世不知吉凶禍福係於理，而（以）禍福之未來者當之，則以福爲吉，以禍爲凶。夫吉凶則致禍福，而不可以禍福即吉凶也。如其順理心安，則福固吉，禍亦吉也。理不順、心不安，則爲禍固凶，福亦凶也。蓋福禍不能自免，而理則至定，此心所以順之也。先知而順之，上焉者聖神，次焉者君子，孟子所謂順受其正，不立巖墻之下者，此占候之道也。[36]

占候主要是在判斷吉凶禍福，但是一般人總認爲福就是吉，禍就是凶，即以禍福判斷吉凶，游藝以爲這是倒因爲果。因爲以因果關係而論，吉凶可以導致禍福，因此不可以禍福即吉凶。而判斷吉凶則是以是否「順理心安」爲標準。即凡事只要順理心安，則福固是吉，禍也是吉；如果理不順心不安，則禍爲凶，福也是凶。換言之，吉凶禍福一切在人，而不是在占候。因此，游藝說「吉凶所係在吾人心中所造，而福禍則由自己」。也因此天文研究目的主要是在窮理，亦即吾人作爲吉凶禍福判斷的理，而不是在占候。

（三）地　理

「仰觀天文，俯察地理」，一般人不但誤以爲研究天文學的目的在占候，而且也認爲研究地理的目的是在葬埋，因此民間往往把地理與所謂堪輿、風水、陰陽宅的術數混爲一談，認爲它也與研究天文一樣，是爲人判斷吉凶禍福的一門學問。游藝指出研究天文主要目的不是占候，而研究地理主要目的也不是葬埋。《前集》・〈地理〉云：

> 問：觀天文者能推步測候，則預知休咎；察地理者，明龍穴砂水，則預定富貴。是知天文地理者，皆明吉凶禍福者也。何知地理者詳而多，知天文者略而寡？
>
> 曰：觀天文者以陰陽消息、治歷明時、步天行成歲者，非僅占候也。察地理者以南北高深、天下形勢、定時疆界者，非是葬埋也。葬者孝子不忍其親之暴露，斂而藏之，非有他欲也。

「地理」之成爲一門科學是近代受西方地理學影響以後的事，但是傳統卻常與風水術混在一起，游藝則明確指出「察地理者以南北高深、天下形勢、定時疆界者，非是葬埋也」，游藝之區分地理與葬埋二門學問，在學術史上有重要意義。其次，游藝指出葬埋主要目的是「孝子不忍其親之暴露，斂而藏之，非有他欲」。所謂「非有他欲」是指「吉凶禍福，富貴子孫」一類的目的。游藝引用了程頤、吳澄、羅大經、司馬光、揭暄等人的葬埋言論。歸納而言，其要點有五：

1. 葬埋是孝子不忍其親暴露而葬埋之，不是陰陽家所謂求福避禍。
2. 死者體魄安，子孫受其氣而得福，是理之自然結果，不是有心求福所致。
3. 葬埋爲了求福，不但擇年月日時，又擇山川形勢，而其術又多不同，往往爭辯不決，以致生者尚未蒙其福，而死者已得其禍。此乃「悖理傷義」。

4.父母生時無力使子孫賢，死後的枯骨，何能爲之。

5.人之富貴貧賤實有天命，不可改定，非塚中枯骨所能轉移。

游藝基於這些理由而進一步提出自己的看法。他說：

> 予謂人之生於地者，亦猶萬物之生於土也。北之土橫而平曠，則氣重而爲沙煙，其生人也壯而堅；南之土豎而峰巒，其氣清而爲雲靄，其生人也弱而秀。故土有堅弱，水有湍緩，人之剛肥輕重，長育其地之使然也。貧富壽夭，亦如物物之不齊，必非遺骸之所致也。若孝子之心，慮思深遠，歛藏其祖考之遺骸，必致其謹重誠敬之心，以爲安固久遠之計，恐淺則有雜亂暴露之變，深則有水泉螻螘之壞，所以不可不擇也。惟以利後爲慮，不以奉先爲計，尤非孝子仁人之用心也。（同上）

人之剛肥輕重是因爲他所生長的土地影響所使然，貧富壽夭主要也是因其他條件所導致的不齊，與遺骸無關[37]。其次葬埋主要意義在於孝子有葬埋親人「謹重誠敬之心」，應「以奉先爲計」，不「以利後爲慮」。此爲葬埋之理也。總之，地理與葬埋是兩門學問，而葬埋主要是孝子奉先之慮而不是以利後爲計。

（四）定　數

游藝既主理在數中，理爲至定，則數亦應爲至定，天文曆算等物理研究可以爲證。但如果認爲人的禍福得失也都有定數，人力無法加以轉變，則是不正確的觀念。爲了糾正這種觀念，游藝特別設爲問答加以剖析。《前集》·〈數〉云：

> 問：天有定位，故運旋循度，星有定行，故遲速合轍，而物雖錯綜，而有定準，人遇得失，必有定數，皆理之不可易者。
>
> 曰：天地萬物有定理，唯禍福得失無定理，乃人自取耳。若言數爲定理，則非也。數可拘於中人，不可拘於上人。若偶然得禍，以爲妄，偶然得祿，而至人不受，故不可爲定理定數也。

人的禍福得失繫於人本身的努力，因此對於中人以下的人或許因個人努力不夠而爲數所拘，遂有所謂「定數」，但是中人以上的人懂得修爲努力，便不可能爲「定數」所拘。因此是否有定數完全看個人是否努力，所以說禍福得失乃「人自取」，並非定數定理。游藝引用《性書》，說明相信「前數」之弊。他說：

> 《性書》曰：若人之所作皆有前數，則忠臣之死，其數應死而非忠；降臣之生，其數應生而非奸；善人之施，其數應施而非善；惡人殺人，其數當殺而非惡，而賢否賞罰，皆無所庸矣。（同上）

揭暄曾撰《性書》，此處所引可能就是揭暄的《性書》。此處所謂「前數」也是一種定數，即前世已定的數。如果相信定數，則所有今生的忠奸善惡賢否都是前世已定，則無所謂是非賞罰，一切聖賢名教將無意義或無效用。因此游藝說：

予謂一言有數，遂將聖賢名教一概抹殺，故「數」之一字，惟庸懦而力不振者，後挫折思而悔之，歸之於數也。若盡心盡力，爲忠臣爲孝子，天必然成就之，必不以數拘之不得爲忠臣孝子也，雖定數亦能挽矣。(同上)

游藝顯然站在維持儒家名教立場反對定數，以免定數盛行而抹殺聖賢名教。因此他不相信枯骨可以改變天命，卻相信人的努力可以改變定數。

(五)　星降生

世人常言某星下降而生某人，游藝以天文研究經驗指出，天文家可以根據觀測天象而知某星下降，但恐怕不知道某星下降生了某人。因此他不相信星降生人之事。他說：

問：世之常言，星下降爲人，測天象者必知某星下降，然恐不知降是何人也。何云昭王恆星之降也，東方朔、李太白緯星之托也，宰官乃高僧之轉也。然落星之石，有形有跡，經緯之降，當有據也。

曰：《詩》之有鳥降生商，嶽降生甫，皆欽其人，而尊以推之，非有實事。如人夢日入懷而生子，不應天上之日，頓亡其精也。後世乃效尤其說，奇爲稟星，如劉向、東方朔、李太白之徒，皆有托焉。遂使釋典以昭王恒星不見，降生西土，指

> 實而言，至誣孔顏，以相口實，無論孔顏天地全氣。世言佛氏神通希有，大過於天，所稟不過五行之一，則五行之氣，亦未全領，將以專之，反得其隘。且經緯之星，萬古無增減，每一星大地數倍，若降下壓翻世界矣。星中靈異，不可思議，豈降為人數十年血肉之軀耶。㊳

游藝反對星降生人理由大概有五。一．《詩經》中鳥降生商等記載是欽敬其人而尊推之，並非實事；二．如果人夢日入懷而生子屬實，則天上之日應頓失其精；三．經緯之星，萬古並無增減；四．每一星大地數倍，若降下則壓翻世界；五．星中靈異不可思議，豈降為人數十年血肉之軀。

對於阿羅高僧轉世之說，游藝也認為可疑。他說：

> 夫造物無窮，未必不轉，竊恐為造物所轉者，性命亦未便能定也。孔門成周諸賢，不見有轉，不較上一層也。㊴

總之，游藝認為聖賢所言皆平常至理，星降僧轉均屬詭異欺人，而且如果相信這些說法，則人類將每下愈況，退化不止。他說：

> 予見行立而聞道者，皆言日用平常之理，而無詭異欺人之誑。即其實也，漢唐不生於鳥獄，已自下矣；後世不生於星，而生於僧，世之遞下矣。如此，誠恐後世并無一人

身降轉矣。[40]

游藝對人類歷史發展基本上抱著樂觀態度，但星降僧轉之說似乎反而使人更容易失去自信心。

（六）　輪迴生死

人爲小天地，人可以合天，因此「天有晝夜，人有生死；天有運旋，人有輪迴」似乎是相當合理的推論，但是游藝相信人之合天，卻反對輪迴，理由是人生死是一種性理氣質變化的現象，而且人爲萬物之靈，可以自我澄治培植而不爲輪迴所限。他說：

> 人者天地之心、陰陽之交、鬼神之會、五行之秀、最神最靈，能遍燭萬理，括天地之妙有，爲小天地也。然人未生時，只言理不言性，所以在天之謂命，形於一之謂性，化爲陰陽象形而發之謂生，化窮數盡之謂死。故性者命之始也，死者性之終也。生則稟天地之氣、化於陰陽以成質；質有其氣，而性而理而神在其中。故人之生也，借質以存氣，故心往神交，而不越此一腔；人之死也，化窮數盡，氣散神亡而質敗。惟性與理返歸於天耳。其氣猶天之甘露，質猶地之承盤，盤清則露清；盤濁則露濁；盤之大小，則露有厚薄。是天之雨甘露，無心而下，承之者自有分也。然此理已墮在氣質中，不全是性之本體，故人之賢愚、貴賤、靈蠢、清濁，氣稟有殊耳。使有澄治培植之功，而質亦不能定矣。[41]

游藝根據理學家的看法，認爲人之生死是理性與氣質神之分合聚散而已。人之生，借質以存氣，而性而理而神在其中，人之死則氣散神亡而質敗，性與理則返歸於天。因此無所謂輪迴。而且由於人可藉澄清培植之功，改變氣質之性而回復天地之性理，因此氣質無法限制人類天地之性的發展。顯然游藝只是提出理學家對生死的看法，以反對佛家輪迴之說。

游藝認爲佛教以輪迴儆人，使人爲善而不爲惡，用意固佳，但恐怕反得到負面效果。他說：

> 佛氏爲人不肯澄清，故以輪迴儆人，急驅爲善而弗爲惡也，殊不知政有以寬之。夫現前原有輪迴最爲喫緊，乃寬之老死之後，待於閻羅，彼頑嚚一輩，止顧目前，何有於魂魄渺茫。[42]

佛氏輪迴生死說對於頑惡之人所以無效，是他們只顧眼前，不顧後世，甚至他們根本不信來世，即使相信有來世，則其罰尚在死後，反而更給予作惡藉口。因此游藝主張「現前原有輪迴，最爲喫緊」。他說「一時之間，念起殺越，念起詐誣，此其人已輪迴入盜賊矣」。諸如此類，當人心念邪惡，在道德上說已輪迴入於禽獸、鬼魅、火坑、囹圄等等，「凡此皆生存而有者也」。相反的「人有澄治者能於萬欲騰沸之中，反諸一念誡教，則眞是眞非炯然；未嘗不明，猶如大夢之獨醒也」。

總之，游藝還是站在理學家立場主張勸人在今生今世成聖成賢，佛氏以輪迴生死儆人，不但消極，甚至往往無效。

（七）姦巫鬼神與方士技術

游藝認爲三代崇道德重禮義，而設辟雍庠序之教，陳禮樂移風之化，因此天下百姓都知孝悌，而不流於姦巫鬼神。上焉者且能明天人之際，察幽明物則之極則，窮理盡性以至於天命之渺微，但後世卻民惑於神姦、士媚於幽明，禱祝祈禳、希於福利，因此姦巫得以左道疑衆惑世。換言之，由於人信仰鬼神，姦巫才乘機假鬼神以行欺罔。並非鬼神眞能爲祟。游藝認爲解決之道還是提倡五經之法言，並以嚴刑峻法禁止異言異行。他說：

> 夫人明天地之性者，不惑于鬼神，知萬物之情者，不罔以非類，諸悖仁義之正道，不遵五經之法言，而盛稱奇怪鬼神，廣崇祭祀之方，求報幽冥邪僻之祠，皆所以囮禍召孽也。苟知其然，執左道以亂政、假鬼神以疑衆與異言異行者誅，則道行教明，百家衆説，不敢詐，而蕩平之路廓如也。[43]

「明天地之性」就是主敬而從氣質之性回復到天地之性。能明天地之性便不惑於輪迴生死，也不惑於姦巫鬼神。因此游藝倡導「仁義正道」與「五經法言」，對於那些「執左道以亂政，假鬼神以疑衆，與異言異行者」一律以「誅」處置。

游藝對於方士技術態度比對姦巫鬼神稍爲寬容。他認爲乩仙一道，不見經史者無其理。佛圖澄、鳩摩羅什腹出臟腑，雖是幻術、卻無害於人。但像林兆恩不藥理病卻是神異而有其理。[44]

總之，方士技術種類繁多，合理程度亦不相同，但其所以有此技術往往是「清虛寡欲，積誠致一，入於一偏之明」所致。而其效果也往往「百或一驗」，但卻不是百試不爽。聖人全體大用，不肯爲一技之長，因此其功能或亦可加肯定，卻不可爲常道。因此游藝還是主張「歸於反經」。他說：

總是異教之興，要自王教之衰也，昔孟子於楊墨且深闢之而歸之於反經。五常五行，六官萬物、人倫庶物，莫不各得其極，則國不異政，家不殊俗，而無有希圖遼絶，高元（玄）可喜之論，淆汨其間。故詩書之文，歷千百載，聖哲代作，而其言道德性天，固未始不相終如一日也。上知者克復於一日，夕死於朝聞，而未始無竭才時省之功；中下者終始於典學，愼修於困勉，而未始無貫通之漸，則孝弟通於神化。……如此而已矣，何必鰓鰓焉，悦奇尚異，搜元（玄）索怪，以相蓋爲哉！㊺

游藝對姦巫鬼神與方士技術儘管受容態度不同，前者主張嚴禁，後者主張承認其部份合理性與社會功能，但基本上游藝認爲兩者都是異教，其興起是由於王教不行所致，因此積極方法還是「歸之於反經」，換言之，回復原始儒家經典，使「五常五行、六官萬物、人倫庶物，莫不各得其極，則國不異政，家不殊俗」。游藝以理學思想批判俗學、雜學而最後主張恢復傳統儒家經學，在清初經學復興思潮下頗值得注意。

從以上舉例可以看出游藝企圖分辨各種俗學、雜學與儒家正學，其中如分別天文與占候，地理與風水之異同，在學術史頗具見解。其次，游藝對各種俗學、雜學批判之標準，一方面固以其對社會是否有正面功能而論，如輪迴說、方士之技術等對社會有正面功能者，可容忍其存在。但另一方面則以理學或原始儒學思想作爲標準而比較其高低，如二氏有如星辰，而儒學則爲日月，日月必須星辰搭配，才能成其天，儒學亦有待二氏搭配才能顯其正。換言之，游藝之批判俗學雜學與其建立理學或復興原始儒學爲一體之兩面、相輔相成。也唯有如此，我們才能掌握游藝思想的全面。

第六節　游藝思想評價

由於資料有限，目前對游藝思想的了解還談不上全面或深入，因此要正確評價他的思想也爲時尚早。但是根據本文初步研究，我們可以確定游藝繼承程朱一派的宋代理學，並接受熊明遇格致之學及泰西天文歷算，而有意開展一套新的窮理之學。游藝以其窮理之學研究天地萬物的理氣數，並據此對各種流行之俗學、雜學進行理解並展開批判，其目的則是想建立一套眞儒之學。儘管游藝在《天經或問》一書中對天文歷法以及其他自然現象之研究結論可能仍待批判㊻，但是他開展新的窮理之學以及建立眞儒之學的企圖在明末清初思想史上卻有重要意義，應該獲得肯定的評價。事實上爲游藝《天經或問》一書撰序的學者已經有了相當肯定的看法。以下根據這些序文，探討當時學者對游藝思想所給予的評價。

（一）　天經——以天爲經

游藝《天經或問》一書大部份篇幅都是討論天文歷法問題，因此把天文學稱爲《天經》，並以之名書。《或問》只是著作體裁的說明。他的書其實可以簡稱爲《天經》。明末清初研究天文學是時代需要，也是學界風氣，但是以天文學與經學並列，且名之爲《天經》的似乎很少見。因此爲《天經或問》撰序的張昌亮與鄭郊都討論了這個問題。張昌亮說：

《天經或問》者，古閩游子六徵君所著，以正之爲經者也。天何言哉！謂之爲經，不猶芒芴乎？夫鴻濛既闢，成象成形，七曜恆星，雲漢列錯，蓋天固自有其文已。後世甘石之徒出，而有《星經》、《周髀》、宣夜、渾天與昕天、穹天之說，雜見而有論，自是談天學者，變紛不一，而天文反晦而不章矣。噫！不知夫天之文，固燦然有常經而不易者也。今子六氏灼然有以正之……而正之曰經。

張昌亮一方面認爲「經」的意思是「正」，游藝著作主要目的在矯正歷來談天各種學說之謬誤，並提供正確天文知識，故名爲「天經」並無不可。另一方面七曜恆星，雲漢列錯，「天固自有其文」，天之文「固燦然有常經而不易者」，因此把天文學比諸永恆不易的經典，稱之爲「天經」亦無不可。

鄭郊不但肯定天之有經，而且認爲有助於矯正時弊。他說：

天有經乎？天之有經也，自游子子六始，而發之以或問。其說徵之前賢，參之泰西，會之以群言，裁之以獨識，其於物理象曆，是古今之所未窺者，游子之學，於是爲大。……今天下道教荒裂，士君子心不天而尚苟且，其於六經之言，束之不觀，況天經哉！世之剿說雷同，無所不至，不則其莽蕩者歟！不然則驚奇而尚異者歟！不則各出一說以相高。聖人談性命，釋氏則有教外之傳；聖人談象數，西學則有實義之說。是皆精於吾道者也，抑其智者過之歟？不然山川之氣運日開，天地之聰明日洩，游子之《天經》，其勢不得不至於斯乎？[47]

鄭郊此序唯見於日刻享保本。鄭郊以《易》言天，認爲「易先後天河洛諸圖與蓍策卦爻似疏而實密，似略而實詳；而後之言天者，似密而反疏，似詳而反略」，曾「明易于十八圖中，談天道以折衷於聖人，政之于天經」[48]。因此他不但肯定游藝以「天經」名其書，而且更肯定它大有功於矯正時弊。所謂「士君子心不天而尚苟且，其於六經之言，束之不觀」，當然是針對明末心學末流之弊而發，提倡天經與提倡六經具有相同的時代意義。

（二）殫格致之功，以爲誠正之助

游藝因《天經或問》一書而往往被認爲只是一位天文曆算家，這種觀念不只是目前學界如此，明末清初同時代的人也往往如此。從張自烈所撰〈天經或問序〉充分可以証明。他說：

> 歲甲辰（即康熙三年，1664），余以刻《字彙辨》（抄本誤作《字類辨》）故入閩，道經書林，會子六。憶昔予寓江寧時，即聞子六名，知天學，善測驗，至是因扣其所見，尚謂其爲一得士也。及與語再三，然後知所聞不及所見，而子六之所以爲名，猶非子六之所以爲實也。

從張自烈的序可以看出游藝當時是以天文測驗方面的成就爲世人所知，張自烈也不例外。因此張自烈所以會見游藝最初目的也只是想討論這一類的問題，但是深談之後，才發現名與實不相符。他與游藝深談後的印象是這樣的：

> 子六實理性之士也，非僅知天學、善測驗者也，實探索精而知識著也；非僅聲以是出，名以是起也。子六與予言，大約數不遺理，器不遺道。余始而駭，既而敬，蓋其殫格致之功，以爲誠正之助。凡於道詮釋典，朱陸同異，無不得其要歸。然則乾父坤母之義，固宜其知之真而言之悉也。雖然，以予所見遠過所聞若此，而人之所聞猶未獲其所見，此人之所以知子六，與子六之所以見知於人，仍不出於知天學、善測驗也。

張自烈從交談中發現游藝不只是一般人所謂「知天學、善測驗」的「一得之士」，而且也是「殫格致之功，以爲誠正之助」的「理性之士」。游藝不僅研究天文曆算，而且對朱陸異同，釋道典籍，亦「無不得其要歸」。換言之，他不只是天文學家，而且也是一位理學家。所謂「數不遺理」、「器不遺道」，正是游藝窮理之學的特色。

游藝既是理學家，何以只以天文學家而爲人所知呢？張自烈的解釋是當時性理之學沒落，而天文學則爲當時時尚所致。他說：

> 自性學之不明也久矣，人之爲理性之學者鮮矣。即有一二豪傑之士，毅然求之，莫不以爲迂且拙，又孰從而稱述之。……噫！以子六之所求若此，而人之所知子六若彼，則是人世之好尚，大非子六之用心。子六藉非予親扣其由，則子六竟以一得之士著，

孰知其探索之精、知識之巧，大有出於人世聲名之外者。

明末由於心學盛極一時，相對而言，程朱一派性學反而勢弱，研究性理之學者亦少，因此張自烈才有「自性學之不明也久矣，人之爲理性之學者鮮矣」之嘆[49]。也因此一、二豪傑之士從事於「理性之學」，往往被笑爲迂拙，當然難以爲人稱述。相反的，天文歷法爲當時政府所必須，研究成爲一時風尚。其實游藝治天文歷法等格致之學，背後有誠意正心的最後目的。可是一時風尚在彼而不在此，因此遂以「一得之士」爲人所知。張自烈曾與游藝當面論學，他評游藝爲「理性之士」，評其學爲「理性之學」應是事實。我個人以爲張自烈對游藝的論斷，應該適用於許多從事自然科學的明末清初學者，而不只游藝一人而已。

(三)數統乎理

游藝認爲主宰者理，流行者氣，對待者數，因此他雖然一方面研究氣中之理與數中之理，但一方面仍主張以理統氣與以理統數。前引張自列序文中評游藝思想「數不遺理、器不遺道」即指此。因此北海法若眞撰〈天經或問序〉，也特別肯定他「數統乎理」的特色。他說：

> 通天地人謂之儒，通者通其理而已。通其理則雖上下千萬年之數，皆可以旦暮之意推之。凡六合之內，神奇荒忽之事，皆可以日用飲食之、恆斷之。……余以子春之疾問醫武林，得林生西仲相過談《易》，常言數統乎理，在今日知此者，惟潭陽游子六一人。余傾慕久之，既而方謀買舟歸里，西仲視余旅次，喜而告曰：先生欲見子六乎，

> 今子六且至矣。余喜甚，爲留一日，邀與劇談，辨析七政躔度，歷法精奧，皆聞所未聞。後快讀其所著《天經或問》一書，中多未經人道之語。而《續集》一編，尤爲灝博，莫不根極理要，披剔無遺。覺天道之大，萬物之廣，其多者總不外乎理之一，其理者總不外乎理之常。而子六以好學深思，心知其故，世人不察，或指爲推測占驗之流。

法若眞，字漢儒，生於萬歷四十一年（1613），卒於康熙三十五年（1696），生平不詳。根據序文知「數統乎理」是林雲銘（字西仲）評游藝之語，但顯然法若眞也同意這個說法，因此他說《天經或問》一書「莫不根極理要，披剔無遺」。法若眞與張自烈有同感，都認爲游藝是在探究萬物的「理之一」與「理之常」，而世人以爲游藝是「推測占驗之流」是錯誤的觀念。

法若眞還指出《天經或問》是儒學之書，應懸諸國門，供當世儒者參考。他說：

> 人生百年中，俱當食息於世，懵然無所知。或粗就數篇爛時文，向人高視闊步，岸然自號爲儒者乎？余亟請子六前所著《天經》，懸諸國門，爲當世儒者布帛菽粟之書。何者？通天地人謂之儒也。

科舉盛行，講究時文，士人無暇窮究天地人之理而卻自號儒者，法若眞以爲不然。游藝以理通天地人，才是眞正儒者。這一點林雲銘序中說得更爲明白。（見下）

（四）　眞儒之學

林雲銘曾鑒定《天經或問後集》，並爲之撰序。他在序文中批評當時士人從事科舉，講究時文，而以天地萬物無與於己之弊，並指出游藝之學是眞儒之學。他批評時弊說：

> 余遯跡西湖，浮沈市肆中，碌碌俗緣，所見所聞，大率較論八股，爲獵取科第梯航。否則或誦習詞章詩賦，唱和以博聲氣。即有力矯其弊者，亦不過屏絶外營，以爲天地萬物無與於己，澹然自足而止耳。

在科舉制度下，士人關心的是八股文，否則便是唱和詞章詩賦以博聲氣，對天地萬物的研究往往置身事外，林雲銘以爲彼輩不可以稱爲眞儒，其學亦非眞儒之學。何謂眞儒之學。他說：

> 漢儒董子曰：「道之大原出於天」。天無所弗該，其有象可見者，謂之天文，乃天之一端耳。世人終日戴天，不知天爲何物；而談天者流，又專執占驗管見，輒詡詡自矜獨得，不思天地萬物皆吾儒性分中事，窮理盡性以至於命，此真儒之學也。

董仲舒所說「道之大原出于天」與揚雄所說「通天地人謂之儒」，是明末研究天文學與自然科學的儒者共同的根據之一，也可以說他們據此爲自然科學在儒學中定位。林雲銘據此謂「天地萬物皆吾儒性分中事」，唯有如此而窮理盡性以至於命，才是眞儒之學。林氏自謂「頗有志於理學」因此他的觀點與游藝契合，也因此他肯定游藝之學爲眞儒之學。他說：

吾閩游君子六，從事於性命之學有年，抱道隱約，不求聞達於世，超然有會於道之大原。曾著有《天經或問》一編，博徵群書，自抒獨見，識者推爲一代真儒久矣。余向寓建州，頗有志於理學，常以得遇名賢、得讀異書爲快。每晤子六，未嘗不欣然傾倒累日，以其所學，特異千古隻眼，大非尋摘章句者所能索解。……辛酉（康熙二十年，1681）三月，子六自書林來杭，訪余於客邸，握手傾倒間，復出所著《天經後集》相質，其中歷法、躔度、歲差、以及理氣性命奧旨，一切山海人物，生死變幻，可疑可愕之事，無不引証明確，解惑辨謬，一準諸理之不易，以補前書所未備。余尤喜其語之主持世教，玩味不忍釋手。

林雲銘指出游藝著作三個特點，一是「超然有會於道之大原」，一是「一切準諸理之不易」，一是「其語之主持世教」。因而肯定其性命之學是眞儒之學。朱陸之爭已引發何謂「眞儒之學」的討論，回歸經學之外，以天地萬物爲研究對象的格物窮理之學也是一種潮流。林雲銘、法若眞肯定游藝之窮理之學爲眞儒之學便是這種潮流的反映。

第七節　結　語

（一）　游藝是明末清初一位典型的民間學者；他既不曾在明朝做過一官半職，也沒有在科舉上得過任何功名。因此目前有關他的傳記資料很少，以至我們對他生平的了解很有限。他雖然是宋儒游酢苗裔，然自幼喪父，家境清貧。入清以後，以遺民終其一生。但是他靠著自學，有緣從熊明遇習天官之學，且與當時學者如黃道周、方以智、揭暄等人往來切磋。因此他所撰《天經或問》，不但有幸列入《四庫全書》，而且曾傳到日本，受到江戶時代日本學者的歡迎。就科舉、仕宦而言，游藝與熊明遇當然是截然不同的人生歷程，但就《天經或問》與《格致草》的流傳與影響而言，游藝似比熊明遇要幸運得多。我們知道《天經或問》在內容上頗多承襲自《格致草》，但是它是以問答方式（即所謂「或問」）撰述，而且內容似乎力求深入淺出，可謂通俗化讀物，這恐怕是它流傳較廣的原因之一。當然明末清初朝廷因修改歷法而提倡天文研究，加上耶穌會士大量介紹西方天文學，因此研究天文成爲一時風尚，游藝這種以通俗化方式撰寫的作品，正反映當時社會的一種需要。換言之，《天經或問》是由民間學者撰寫，適合社會讀者的一本天文學通俗讀物。

（二）　游藝《天經或問》的價值絕不只是因爲它是一本天文學通俗讀物，更重要的是它還反映當時思想界的一些主張，有助於我們了解明末清初思想史的轉變。首先我們應該提出的是，游藝所謂「天經」，包括廣狹二義。狹義「天經」是指天文之經，廣義「天經」是指天地萬物（包括人）的經。換言之，游藝《天經或問》不只是研究天地運行之理，而且也要研究天地萬物之理，以及性命之理。它是一部天文學著作，也是物理之學著作，同時也可以說是性理之學的著作。簡言之，它是研究天文、物理、性理的一部窮理之學的著作。游藝在《天經或問後集》凡例中明白指出此一特點。但是從張自烈序文中可知，當時人已經以爲游藝只是一位天文學家，而四庫館臣所以只收入《天經或問前集》，而把《天經或問後集》

列入存目，顯然也不明白游藝撰述此書的終極意義是以天文、物理、性理開展新窮理之學。四庫館臣對方以智《通雅》評價很高，但是對於他極富思想意義而有意開創新儒學企圖的《藥地炮莊》、《周易時論合編》一類著作反不重視，也是同樣的例子。

（三） 福建雖然在明末也出現過像李卓吾這樣的陽明學者，並且產生了巨大影響，但由於朱子在此開創了閩學，因此大體上說福建理學基本上是朱子學。雖然游藝並未留下有系統的理學著作，但是根據《天經或問》中的片斷資料，我們可以看出他應該也是朱子學系統。他主張「主宰者理、流行者氣、對待者數」，並主張理在氣中、理在數中、企圖在氣中求理，數中求理，亦即張自烈所說游藝思想主張是「數不遺理、器不遺道」。其次他強調格物窮理之知，並提倡主敬的工夫。諸如此類主張基本上是朱子學而非陽明學。因此我們可以說游藝的窮理之學是從朱子的格物窮理觀念開展出來的，他所不同於朱子的是他的窮理之學著重在天文及天地萬物之理的探求上，也可以說是自然科學的研究上。而其所以有此新的開展，一方面是受賜於耶穌會士傳入的西學，使他有更好的研究條件，一方面是因爲陽明末流，使尊德性出現危機，而道問學思潮興起所致。當然游藝這樣的理學思想也與其先祖游酢大體可以契合的。張自烈說他「殫格致之功，以爲誠正之助」。因此他從事自然科學研究仍只是手段，達到理學所謂「誠正」，才是他的最後目標。因此我們應該把游藝定位在理學家而不只是科學家。

（四） 游藝對於各種俗學、雜學的批判其實是其窮理之學的重要部份。他批判二氏長生不老或脫離生死、輪迴之說、星降生人之說，區分占候與天文，風水與地理的異同，也討論到自然科學中的「數」與一般言吉凶禍福所謂「定數」之間的不同。對於一般民間流行的姦巫鬼神的信仰亦大力批判。這些批判有些頗有見地，其中不少是承繼前人學說。但是如果我們從游藝的思想來加以理解卻頗有意義。因爲游藝批判所有這些俗學與雜學的標準是「理」，換言之，與理相合者爲「正學」，與理不合者爲俗學、雜學。當然所謂「理」也不是個人私意，而是根據他的「窮理之學」獲致的理。以天文批判占候是最明顯的例子。另一個標準則是儒家的經典，他認爲俗學、雜學所以盛行主要是因爲儒家經典不爲所重，儒學教化不能推行所致，因此他主張「反經」（即返經）。總之他批評俗學雜學主要標準是宋明理學的「理」與原始儒家的「經」。游藝的窮理之學在這個意義下，不但要開展新理學，而且可以說是要建立眞儒之學。這也是當時人林雲銘對他的評價。

註釋

❶《建陽縣志》卷十，〈文苑‧游藝傳〉。

❷熊明遇《文直行書》卷八，〈壽游子六母五十設悅序〉。

❸王重民〈跋天經或問後集〉。

❹方以智、張自烈、余颺、揭暄均爲明遺民。張昌亮撰序自署「前兵部左侍郎全州蹇叟」。方以智晚年住持江西青原山，張昌亮有〈遙和枯荆再發〉詩一首。詩云：「靈荆千載卓精藍，橫豎從依指上參。向道枯心歸鹿苑，再來垂手攬龍潭。嵬嵬杖老盤根一，鬱鬱枝撐鼎足三。笑殺鄧林空逐日，卻留莖艸在天南。」（見《青原志略》卷十一頁十三上）。鄭郊字牧仲，莆田人。清廖必成等，1879補刊本，1929重印本（台北成文出版社印行），《興化府莆田縣志》卷二十六隱逸有〈鄭郊傳〉，傳云：「鄭郊字牧仲。博學能文，幼嗜經史，長以著述自任。家雖困

乏，意豁如也。補郡弟子員，爲郡學郭之奇、李長倩所賞識；拔置第一。嘗謁銅山黃道周，稱之曰：『鄭牧仲一日千里，未易材也』。雲間夏允彝、徐孚遠皆與定交，已而遯跡壺山之南泉，遂號南泉居士；未嘗一至城市。著書甚多，《朝易》十七卷，廬陵知縣于藻爲之刊行。尚有《史統》百四十五卷，及《南華十轉》、《水書折衡》、《偶筆》、《寓騷》、《孝經心幾》、及《禪詩文》若干卷，藏于家」。按：據同上志卷三十三藝文志載鄭郊著有《明易》二十卷（前引傳記中的《朝易》也許是《明易》之誤。）、《史統》一百卷、《詩文集》六十卷。同上志卷二十二文苑有〈余颺傳〉。余颺爲崇禎丁丑（1637）進士，魯王監國召爲左都御史，不赴。與鄭成功及反清勢力似有關係。見《明千代遺民詩詠》卷六。而余颺爲方以智座師，彼此關係甚密。

❺ 見《清史稿》卷二三四〈耿仲明傳〉，卷四七四〈耿精忠傳〉。北京中華書局標點本，1977。

❻ 本人所藏享保本影印自東京大學東洋文化研究所圖書館。前頁有「東京帝國大學圖書印」。抄本則由關西大學坂出祥伸教授影印贈送。特此致謝。

❼ Nakayama Shigeru,"On The Tien-Ching Huo-Wen Hou-Chi By Yu I"，香港大學中文系集刊，1卷2期，1987

❽ 《天經或問》各種版本之間如此差異，也許與它是一種通俗天文學而一再流傳普及有關。陳遵嬀先生曾說《天經或問》「是我國第一部通俗天文學的著作」。（見陳遵嬀《中國天文學史》第一冊，頁234。台北明文書局）

❾ 《四庫全書總目提要》評《天經或問後集》云：「是編復發明天象，以廣所未備。首述前人歷法及七政行度，末舉雜氣雜象，神怪變幻，出於常度之外者，一一辨正，衷之以理。雖其說間有可采，而出於臆斷者頗多，未可爲典要。不及其前集之謹嚴也」。（《四庫全書總目提要・子部・天文算法類存目）

⑩《天經或問前集》・〈天地之原〉。

⑪《天經或問後集》・〈太虛〉。

⑫《天經或問後集》・〈形氣始終〉。

⑬《天經或問前集》・〈七曜離地〉。

⑭《天經或問後集》・〈歷代明象作法〉。

⑮游藝非常重視觀測天象須仰賴觀測儀器。他說：「天載之玄（抄本誤作「定」）也，人據目力所觀，曷能（窮）盡天上微妙之理耶？（抄本漏「窮」字）」（《天經或問前集》・〈天漢〉）。游藝兒子游燕在小注中說：「夫測器之在歷象家，猶之工師準繩規矩也。原靈台止有圭表、景符、簡儀、渾天儀諸器耳。今新法乃仿西域古聖賢所增置者，而有象限儀、百游儀、地平儀、天環、天球、紀限儀、渾蓋簡平儀、黃赤全儀，諸器巧妙精絕。外更有地平晷、立晷、百游晷、通光晷、柱晷、瓦晷、碗晷、十字晷、星晷、月晷，此皆測影之器。若遇陰雨，則有自鳴鐘、沙漏、水漏；窺天則有遠鏡，見女界限分明，星體微渺。此諸器晷，惟鏡最巧。」（《前集》・〈七曜離地〉）。游燕還對於望遠鏡的結構、功能特加說明。他說：「其鏡以皮爲筒，約長一尺餘，其大小四、五筒疊套。內小筒鏡，向物視之，見大爲小；外大筒鏡，向物視之，見小爲大。約百里之遙，無雲煙所隔，則見人髮鬚嘻笑。萬歷始有此器入中國。其次則有簡天儀，測量晷，稱爲絕巧。測天之高下多寡，定星辰之度分深淺，皆由此器」（《天經或問前集》・〈金水伏見〉）。游藝常提到測量天道的問題。他說：「天道沖漠，何以考測？」（《天經或問前集》・〈度分宮分〉）。又說：「天道幽遠，測法未密，術家各若一說，固未有以訂其是非也」（《天經或問前集》・〈度屬不同〉）。

⑯《天經或問前集》・〈常靜天〉。

⑰《天經或問後集》・〈天氣〉。游藝對於氣的學說主要來自於中國傳統有關氣的理論，同時也

受到西學的影響。他說：

西學云：氣不可見，亦實有體，自地至天，悉無他物，其體至大，包舉全地，不從不倚，其體至剛，充塞空際。(《天經或問後集》‧〈天氣〉)

明末耶穌會士傳入西學對於氣的討論文字甚多，當時中國學者頗採其說，熊明遇、方以智、揭暄都是明顯的例子，游藝也不例外。此問題很值得做系統的探究。

⑱ 揭暄是當時以元氣解釋天轉的代表性學者之一，其代表著作是《璇璣遺述》(又名《寫天新語》)；游藝《天經或問》引用其說頗多。〈天轉〉條引揭暄說云：「揭子云：天之旋轉不已者，是以氣行也。氣從外呼，不得直達，故轉氣從內貫，不得直達亦轉。天之胎從外竅內，呼吸之所自來，內氣乘之，自然旋轉。亦猶人之呼吸，從口鼻者則有出入，從臍輪者止有旋轉而已，此元氣也。天一日一呼吸，故一日而一周，地一日兩呼吸，故潮汐有兩周，人一日則有兩萬餘息矣。地有息，地內之天，自然旋轉；人有息，人內之天亦自然旋轉。實則無氣不天，亦無天不轉，猶之風輪乘風，水輪乘水，無有停時，至百十萬派，莫不由此氣震盪之，貫徹之，使之變化循環跳躍而不息者也。人有氣，一呼吸不相屬則絕矣，若天旋轉無停，剛健之元氣，所以無有已時也」。

⑲ 《天經或問後集》‧〈天氣〉。

⑳ 《天經或問後集》‧〈人物之生〉。

㉑ 《天經或問後集》‧〈賢愚貴賤〉。

㉒ 同上。

㉓ 《天經或問後集》‧〈火災火變〉。

㉔ 《天經或問前集》‧〈數〉。

㉕ 《天經或問後集》‧〈至誠前知〉。

㉖《天經或問後集》·〈吉凶禍福〉。

㉗同註㉕。

㉘程伊川肯定至誠前知。並曾身歷其事。《二程集》卷十八云：「問：方外之士有人來看他，能先知者，有諸？曰：有之。向見嵩山董五經能如此。問：何以能爾？曰：只是心靜；靜而後能照。又伊川一日入嵩山，王佺已候於松下。問：何以知之？曰：去年已有消息來矣。蓋伊川前一年嘗欲往，以事而止。」《二程集》卷十二記此事甚詳。

王陽明《傳習錄》下云：「或問至誠前知，先生曰：誠是實理，只是一個良知，實理之妙用流行就是神，其萌動處就是幾。誠神幾曰聖人。聖人不貴前知，禍福之來，雖聖人有所不免。聖人只是知幾，遇變而通耳。」其實陽明年譜載他三十一歲時有前知經驗。年譜明孝宗宏治十有五年壬戌先生三十一歲在京師記云：「築室陽明洞中，行導引術。久之，遂先知。一日坐洞中，友人王思輿等四人來訪，方出五雲門，先生即命僕迎之，且歷語其來蹟。僕遇諸途，與語，良合。衆驚異，以爲得道。久之，悟曰：此簸弄精神，非道也。又屏去」。（《王文成公全書》卷之三十二。《陽明全書》冊四。四部備要本，台灣中華書局，1985）

㉙同註㉕。

㉚同上。

㉛《天經或問後集》·〈輪迴生死〉。

㉜同上。

㉝《天經或問後集》·〈仙佛〉。

㉞同上。

㉟《天經或問前集》·〈占候〉。

㊱同上。

37 《天經或問後集》・〈吉凶禍福〉條云：「蓋天之象有定，而氣必正，但日出有遠近正斜，而氣始有中和燥冷，當中和之地，則禮樂車書，聖賢豪傑，燥寒之地，物亦不秀，人多頑戾，此氣由日遠近而貴賤殊也。」下有小注：「俞子曰：知此道理，則不爲時師以風水誑人也。」

38 《天經或問前集》・〈星降生〉。

39 同上。

40 同上。

41 《天經或問後集》・〈輪迴生死〉。

42 同上。

43 《天經或問後集》・〈姦巫鬼神〉。

44 《天經或問後集》・〈方士技術〉小注云：「莆田林兆恩，字龍江。以氣能治百病，以九敘修煉心身。一艮背，以念止念以求心，二周天，放乾法坤以立極；三通關，支竅光達以煉形；四安土敦仁以結陰丹；五采取天地，以收藥物；六凝神氣穴，以媾陽丹；七脫離生死，以身天地；八超出天地，以身太虛；九粉碎虛空，以謹極則。學者俱驗」。

45 《天經或問後集》・〈方士技術〉。

46 享保本有〈新刻天經或問凡例〉六條。其中數條曾指出游藝《天經或問》頗多「謬妄」、「疏漏」。讀者可以參看。梅文鼎也曾指出游藝、揭暄、方以智等人共同企圖爲歷法制定出所謂「萬世定法」之不可能性。（《天經或問前集》・〈歷法〉條云：「方師密之，揭子子暄，同余推測辨正以爲萬世定法」。）

47 享保本，鄭郊〈天經或問後序〉。

48 同上。

49 《明史》卷二百八十二《儒林傳・序論》云：「姚江之學，別立宗旨，顯與朱子背馳。門徒遍天下，流傳逾百年，其教大行，其弊滋盛。嘉隆而后，篤信程朱，不遷異說者，無復幾人矣。……至專門經訓，授受源流，則二百七十餘年間，未聞以此名家者。經學非漢、唐之精專，性理襲宋、元之糟粕，論者謂科舉盛而儒術微，殆其然乎？」

第三章 梅文鼎的生平與思想

如果說梅文鼎是明末清初一位傑出的天文歷算學家，相信目前學界不會有異議。因爲目前國內外許多有關梅文鼎的研究大部份都是在探討他在天文歷算方面的成就。但是對梅文鼎這樣的定位，梅文鼎本人是否欣然接受恐怕大有可疑。因爲梅文鼎曾很明白的把歷代言天道者分爲兩家，一是天文家，一是歷家，前者專言占驗吉凶禍福，後者主於測算日月五星行度以修歷法。梅文鼎一再強調自己專攻歷算目的之一是在批判天文家妄言占驗，而且他畢生研究歷算，然從未以天文家自居。尤有進者，明末清初學者除非他對儒學毫無素養，否則在「君子不器」的價值觀主導下，恐怕不會以專治天文歷算的疇人自居。事實上，如果我們對梅文鼎展開深入而全面的研究，很容易發現他在家學影響下，學問可謂相當博洽。他所收藏的書籍，除經史以外，包括：醫方、葬術、六書、九數、制器、審音、丹經、子集等各方面，所謂「百家衆流、兼收並蓄」。而三世家傳的象數易學更是梅文鼎思想的核心，他的整個思想，包括儒學思想、中西會通思想、經世致用思想都與他的象數易學緊密的結合在一起。甚至他從事的所謂「天文歷算學」也不例外。就這個觀點來看，梅文鼎絕不只是我們目前所說的天文歷算學家，而且更是一位傳統的儒者。本文主要目的就是想詳人之所略，著重探討梅文鼎的易學思想、儒學思想、會通思想、西學源於中國說以及他所謂的「經濟有用之學」。

最後將討論的是別具特色的詩。相信這樣的研究有助於了解梅文鼎如何一方面專攻天文歷算學，一方面扮演其儒者角色，同時也將有助於了解明末清初儒學與科學之間的關係。

第一節 生平

梅文鼎生於明崇禎六年（1633），卒於清康熙六十年（1721），享年89歲。安徽宣城人。關於他的生平，頗多文獻可資參考[1]，本文不擬贅述。茲僅就與本文論述相關者，擇要作以下幾點說明。

（一）梅文鼎祖父瑞祚（1569～1654），字元符，明天啟三年（1623）貢生，曾任西安丞。善詩文，對《易經》尤感興趣[2]。父士昌，字期生，又字大千，號續瞿，「少有經世之志，自治經外，若象緯、坤輿、陰陽、律歷、陣圖、兵志、九宮、三式、醫藥、種樹之書，靡所不蒐討殫悉」[3]。明亡後棄諸生，因受其父影響，特別對《易經》進行探討，「嘗以六十四卦爻與春秋二百四十年相比附」，撰成《周易麟解》；「經史而外，多所該洽，務求實用，尤精象數」[4]。梅文鼎「九歲熟五經，通史事」[5]，在五經之中，尤精《易經》。曾自述「鼎自童年受《易》于先大父，又側聞先君子餘論，謂象數之學，儒者當知，謹識之不敢忘」[6]。由此可知梅文鼎祖父、父親皆精於易學，而且頗重象數之學，梅文鼎受此家學影響甚深。而《易經》在梅文鼎思想中實占有重要位置。

（二）梅文鼎自幼接受天文歷算的啟蒙教育，且具有興趣與素慧。他自述幼時啟蒙經過說：

> 自束髮受經於先君子、塾師羅王賓先生，往往於課餘晚步時，指示以三垣列舍之狀，余小子自是知星河之可識而天爲動物。……心竊好之。……年近三十，始從倪觀湖先生受臺官通軌算交食法，稍稍推擴而求之。❼

可見梅文鼎自幼受父親及塾師影響，而自觀天象中獲得對天文歷算的興趣，年近三十又得自鄉賢倪正❽指導，對明代歷法進行研討而撰述《歷學駢枝》一書。這是他早年第一部這方面的著作，奠定了往後一生研究領域。

梅文鼎對天文歷算特別喜好。他說：

> 算數諸書，尤性所嗜，雖隻字片言，亦不敢忽，必一一求其所以然，了然於心而後快。❾

時人毛際可也說梅文鼎於歷算似有夙慧。他說：

> （鼎）特好歷算。凡推步諸書，人不能句讀者，先生讀之輒解；遇所疑處，輒廢寢忘食思之，必通貫乃已。蓋其性然，似有夙慧也。❿

（三）　梅文鼎三十歲以後獲聞性命之理，似開始接觸理學，他說：

> 余少善病，因涉獵岐黃家言，病機之微甚進退，證之寒熱虛實，治療之正反逆從，初中末攻守緩急之法，略能道之；藥物之精良，炮製之法度，講之頗熟。三十以外，稍稍獲聞性命之理，乃悟吾身自有大藥，草木金石不能益人，遂棄去不復事。顧先生見背早，門户支撐，未能脱去，以從事於其所謂大藥者，然亦終不復服藥。……[11]

梅文鼎之排拒以藥物療病的觀念是否正確爲另一問題，但是據此自述不但可以看出他早年對醫藥頗有研究，而且更重要的是中年以後他堅信性命之學之有益身心，才是大藥。一般人所謂醫藥是小藥，而性命之理才是大藥。梅文鼎對儒學的態度，基本上站在程朱邵雍立場，而不反對陽明，但更重要的則是要恢復原始儒學。

（四）　梅文鼎學術思想頗有可觀，而於天文歷算尤爲精到。其因固然很多，而其治學態度亦頗爲重要。茲略舉一二如下：

1.梅氏畢生治學以勤。方苞〈梅徵君墓表〉云：「康熙辛未（1691），……北固嘗與同館舍。告余：吾每寐覺，漏鼓四五下，梅君猶篝讀夜誦，昧爽則已興矣。吾乃今知吾之玩日而愒時也」。他自己的詩也說：

> 清山閉户孤居慣，書卷時開逸興多。[12]

《文峰梅氏宗譜》卷六也記載了他酣好書籍，手不釋卷，云：

生平無他嗜，惟酣好書籍，耄年不釋手，經濟、理學以及諸子百家，皆得其要領，而堪輿之學與曆算同稱獨步。⑬

2.性耽苦思。他說：

鄙性于書之難讀者，不敢輒置，必欲求得其說。往往至廢寢食，或累日夕不能通，格于他端中輟，然終耿耿不能忘。異日得讀他書，忽有所獲，則亟存諸副墨。⑭

3.治學不好奇自炫，亦不臆參。他說：

反之心而無疑，措之事而可用，則此心此理之同，庶可共信，非敢好爲新奇以自炫也。⑮

古之爲學也精，故其立法也簡，而語焉不詳。闕所疑而敬存其舊，無臆參焉，斯善學也已。不得其理，而強爲之解，以亂其真，古人之意，乃不可見矣。意不可見而訛謬相仍，如金在沙，淘之汰之，沙盡而金以出。⑯

對於古人之立說，不應臆測，應把握古人立法之意，其方法應如淘金一樣，「淘之汰之」，把沙去盡而金始出，這才是得到古人立法之意。唯有如此才能「反之而無疑，措之事而可用」，則此心此理同，才可以共信。⑰

4.著書立論均甚謹慎，須與學者印證而後定本，以所著《方程論》爲例。他曾說：

> 論成後，冀得古書爲徵而不可得，不敢出以示人。惟亡友溫陵黃俞邰太史，桐城方位伯廣文，豫章王若先明府，金陵蔡璣先上舍，曾鈔副墨。而崑山徐揚貢明府，擕李曹秋岳侍郎，姚江黃梨洲徵君，頗加鑒賞。厥後吳江潘稼堂太史尤深擊節。歲丁卯，薄遊錢塘，同里阮於岳鴻臚，付貲授梓，屬以理裝北上。未遂殺青，續遇無錫顧景范、北直劉繼莊二隱君，嘉禾徐敬可先輩、朱竹垞供奉，淮南閻百詩，寧波萬季野兩徵士於京師，並蒙印可。又蒙中州孔林宗學博，杜端甫孝廉，錢塘袁惠子文學，共相質正，乃重加繕錄此爲定本。⑱

此書之完成費時二十年，而尚且如此。其著述與出版之謹慎態度可見一斑。⑲梅文鼎著述所以如此謹慎，主要是不滿意於明末學風而有意效法孔子。他說：

> 孔子病杞宋無徵，又曰能言夏殷之禮。孔子雖至聖，豈能鑿空以措其辭哉！夫亦於斷簡殘編，得其千百中僅存之十一，而有以推知其制作之綱要，卒以文獻不足，終不敢臆爲之說。於戲！此其所以爲孔子也與？晚年自衛反魯，然後樂正，豈非以遊歷之

久，考訂之勤且多，古樂之源流次第，至是始歸於正，非夫子以己意正之也。後之學者勇於信心，略於好古。耳目有未接，則直斷以爲無；理數有未通，則盡斥以爲謬。輕於立言而成書甚易，豈其智出孔子上哉！亦適以見其鹵莽滅裂而已。愚生平愧無寸長，以生之晚，不及見前人，故於古人之隻字片語，皆不敢忽。當其未通，或積疑數年，始能豁然，或闕之以待問，庶欲兢兢守吾聖門爲學之法，不致貽譏於愚而自用云爾。今老矣！聊志此以告同志。[20]

所謂「勇於信心，略於好古」、「輕於立言而成書甚易」、「愚而好自用」主要是針對明末陽明末流學者的批評。梅文鼎不滿意明末著述之風，遂舉孔子著述必須證據爲例，以表明自己治學與著述之態度。由此亦可見不只經學考證需要證據，天文歷法研究也要求證據，這是明末清初共同的時代要求，是由虛返實學風中共同的主張。

5. 梅氏一生專治天文歷數，但頗感同行之人太少，知音不多，因此很盼望所學能有傳人。他說：

歷法之深微奧衍，不啻五花八門，其章句之詰曲離奇，不啻羊腸絙度，而由是（按：指所著《弧三角舉要》一書）以啟其扃鑰，庶將掉臂游行，若揭日月而聘康莊矣。文雖不多，實爲此道中開闢塗徑。蓋積數十年之探索而後能會通簡易，故亟欲與同志者共之。余老矣，禹服九州之大，歷代聖人教澤所漸被，必有好學深思其人，所冀大爲

闡發，俾古人之意晦而復昭，一線之傳，引而弗替，則生平之願畢矣。豈必身擅其名，然後爲得哉！㉑

像這樣的感嘆與盼望在書中不止一見。可見他很盼望將辛苦研究所得與人印證，以得同好切磋之益。

第二節　梅文鼎的易學思想——「象數皆心學」

梅文鼎深受家傳易學影響已如前述。他雖無易學專書著作，但《易經》對他的思想及天文曆算研究卻有極爲深刻的影響。《績學堂文鈔》卷一開宗明義列有〈擬璿璣玉衡賦〉、〈先後天八卦位次辨上〉、〈先後天八卦位次辨下〉，這是了解梅文鼎易學思想極爲重要文件，惜學者注意者不多，特略加介紹。

（一）〈擬璿璣玉衡賦〉全文共2027字。前有自序頗能明全賦主旨。序云：

> 易言治歷，策數當期；典（按：應指《堯典》）重授時，中星紀歲。蓋七政璿璣之制，類先天卦畫之圖。原道必本乎天，儒者根宗之學，制器以尚其象，帝王欽若之心。理至難言，以象顯之，則理盡；意所未悉，以器示之，則意明。……此聖學之攸先，匪術家之私尚也。……苟俯察而仰觀，必徵理而稽數。家傳《大易》，竊慕韋編。世際清寧，恭逢鉅製，竭歐邏巴之巧力，紹蒲坂之芳型，洵心理之胥同，中西吻

合，亶後來之居上，今古無雙。

此文列在《續學堂文鈔》首編，頗能表達梅文鼎以易言歷的一斑。黃宗羲反對以易言歷，但梅文鼎卻言「七政璿璣之制，類先天卦畫之圖」，以象顯理，以器示意，這是聖學之攸先，不是術家之私尚。只要俯察而仰觀，就必須徵理稽數。所謂「竭歐邏巴之巧力，紹蒲坂之芳型」，正如徐光啟所謂「鎔西洋之巧算，入大統之型模」。他相信心同理同，中西並無二致，也必可後來居上。

清初黃宗羲、胡渭等考據邵雍及朱熹所肯定的先後天八卦圖及周敦頤〈太極圖說〉實來源於道士，並爲學界公認而成定案。但梅文鼎卻肯定伏羲、文王分別述作先天、後天八卦，並撰述〈先後天八卦位次辨〉二篇，提出先天八卦與後天八卦無論相生之次序或方位均可合、可分，彼此間並無衝突矛盾。

梅文鼎在這兩篇文章中，主要目的之一在批駁一般人懷疑先天、後天不合，因而懷疑聖人有所意而爲更置。因此他首先指出先後天八卦作者問題。他說：

> 易卦有先後天乎？曰：有卦之先後天也。伏羲文王作之乎？曰：殆非也。聖人不能作先後天也，述之而已。然則孰作之？曰：盈天地間無往非八卦，即無往非先後天，故聖人述焉。……竊懼夫世之以不合疑先後天者；而因以重誣乎聖人，謂其有所意爲更置也，謹爲之辨。

換言之，八卦是宇宙的象徵，因此到處都是先天八卦與後天八卦，伏羲與文王只是先我們而以八卦來描述宇宙的自然本質而已，不是他個人的創作，因此宋儒如周敦頤、邵雍、朱熹也只是借先後天八卦說明宇宙的眞實而已。梅文鼎顯然把先天後天的創作問題提昇到哲學層面討論，而與黃、胡等人純由學術史層面討論者不同。所以先天、後天八卦的討論是梅文鼎思想重要的部份。

（二）其次就排列次序而言，先天八卦橫列，後天八卦並列，但總而言之，只是一陰一陽的關係而已，並無不合。他說：

> 八卦者，乾坤之分也；而坤又乾之分也。合八卦，總之一乾坤，合乾坤總之一乾，是故先天也者，以乾爲首者也。其卦自乾一以至坤八，陽統乎陰也。所謂易有太極，是生兩儀，兩儀生四象，四象生八卦也。

這是指先天八卦生成次序，歸於乾坤二卦，最後歸於乾卦，所以乾卦爲首。

關於後天八卦的生成次序，則是以乾坤爲主。他說：

> 後天也者，以乾坤爲主者也。其卦乾坤爲父母，而六子繫焉。純統乎雜也。所謂剛柔相摩，八卦相盪也。

雖然先天八卦以乾爲首而後天八卦以乾坤爲主，一個是陽統陰，一個是純統雜，但總之都是一陰陽而已。他說：

> 先天之序橫列以加倍之法，而君臣終始之分明；後天之序並列以左右之方，而夫婦唱隨之義著。而總之一陰陽而已。陽君則陰臣，陽始則陰終，陽夫陰婦，陽唱陰隨，一而已矣。何不合之有哉！

從以上討論可知「八卦者陰陽純雜而已。先天後天雖有易位，而其陰陽不易，則其名與象亦不易」。

（三）至於先天八卦與後天八卦方位相合的理由很多，梅文鼎共舉四點加以說明。茲略述之如下。

1.以卦義而明其合。他說：

> 是故純陰陽者爲乾坤。乾坤位南北，一變而西南、西北矣。然必其純陰陽而後名乾坤也。陰包陽、陽包陰者爲坎、離，坎離位東西，一變而正南北矣。然必其陰陽交而後名坎、離也。推之諸卦，莫不皆然。此以卦義而可明其合者。

就卦義而言，八卦雖先後天有易位，但是八卦的陰陽並無改變，因此其名與象也都沒有改變。是故先後天八卦可以相合。

2.以方位而明其可合。關於這一點，梅文鼎分別就各卦方位變化，一一闡述其可合之理由。就先天乾卦與後天離卦而言，他說：

> 南北即上下也。衡之南北，從之則上下矣。天在上，故南乾；而炎上者火也，故離代乾。

就先天坤卦與後天坎卦而言，他說：

> 地在下，故北坤，而潤下者水也，故坎代坤。

就先天離卦與後天震卦而言。他說：

> 日生于東，月生于西，故卯爲日門，離處之，配乎日也。而春分者卯也，春之分，雷乃發聲，易曰雷電合而章，故震以代離。

就先天坎卦與後天兌卦而言。他說：

> 酉，月門也，坎處之，以配乎月。坎，水也，酉，金地也，故月爲金水之精，而兑金也。又爲澤，澤亦水也，故水中有金。蓋坎之中畫即金也。《參同契》曰：母隱子

胎，子含母胞。故兌以代坎。

就先天巽卦與後天坤卦而言：

南者陽之極也，陽極生陰，故巽在南之西。一陰在下也，《易》曰：履霜堅冰至。故後天易之以坤。

就先天震卦與後天艮卦而言：

北者陰之極也。陰極生陽，故震在北之東。震次坤，猶巽次乾。陰自天降，陽自地升也。升者始乎下，必究乎上。艮者震之所究也。以言乎初終，震其陽之初，而艮其終也，震而易之以艮，蓋取諸此也。

就先天之艮卦與後天之乾卦而言：

西北者天地之尊嚴位也，義氣也，清肅而燥，故曰陽明燥金。而土之燥者山，故艮處西北焉。艮又爲石，石者金之族也，而乾亦金，金純乎剛，故象天。《易》曰：天在山中，土中有金也。後天以乾處西北而易艮，又何疑乎？

就先天之兌卦與後天之巽卦而言：

東南者天地之和氣也，故雨露濡焉。兑澤處之，雨露之象也。陰生而交于陽，降爲雨露，其越而橫飛也爲風。《易》曰：潤之以風雨，明相因也。風善入，澤善悅。《易》曰：入而後悅之，然則後天之易兑以巽者，不居可知乎？

梅文鼎列舉先天之乾、坤、離、坎、巽、震、艮、兌八卦何以變爲後天之離、坎、震、兌、坤、艮、乾、巽八卦的各種理由，證明先後天八卦就方位而言，可以相合。

3. 以卦體之奇偶以明其相合。關於後天坎離與先天乾坤關係，他說：

坎離者乾坤之交也。坤以中爻交于乾，乾虛成離。乾以中爻交于坤，坤實成坎。陰中有陽，而火之胎子，陽中有陰，而水之胎午，水火互藏其宅也。

關於後天震兌與先天坎離關係。他說：

震兑者坎離之交也。坎以上爻交于離爲震。離以下爻交于坎爲兑。震兑者東西，東西者金木，金木者水火。水火相射，而後金木之象著。金木相伐，而後水火之用弘。

先天震兌與後天艮巽則是互相反對的綜卦，這是很容易明白的。至於先天艮巽與後天乾坤，他說：

> 艮陽在上也，陽以上尊，而乾者尊之至也；巽陰在下也，巽以下順，而坤者順之至也。父母卦也，變之所以始終也。

梅文鼎總結的說：「是故乾坤變坎離，坎離變兌震，兌震變艮巽，艮巽復變爲乾坤。此以卦體之奇偶而可明其合者」。

4.以二五之至理而可明其合者。

梅文鼎首先指出就陰陽五行而論，先天八卦是陰陽，後天八卦則主乎五行。何以先天主乎陰陽？他說：

> 陰生于南，長于西，而盛于北，故巽一陰也，坎艮二陰也，而坤三陰也。陽生於北，長于東而盛于南，故震一陽也，離兌二陽也，而乾三陽也。是先天之主乎陰陽也。

何以後天主乎五行？他說：

> 少陽在東，三八之木也，震巽也。木與木相摩則然，故離火進南而爲至陽也。少陰在西，四九之金也，兌乾也。石擊石則光，金召火也。金與火相守則流，亢則害，承乃制也。故坎水退北而爲至陰也。是後天之主乎五行也。

但是後天的坤艮作用何在呢？梅文鼎說：

> 水火者氣也，有氣無質，不得土不能生物。坎非艮無以生震木，離非坤無以生兌金。是故五行四行也；四行一行也。土無專位而四者資焉。……坎離無土，則天地之心不可見，而生物之功或幾乎息矣。故五行一陰陽，陰陽一太極也。

這是從陰陽五行之至理而論先天後天可以相合。換言之，後天八卦的五行關係即先天八卦陰陽關係，亦即是一個太極。

（四）　梅文鼎一方面指出先天八卦與後天八卦的生成次序或方位均可相合，另一方面同時指出先天八卦與後天八卦之不同。他說：

> 不知先後天之合者，不可以言《易》；不知先後天之分者，不可以用《易》。

欲言《易》必知先後天之合，但欲用《易》則必須知先後天之分。他肯定一般人對先後天不同的說法，但卻認爲有所不足。他說：

> 學士家曰：先天者體，而後天其用也；先天者靜，而後天其交也；先天者對待，而後天流行也。是也，非其至也。

爲什麼梅氏認爲這種說法不到家呢？他說：

> 愚則以一言斷之曰：易書無先天。何言乎無先天？不可圖也。何言乎不可圖？先天之學心學也，心可圖乎？先天者道也、太極也，道與太極可圖乎？

既然先天不可圖，爲什麼周敦頤作太極圖呢？他說：

> 然則濂溪先生何爲乎圖太極？曰：太極不可圖也，濂溪先生不得已以一〇明之，而太極終不可圖也。不得已又以無極而太極疏之，而太極終不可疏也。使夫後之學者，由吾之所圖，以得其所不可圖；由吾之所疏，以得其所不可疏。是則周子不得已之心矣！

不只是周濂溪如此，昔之聖人作易也是如此。他說：

> 豈惟周子哉！昔者聖人之作易也，有見于先天之易而不可以告人也，又不敢以終隱，故托于圖以傳之。先天之圓圖，猶之太極之〇而已矣。故曰立象以盡意，象者意之寄也，非意也。故曰形而下者謂之器，凡其可圖者皆形而下者之類也，而先天乎哉！故曰易書無先天也。

梅文鼎基本上認爲先天之學是心學，是指太極、道等本體，基本上不是語言文字或圖畫所能表示。周濂溪所以作太極圖並加以說明，都是出于不得已，其目的是要學者據此去理解圖與說背後的道、太極或心等本體。這是先天之學的特色，也是它與後天之學分別之一。因此他說《易》書無先天。換言之，先天之易不可圖，而後天之易可圖。

（五）梅文鼎認爲嚴格地說，不只是先天不可圖，即後天亦不可圖。何以故？他說：

《易》書無先天，然則皆後天乎？何以復別之爲後天之易。曰：此聖人之不得已也。且夫不可圖者，先天也，其可圖者，後天也。然後天亦正不可圖。宇宙之大，萬物之多，若江河之逝而瀾也，而欲以圖盡之乎哉！故曰不得已也。然則學易者，亦得乎其意而已矣。古之聖人所以深有望于神而明之之人也。

雖然表面上看，先天與後天不同在於前者不可圖，後者可圖，但從實際上說，由於宇宙太大，現象太複雜，也是無法以圖加以表現，因此嚴格說來後天也不可圖。因此才有「得其意」之說。所謂「神而明之」就是指得其意而言。

所謂「得其意而神明之」是學易的終極方法。他說：

今諸家之爲圖學者，象焉已耳，數焉已耳。然而先天之圖圓，其中則虛；後天之圖圓，其中亦虛，亦有知之者乎？亦有求之者乎？夫圖從中起者也，而必虛其中，何爲者乎？此何象何數也。此可以得其意矣，聖人以爲其可圖者，吾以圖圖之，其不可圖者即以不圖圖之，以其所圖顯其所不圖，使夫由此求之，而先後天之學，人人可以與能，是則聖人之心也。然則所謂得其意而神明之者，亦曰求之於所不圖而已矣。求之於所不圖而其所圖可得而斷也。

梅文鼎認爲無論先天圓圖或後天圓圖，中間都是虛，它既無象亦無數，但卻可以得其「意」。從所不圖而得其意，才能知象與數。邵雍所以一再指出「道爲太極」、「心爲太極」、「一爲太極」，周敦頤之太極圖雖有陰陽五行，卻始之以○，又終之以○，老子既說「一生二，二生三，三生萬物」，又說「通于一萬事畢」，都是要人「得其意」。

梅文鼎一再強調，無論是先天八卦或後天八卦都是從中間虛空處開始，因此學易必須從虛空處「得其意」。但是他特別指出這並不是教人僅止於此；眞正的所謂「得其意」，還必須要得其象與得其數。他說：

> 吾所謂得其意者，非僅以自號曰得其意而已；將有以得其象，將有以得其數。意非象數也，而象數顯焉。乃所謂得其意也。

「意」雖然不是象數，但是卻可以顯現象數，因此眞正的得其意必須同時得其象數。唯有從「意」中得其象數，才是眞正所謂的「得其意」。離開象數而言得其意，並非梅文鼎所謂得其意。

總之，梅文鼎討論先天後天分合的問題，最後的結論是研究象數，必須能得其意，要得其意，必不可離開象數，象數與意可分亦可合，換言之，也就是一種不即不離的關係。而且如果理解先後天之可分可合，與意、象數之可分可合，便可知「象數皆心學」。他說：

> 人知後天之生于先天，而不知後天之復爲先天。人知先天之貫乎後天，而不知後天之自有其先天，舍後天無先天矣。故有先天之八卦，即有先天之太極，有後天之八卦，亦即有後天之太極。後天之太極即先天也。是故先天也者，不可以方所求，不可以時序稽，迎之不見其首，隨之不見其尾。先天之謂也。此所謂得其意與？

又說：

> 無後天則先天不可得而見。先天不可得而見，況可得而學、可得而用乎？此圖之所以不可已也。是故學易者當求之于圖；學圖者當求之于先後天分合之故，而由其所圖，以得乎其所不可圖而神明其意，則象數皆心學焉。

梅文鼎這兩段話可以說是〈先後天八卦位次辨〉兩篇長文（共3121字）的總結論。其主要論點：一．先天生後天，而且異於後天；二．舍後天無先天，無後天則先天不可得而見；三．先天八卦與後天八卦都有太極，但是後天八卦的太極也是後天的先天，因此後天本身自有其先天；四．無論是先天後天的先天，或者後天八卦太極的所謂先天都是「不可以方所求，不可以時序稽，迎之不見其首，隨之不見其尾」。理解這個先天，就是所謂的「得其意」。五·要了解先天—即所謂得其意，必須根據後天—亦即象數。換言之，捨象數，不能謂之眞正的「得其意」。六·如果眞正根據象數而得其意，則可知「象數皆心學」。因此我們也可以說梅文鼎易學思想的核心主張就是「象數皆心學」。

此處之所以不避繁瑣，詳細地介紹梅文鼎的〈先後天八卦位次辨〉，是因爲易學乃梅文鼎三世家學，對梅文鼎有深刻影響，而這兩篇文章是梅文鼎唯一傳世的易學作品，又列在《績學堂文鈔》之首。可是目前學界似乎未加重視，因此覺得有詳加討論的必要。從以上初步探討，可以認爲易學是梅文鼎思想的核心。由於他主張先天後天可分可合，因此他主張朱陸、古今、中西、天人、道器、理數均可會通，他的會通思想可謂源於其易學思想。其次「數外無理、理外無數」的主張以及他從事天文歷算學的思想，都可說是根源於其易學的主張。總之，不了解梅文鼎易學，便無法眞正掌握梅文鼎的思想，也不能理解其天算研究的思想意義。

第三節　梅文鼎的儒學思想

由於梅文鼎在天文歷算上的傑出成就，以至今日學者往往把他定位爲科學家。事實在他的時代裡也恐怕已有人視之爲隸首商高一類的疇人。因此當時他的好友們有鑒於此已特別加以澄清，並肯定他的儒者地位。據李光地說，康熙皇帝已認爲他不只是疇人，而是一位儒者。《績學堂文鈔》前附有李光地〈恭紀〉之文，李光地說：

> 文鼎湛心經術，旁通百家，不特以隸首、商高之業進。故上（指康熙皇帝）以儒者待之。

康熙四十四年（1705），康熙召見梅文鼎於臨清州御舟，並賜以「績學參微」匾額。梅文鼎的「績學堂」及《績學堂詩鈔》、《績學堂文鈔》都是據此命名。

李光地本人很積極促成梅文鼎撰寫《歷學疑問》，有人以爲此非儒者急務，但李光地認爲這是儒者所宜盡心。他說：

> 或曰：子之強梅子以成書也，於學者信乎當務與？曰：疇人星官之所專司，不急可也。夫梅子之作，辨於理也。理可不知乎？乾坤父母也，繼志述事者不離乎動靜居息色笑之間。……故曰思知人不可以不知天，仰則觀于天文，窮理之事也。此則儒者所宜盡心也。㉒

李光地認爲梅文鼎所從事的與疇人星官所專司者不同。其特色是在「辨於理」，是「窮理之事」，也是「知天之事」，而這些都是儒者所當盡心的。換言之，李光地也肯定梅文鼎是儒者。

潘耒也肯定梅文鼎是儒者，他說：

> 勿庵儒者，學行純篤，覃精曆學若干年，洞見根底，多所著述。於數學尤鉤深索隱，發前人不傳之秘。㉓

魏念庭於雍正元年（1723）撰〈兼濟堂刻曆算全書序〉更指出梅文鼎是理學正傳。他說：

> 勿庵先生，當代鴻儒，學醇品粹。年彌高而德彌卲，道益隆而量益虛，實得理學正傳。更精研於曆算。……先生沖雅高潔，迄以儒素終身。大業藏山，不輕問世，而人爭傳之。

魏氏認爲梅文鼎「學醇品粹」、「年高德卲」、「道隆量虛」、「沖雅高潔」，是「當代鴻儒」，也是「理學正傳」。由以上所述可見當時已有人不太明瞭梅文鼎工作的性質，以爲那只是疇人星官之事。但是一般而言，自康熙皇帝，乃至李光地等學者大臣，都認爲梅文鼎不但是儒者，而且也是理學家。所不同的是他以儒者而專精於天文曆算。

既然梅文鼎被時人肯定爲理學家，也是儒者，那麼他對明末理學內部的分歧以及對儒學的態度如何呢？茲分兩點略述如下：

（一）梅文鼎對朱陸之爭的看法

梅文鼎似乎推崇程朱，卻不反對陸王。他認爲朱陸兩人學術思想並無大異，朱陸之爭主要是後來學者門戶的問題。他在〈贈吳舫翁〉詩中說：

> 先聖既往微言絕，諸儒祖述存餼羊。精深平實推濂洛，千秋洙泗道重光。無論沿泒歧朱陸，立說紛紛徒往復。夷考鵝湖講席初，兩賢所學原非殊。爾後學者成門戶，轉令二氏笑吾徒。君不見禪那律教分宗旨，曹洞臨濟亦如此。又不見丹家內外書汗牛，北真南祖疏源流。師承往往多睽異，未肯操戈向同類。如何吾道喜相攻，詆斥儒先稱道義。[24]

這是梅文鼎贈吳雲的詩。吳雲曾爲方中履撰〈古今釋疑序〉，稱許該書「淹洽會通」，是儒者窮理之書，也符合「聖人之道，博我以文」之義。顯然吳雲主張以經學補理學之不足。梅文鼎此詩推崇濂洛之學「精深平實」，也是儒學復興的功臣。其次他認爲即使陸學興起，與朱子頗有爭論，但其實「兩賢所學原非殊」。從語意來看梅文鼎似乎肯定濂洛之學，而認爲陸象山之爭論只是「立說紛紛徒往復」，後來學者更流於門戶之爭。梅文鼎站在儒學立場認爲釋道二教內部亦往往有宗旨的不同，但是都「未肯操戈向同類」，這當然不盡然是事實，但是他感嘆的是「如何吾道喜相攻，詆斥儒先稱道義」，他顯然不贊成明末清初之詆朱、排陸之風，似有調和兩派之意。

梅文鼎反對朱陸門戶之爭，因此雖然推崇濂洛卻也肯定陽明之學。他在康熙二十年（1681）年49歲時有讀《王文成集》詩云：

> 聖學晦章句，世味群汩沒。市井襲衣冠，揖讓行爭奪。大哉君子儒，崛起在東越。拔

本塞其源，起死鍼人骨。其如忌醫者，巧諱膏肓疾。良由事標末，依倚爲深窟。無端失所恃，姦贓一朝發。相率肆詆譏，造語誣明德。白壁寧受點，費汝青蠅力。再拜讀遺文，使我心中怛。寧惟事業奇，譚笑奏偉伐。風流果人豪，如春噓萬物。又若秋無雲，千里見皎月。事理歸一源，康莊誠四達。德教溢嶺表，絃歌治彷彿。生榮死亦哀，遺愛尚蠻粵。流風被來茲，於今曾未歇。自愧服詩書，而乃牽情識。景行仰高山，私淑嗟無及。繼此庶磨礪，願言守成法。夙習勇祛除，恬淡尊天爵。㉕

梅文鼎認爲王陽明崛起於朱學末流之汩沒於章句之際，確有其功。特別是〈拔本塞源論〉，更能「起死鍼人骨」，而「事理歸一源」更是「康莊誠四達」。換言之，他特別欣賞王陽明的是他的〈拔本塞源論〉與「事理歸一源」。除此思想層面以外，在修養方面是想「繼此庶磨礪，願言守成法；夙習勇祛除，恬淡尊天爵」，這也是針對程朱末流而言。他似乎認爲以陽明學說可矯朱學末流之弊。

梅文鼎〈贈吳街南〉詩也提到明末清初儒學內部之爭執，他說：

……前此十年贈我文，勉以性學殊慇勤。余耽象數慚躬行，未敢於道稱有聞。噫嘻古聖不可作，遙遙墜緒宗閩洛。姚江後起成代興，承流末學貪彈駁。原其初旨因救時，矯枉過正誠有之。拔本塞源議良是，詩書禮樂原非支，即如程門譏翫物，讀史何嘗廢佔畢。作字甚敬諱求工，不聞藝累周文公。古人立言意有在，後儒沿說生拘礙。自非淹貫識根宗，學術何年泯異同。㉖

此詩作於乙亥年即康熙三十四年（1695），「前此十年」即康熙二十四年，梅文鼎五十三歲。梅文鼎肯定閩洛之學，且認爲陽明儘管因救時弊而有矯枉過正之處，但其拔本塞源論卻值得肯定。他認爲讀書應知古人立意所在，才能識其學根本，也才不致有異同之爭。「識根宗」也就是識古人之意所在。

爲了避免門戶之爭，除了應「淹貫識根宗」以外，梅文鼎還強調躬行。他說：

> 朱陸生同異，聖緒乍明滅。終年論辨新，未有躬行決。[27]

「躬行」是朱子與陽明的共同主張。前引梅文鼎〈贈吳舫翁〉詩有「媿我行年過五十，文離困頓空芒芒。讀書妄欲闚元始，日用躬行無一是。安得如君汗漫遊，遠離熟境從山水，習氣庶幾能滌除，悠然靜會吾心理」。可見讀書闚元始與日用躬行都是解決門戶之爭的方法。

梅文鼎主張研究經書應歸於實用。他在〈贈劉望之先輩〉詩中說「窮經歸實用，膏肓賴以瘳」[28]，但又說：「明則有王文成公講明聖人之學而歸之有用」[29]。可見王陽明「講明聖人之學而歸之有用」爲梅文鼎所認同。而梅文鼎講「有用之學」恐亦受陽明影響。「有用」加上「經學」興起遂有窮經歸實用的主張，窮經須考證訓詁。考證訓詁只是研究經學的方法，而研究經學目的則爲經世致用。

此外，梅文鼎認爲消除門戶之爭的另一方法是重視師友。他說：

> 古者學莫不有師。漢經學皆專家授受，韓愈能文章，作〈師說〉；有宋諸儒巖然以師道自任；明則有王文成公講明聖人之學而歸之有用；師友之道，於斯爲盛。及其季也，私立門戶，以傾異己，天下之是非，樊然淆亂，以底於淪胥。嗚呼！師友者學術所從出，學術者人材所由生，而治亂係焉，非細故也。今天下能重師友者，首推西江星渚之節義，程山之理學，易堂之經濟文章。其爲教各有所宗，而要其爲弟子者，皆能守其師說，以相勸勉而期於有成。余於程山僅交甘楗齋父子，易堂師弟相得不一人，而與梁子同客金陵也尤久。[30]

梅文鼎認爲天下治亂靠學術振興而培養人才，而學術振興則依賴師友之共勉與傳承。這是漢代經學家、唐代韓愈、宋代理學家所強調的，明代王陽明尤其重視。但是重視師友主要目的是要弟子「守其師說」，以相勸勉而期於有成，而不是像明末那樣「私立門戶，以傾異己，天下之是非，樊然淆亂，以底於淪胥」。他特別肯定西江星渚之講節義、程山之理學、易堂之經濟文章，最能重視師友之道[31]。梅文鼎之重視師友，顯然是主張尊重學術傳統，以避免自立門戶，以傾異己。這是朱陸之爭解決方法之一。就宋明理學傳統而言，應尊重朱、陸、陽明；就儒學傳統而言則應尊重孔孟。換言之即肯定原始儒學。

梅文鼎所以提倡師友之道並不僅止於不滿學者私立門戶，同時他也不希望因學術門戶之爭更擴大了政治之爭。〈贈劉望之先輩〉詩的第一首云：「經史本經緯，末學歧源流。文賦咀其華，儒效無一收。聖籍理平中，訓詁煩優柔。漢宋人代興，聚訟生矯揉」。第二首則云：「運移國是棼，勢激群情怒。公戰怯危疆，私鬥先門戶」。學術功能本在培養人才，而學術爭門戶，卻演變為政爭。因此重師友以正學術，「治亂係焉」。㉜梅文鼎對朱陸之爭所採取的態度與其對中西學術之爭的會通態度是相通的。待下詳論。

（二）　原始儒學

從學術門戶之爭演變為明末政治門爭，梅文鼎除了提出讀書、躬行、重視師友、「淹貫識根宗」的主張以外，更重要的是他從曆算學研究經驗中提出原始儒學的主張。

梅文鼎認為所謂「儒」是指通天地人而言，因此儒者必須知天。所謂「知天」即「知天之理」。而要知天理便必須知歷。而最能知歷理、天理的最早應屬堯舜。他說：

或有問於梅子曰：歷學固儒者事乎？曰：然。吾聞之，通天地人斯曰儒，而戴焉不知其高可乎？曰：儒者知天，知其理而已矣，安用歷？曰：歷也者數也；數外無理，理外無數。數也者理之分限節次也。數不可以臆說，理或可以影談。於是有牽合傅會以惑民聽而亂天常，皆以不得理數之真而蔑由徵實耳。且夫能知其理，莫堯舜若矣。（堯典）一書，命羲和居半；舜格文祖，首在璿璣玉衡，以齊七政，豈非以敬天授時，固帝王之大經大法，而精一之理即於此寓哉！㉝

梅文鼎指出了儒者與知天、知歷、知數、知理之間的密切關係。進一步肯定堯舜是最早而最能知理的儒者。因此微危精一之理即在歷學之中。換言之，最早言理之儒家傳統可追溯到堯舜，其特色便是藉天與歷以知理。㉞

梅文鼎當然承認歷法隨時代而進步，後世必精密於前世，但是他仍然肯定堯舜，主要原因是堯舜定下了歷之大法。他說：

> 世愈降歷愈以密，而要其大法則定于唐虞之時。今夫歷所步有四，曰恆星，曰日，曰月，曰五星；治歷之具有三，曰算數，曰圖象，曰測驗之器。由是三者以得前四者：…古今作歷者七十餘家，疏密代殊，制作各異，其法具在，可考而知。然大約三者盡之矣。堯命羲和，曆象日月星辰，舜在璿璣王衡，以齊七政。歷者算數也；象者圖也，渾象也；璿璣玉衡，測驗之器也，故曰：定於唐虞之世也。[35]

治歷所應具備的三個條件是算數、圖象與測驗之儀器。根據這三種條件研究恆星、日、月、五星。儘管古今作歷者有七十餘家，且「疏密代殊，制作各異」，但基本上不出以上所述三種基本條件，而堯舜時代卻均已具備。因此說治曆大法已「定於唐虞之世」。

其次就治歷中最難處理的歲差與里差而言，雖然其精密度古不如今，但是求差之法也早定於唐虞之世。他說：

> ……歷至今日屢變而益精者以此，然余亦謂定於唐虞之時，何也？不能預知者差之數也，萬世不易者求差之法。古之聖人以日之所在不可以目視而器窺也，故爲之中星以紀之鳥火虛昴，此萬世求歲差之根也。又以日之出入發斂，不可以一方之所見爲定也，故爲之嵎夷昧谷南交朔方之宅，以分候之，此萬世求里差之法也。[36]

梅文鼎一再強調「歷學古疏今密」，西歷亦古疏今密（見〈歷學駢枝自序〉及《歷學疑問》卷一），但是同時也一再肯定「大法定於唐虞之世」。因此他可以說既不厚古薄今，也不以今非古。而更重要的是他肯定歷學定於唐虞，亦即肯定儒學、理學源自堯舜。這是所謂原始儒學的特點之一。在明末反理學與反孔孟六經的思潮下，提出這種主張具有重要意義。

與天文歷法有密切關係的數學，在梅文鼎看來也是三代頗爲盛行的學問。他首先根據古代典籍證明之。他說：

《內則》六歲教數與方名，則既服習之童子之年。而《周官》大司徒以鄉三物教萬民，一曰九數，其屬保氏掌之，以教國子。《魯論》言游藝在志道據德依仁後，孔子弟子身通六藝者七十二人。當其時，上以是爲治，下以是爲學，無往不資其用。算學之名可以不立。[37]

從古代典籍如《內則》、《周官》、《魯論》記載來看，無論統治者或被統治者都倡導學習數學，而且也普遍加以應用。因其普遍重視，所以並無特別立「算學之名」。「三代以上未有以數學名家者，蓋人人而能數學也」。[38]

其次，梅文鼎據禹與周公之功業推測，如非當時充分使用數學，勢必無法達成這許多功業。他說：

嘗觀禹平水土，以八年底績，非有數以紀之，何以率作興事，屢省考成，而導河自積石、龍門，數轉入海，經營萬里，以及河濟之分、江漢之合，高下迴曲，激湍渟泓瀦洩之勢，遠近之距、淺深之度、先後之宜，功之難易久暫，人夫之衆寡，器用財貨之規劃，畎澮、溝洫、川塗之疏密縱橫，使無勾股測量之法以爲之程度，其能剋期授功而奏平成，萬世永賴乎？周公之制禮也，自六官以至萬民，王宮以逮郊坰，田野服食器用百工技巧之事，規劃盡制，洪纖具舉，尤其較著者矣。[39]

三代數學頗盛，自漢以後歷代均有數學名家，而至明代開始衰微。他說：

自漢以後，史稱卓茂、劉歆、馬融、鄭玄、何休、張衡，皆明算術。唐宋取士有明算科，《六典》算學十經博士弟子，五年而學成。宋大儒若邵康節、司馬文正、朱文公、蔡西山、元則許文正、王文肅，莫不精算。然則算學之疏乃近代耳。[40]

梅文鼎所列舉算數名家頗多與象數易有密切關係，但對於其他一些重要的數學家反未列及，不知何故，或許與梅文鼎重視象數易學有關。但無論如何他明確指出中國數學衰微始於明代。

中國數學何以至明代衰微？他說：

有明承用元歷，二三百年不變，無復講求，學士家務進取以章句帖括，語及數學輒苦其繁難；又無與于弋獲之利；身爲計臣，職司都水，授之握算，不知橫縱者十人而九也。古數學諸書僅存者皆不爲文人所習，好古博覽之士，或僅能舉其名。儒者之言，遠宗河洛，深推律呂，又或立論高遠，罔察民故；而世傳算法，率坊賈所爲；剽竊杜撰，聊取近用，不能求其本末，而古書漸亡；數學之衰，至此而極。[41]

梅文鼎認爲明代數學衰危原因，一是明代承用元歷，二三百年不修歷，故數學也因之衰微；二是科舉考試不重視數學，故讀書人集中精力在章句帖括；三是數學本身繁難，在社會上亦無出路；四是宋明儒者遠宗河洛，立論高遠，不重視數學；五是坊賈出版數學書籍只求近用，不求本末，以致剽竊杜撰，古書漸亡。因此明代數學衰微到達極點。[42]

總之，天文歷算均是知天知理的學問，也是儒家學者所當盡心的學問，天文歷法雖然今密古疏，數學則歷代均有名家而衰微於明朝，但是天文歷法之大法定於堯舜，數學也爲周公、孔子、夏禹所重視與應用，因此原始儒學本來就重視天文歷算之學。梅文鼎此論一方面在爲天文歷算定位，同時也在爲原始儒學定性。梅文鼎之爲原始儒學定性工作並不僅止於此，以下諸節還要繼續加以討論。

第四節　梅文鼎的會通思想

梅文鼎思想的一大特色是重視「會通」。他在曆算方面的兩本重要著作——《曆法通考》及《中西算學通》——都以「通」名書。前者是從歷史的觀點，企圖會通古今；後者是從中西比較的觀點，企圖達到中西學術的會通。因此企圖會通古今中外學術是梅文鼎思想強烈的主張。

梅文鼎首先在〈中西算學通自序〉中指出「學問之道，求其通而已」。他說：

> 萬曆中利氏入中國，始倡幾何之學，以點線面體爲測量之資，制器作圖，頗爲精密。然其書率資翻譯，篇目既多，而取徑紆迴，波瀾闊遠，枝葉扶疏，讀者每難卒業。又奉耶穌爲教，與士大夫聞見齟齬。學其學者又張皇過甚，無暇深考乎中算之源流，輒以世傳淺術，謂古九章盡此。於是薄古法爲不足觀，而或者株守舊聞，遽斥西人爲異學，兩家之說，遂成隔礙，此亦學者之過也。余則以學問之道，求其通而已，吾之所不能通，而人則通之，又何間乎今古？何別乎中西？㊸

梅文鼎認爲當時學者面對中西數學而有隔礙不通之感，甚至中學派「株守舊聞、遽斥西人爲異學」、西學派又「無暇深考乎中算之源流……於是薄古法爲不足觀」。這都是學者本身之過，並非中西不能會通。因此他提出「學問之道，求其通而已」。苟能會通，「何間乎今古？何別乎中西？」。

古今中外何以能會通呢？梅文鼎根據他在天文曆算研究的豐富基礎上，提出許多精采的論斷。首先他指出理與數都具有超越時空的普遍性。他說：

> 同在九州方域之內，而嗜好風尚不齊，況踰越海洋數萬里外哉！要其理數之同，未嘗不一。今歐邏測量之器、步算之式，多出新意，與古法殊；然所測者同此渾圓之天，

所算者同此一至九之數，彼固蔑能自異。當其測算精密，雖隸首、商高復起，宜無以易。乃或以學之本末非同，而並其測算疑之，非公論矣！44

梅文鼎承認嗜好風尚等文化差異性。同在九州方域之內都有差異性，更不必說距離海洋數萬里以外的西方。但是就天文曆算等科學而言，所研究的對象是共同面對的客觀天象，所持以研究的方法是客觀的數學，因此所得的理也必然相同。所謂「理數之同，未嘗不一」。西學儘管「多出新意」，但也不能違反理數而自異。因此即使隸首、商高復起，也不能否定這種理數之同。梅氏此序作於康熙丁酉（1717）仲冬，年已八十五歲，可視爲晚年之定論。

梅文鼎又指出理與數協、中西匪殊。他說：

> 治理者以理爲歸，治數者以數爲斷。數與理協，中西匪殊。是故禮可以求諸野，官可以問諸郯，必以其西也而擯之，取善之道，不如是隘也。況求之於古，抑實有相通之故乎？45

由於「數與理協，中西匪殊」，因此礙於民族感情，只因爲它是西方便摒棄不學，是一種狹隘心理，不是取善之道。如果西學眞有可取，我們應秉持「禮可以求諸野、官可以問諸郯」的態度，向西方學習。

梅文鼎提出「理數本同」、「理與數協」以闡述古今中西可以會通，並進一步就「數學同出一理」而論「通」。他說：

西國歐邏巴之去中國殆數萬里，語言文字之不同，蓋前此數千年未嘗通也，而數學之相通若此，豈非以其從出者固一理乎？是故得乎其理，則天道人事、經緯萬端而無所不宜。苟其不然，咫尺牆面欲成一小事亦不可得。[46]

中西數學所以不因語言文字之不同而有不同，完全是因爲其「從出者固一理」。理相同，所以數相同。因此會通中西，根本上在「得乎其理」。

但是怎樣才能「得乎其理」呢？梅文鼎指出心的重要性。在梅文鼎看來，「心」有認知思辨能力，人藉心的認知思辨可以「得乎其理」，而會通古今中外及宇宙間一切。他說：

器一道也、人一天也，故可以一人一日之心，通乎數千載之前與數萬里之外，是之謂通。傳曰：思之思之，鬼神通之。非鬼神也，精神之極也。余之寢食于斯者廿年矣，遇其所不能通，未嘗不思，或積疑至數年而後得其解，則未嘗不樂。故欲以其所通，與同志者共之。其所未通，亦望君子之幸教之。[47]

天道非遠，而用志不分，即妙理可以思通。[48]

東西共載一天，即同此句股測圓之法，當其心思所極，與理相符，雖在數萬里，不容不合，亦其必然者矣。[49]

「精神之極」、「用志不分」、「心思所極」都是指心的思辨認識能力。由於心的這種能力，可以一人一日之心，通乎數千載之前與數萬里之外，此即所謂「妙理可以思通」。

梅文鼎特別指出他所謂「通」與一般「執其所通，以強齊乎其所不可通」的「通」不一樣。他說：

天下之不可不通而又不易通者，算數之學是也。人之所通而亦通焉，未敢以爲通也。學至算數，則不可以強通，惟其不可以強通也而通焉者，必自然之理。故道器可使爲一體，天人可使爲一貫，古今可使爲一日，中外可使爲一人。何也？通與礙對，理本無礙，何待於通？自學者執其所通，以強齊乎其所不可通，于是通在一人者，礙在天下，是謂通其所通，非吾之所謂通，無他虛見累之也。數學者徵之於實，實則不易，不易則庸，庸則中，中則放之四海九州而準。器即爲道，人即爲天，又何古今中外之不可一視乎？(50)

「通」是與「礙」相對的，通就是無礙，無礙才是通。這中間絲毫沒有含糊之處。「理本無礙」，因此本來無待於通而本自通。因此學者只要以心的認知思辨能力必可通之。這樣的「通」，「道器可使爲一體、天人可使爲一貫，古今可使爲一日，中外可使爲一人」。換言之，「器即爲道，人即爲天，又何古今中外之不可一視」。但是一般學者往往執其所通，以強齊乎其所不可通，于是通在一人，而卻礙在天下，梅文鼎說這是「通其所通」，是存有「虛見」的自以爲通而已。

梅文鼎上文中還指出「數學者徵之於實，實則不易，不易則庸，庸則中，中則放之四海九州而準」。此話在明末清初返虛求實思潮中具有重要意義。一切學說建立在「實」的基礎之上才能不易而庸而中，也才能「放之四海九州而準」。這與當時想把理學建立在經學的堅實基礎上的主張相互輝映，眞是所謂殊塗而同歸。我們思考明末清初理學與經學發展，應同等對待科學便是這個理由。

梅文鼎還認爲在數學徵實基礎上，以心的思辨認知了理以後，可以達到「吾之心即古聖人之心，亦即天之心」。他說：

> 梅子輯《歷法通考》既成，而歎心之神明無有窮盡，……學者知合數千年數萬里之耳目心思以治歷，而後能精密。又知合數千年數萬里之耳目心思以治歷而底於精密者，適以成古聖人未竟之緒。則當義和以後，凡有能出一新智，立一捷法垂之至今者，皆有其所以立法之故。及其久而必變也，又皆有其所以變之說。于是焉反覆推論，必使冰解霧釋，無纖毫疑似于吾之心。則吾之心即古聖人之心，亦即天之心。而古今中外之見可以不設，而要于至是。[51]

由於心之神明無有窮盡，因此它有能力「合數千年數萬里之耳目心思」而達到「吾之心即古聖人之心，即天之心」，至此「古今中外之見可以不設」。這樣的境界可能就是朱子所謂一旦豁然貫通的境界。這是梅文鼎思想的極致境界。

梅文鼎進一步就理數關係，提出「昔人緣理以立數，今茲因數以知理」，以達到「吾之心即古聖人之心，即天之心」。他說：

> 歷生于數，數生於理，理與氣偕，其中有神，頤焉而不亂也，變焉而有常也。于是聖人以數紀之。……夫天不變，理亦不變，故歷代賢者，往往驗天以立法，要皆積有其畢生之精力，始得其一法之合于理，有聖人雖起，不復能易者，而後垂之不刊以至今。鼎何人也，敢與于斯！夫創起者難爲功，襲成者易爲力。昔人緣理以立數，今茲因數以求理，期以吾心焉耳。所不能信者不敢知也。其或章句繁複，往復諄然。夫必如是而後自信以信于古人。

這段話是梅文鼎〈歷學駢枝・釋凡〉第一條，標名「印心」。在這段話中有幾個重要意思，一是認爲理生數，數生歷。二是認爲理與氣偕，因此氣的變化中有常理，天不變，理當然永恆不變，聖人便以數來表現這永恆不變的理。因此就源頭而言，聖人是「緣理以立數」，但是就後人研究的方法論或認識論，卻要「因數以知理」。梅文鼎認爲所以要「因數以知理」，目的是在「自信以信于古人」，也就是「信吾心」，亦即所謂「印心」。梅文鼎這種「因數以知理」的主張，正像顧炎武等「經學即理學」，擬欲藉音韻訓詁以理解經學的主張是一樣的。而如果從梅文鼎思路加以延伸的話，也可以說「昔人緣理以立經，今茲因經以求理」。如果這種延伸可以成立，則梅文鼎「昔人緣理以立數，今茲因數以立理」是極爲深刻的主張。其實《歷學駢枝》雖以研究天文曆算爲目的，而方法上卻頗多考證，刊誤、補遺等工夫，但其最後目的卻在「印心」，這也是值得注意的。

梅文鼎認爲後世曆法所以成爲絶學原因就是在於不能「因數求理」，他說：

> 歷猶易也。易傳象以數；猶律也，律製器以數。數者法所從出，而理在其中矣。世乃有未盡其數，而嘐嘐然自謂能知歷理，雖有高言雄辨，廣引博稽，其不足折疇人之喙明矣。而株守成法者，復不能因數求理，以明其立法之根，於是沿誤傳訛而莫之是正，歷所以成絶學也。然理可以深思而得，數不可鑿空而撰，然則苟非有前人之遺緒，又安所折衷乎？[52]

理在數中，知數才能知理；理可以深思而得，數卻不可鑿空而撰。爲了避免離數言理，因此梅文鼎強調因數求理。

總之，梅文鼎認爲理生數而理卻在數中，因此藉發揮心的思辨認識能力，因數可以求理。由於數有普遍客觀性，理亦如此，而其探討的對象即宇宙自然的客觀存在，因此會通是可能的，只要會通便可以「道器一體，天人一貫，古今一日，中外一人」以及「吾之心，即聖人之心，亦即天之心」。這似乎是吾心即宇宙，宇宙即吾心，心即理或萬物一體的境界。但是顯然這種境界是以具有認識思辨能力的心，面對客觀存在的天地萬物，作了朱子所謂格物窮理的工夫而達到對理貫通以後的一種貫通、會通境界。用梅文鼎的話來說就是「象數皆心學」的境界。這是梅文鼎所謂「會通」的眞義。

第五節　西學源於中國說

梅文鼎既然有恢復原始儒學的主張，那麼他從天文歷算的科學研究中提出會通的觀念以後，從歷史觀點提出西學源於中國說是很自然的。首先他認爲西洋耶穌會士對於西方歷算始於何人無法詳言。他說：

西人之言歷也，自多祿某以來二千年屢變，而密溯而上之，亦不能言其始於何人。其爲算也，亦若是已矣！夫古者聖人聲教洋溢，無所不通，南車記里之規，隨重譯而四達，我則失之，彼則存之，烏乎識其然？烏乎識其不然耶？53

耶穌會士言西方歷算起源只能追溯到兩千年前多祿某（Ptolemy），再往上追溯便不知始於何人，因此梅文鼎懷疑是源於中國。

其次梅文鼎根據中西歷算內容之相同而證明西學來自中國。梅文鼎有〈論西歷源流本出中土即周髀之學〉云：

吾嘗徵諸古籍矣！周髀算經，漢趙君卿所注也，其時未有言西法者。今考西洋歷所言寒煖五帶之説，與周髀七衡吻合，豈非舊有其法歟！54

又有〈論蓋天與渾天同異〉一文指出：

……知蓋天與渾天原非兩家，則知西歷與古歷同出一原矣！55

梅文鼎似乎先根據耶穌會士未曾言明西方歷算學始於多祿某以前何人，再根據中國歷算學早於西方，中西歷算又相同，因此斷定西學源於中國。梅文鼎這種推論不但史料根據薄弱，而且也與前面所論不合，因爲梅文鼎既認爲理數具有普遍性，則中、西均有可能自行發展出歷算之學而且有相同內容。

梅文鼎不但認爲歐洲歷法源自中國，而且阿拉伯也不例外。在他的〈論蓋天之學流傳西土不止歐邏巴〉一文中指出：

> 佛書言須彌山爲天地之中，日月星辰繞之環轉。西牛賀州，南贍部州，東勝神州，北具盧州，居其四面。此則亦以日所到之方爲正中，而日環行，不入地下，與周髀所言略同，……回回國人能從事歷法，漸以知其說之不足憑，故遂自立門庭，別立清真之教。西洋人初亦同回回事佛，回回既與佛教分，而西洋人精於算，復從回歷加精，故又別立耶穌之教，以別於回回。要皆蓋天周髀之學，流傳西土，而得之者有全有缺，治之者有精有粗，然其根則一也。[56]

梅文鼎認爲周髀算經所傳之說必在唐虞以前[57]，據此他推斷印度、阿拉伯、歐邏巴的歷算均源自《周髀算經》，他們只是「得之有全有缺，治之者有精有粗，然其根則一也」。

梅文鼎既提出西學源於中國，必然遭遇到一個問題，就是中國歷法爲什麼會傳到西方？他在〈論中土歷法得傳入西國之由〉一文中主要就在回答這個問題。他說：

問：歐邏巴在數萬里外，古歷法何以得流傳至彼？曰：太史公言，幽厲之時，疇人子弟分散，或在諸夏，或在夸翟。蓋避亂逃咎，不憚遠涉殊方，固有挾其書器而長征者矣。如《魯論》載少師陽擊磬襄入於海，鼓方叔入於河，播鼗武入於漢，故外域亦有律呂音樂之傳。歷官遐遁而歷術遠傳，亦如此爾。又如傳言，夏衰，不窋失官而自竄于戎翟之間，厥後公劉遷邠，太王遷岐，文王遷豐，漸徙內地，而孟子猶稱文王爲西夷之人。夫不窋爲后稷，乃農官也。夏之衰而遂失官，竄于戎翟，然則義和之苗裔，屢經夏商之喪亂，而流離播遷，當亦有之。太史公獨舉幽厲，蓋言其甚者耳。[58]

梅文鼎主要根據司馬遷在《史記》中所說的周幽王、厲王時疇人子弟分散作爲證據，並引用其他各種古籍類似記載，以補充司馬遷的不足。其實這些證據也無法證明西學源於中國。

梅文鼎還提出爲什麼遠國之言歷術者多在西域的問題。他根據《尚書‧堯典》提出解釋。他說：

〈堯典〉言乃命義和欽若昊天，歷象日月星辰，敬授時人、此天子日官在都城者，蓋其伯也。又命其仲、叔分宅四方，以測二分二至之日景，即測里差之法，此義仲宅嵎夷曰暘谷，即今登萊海隅之地。義叔宅南交，則交趾國也。此東南二處皆濱大海，故以爲限。又和叔宅方曰幽都，今□外朔方地也。地極冷。冬至於此測日短之景，不可更北。故即以爲限。獨和仲宅西曰昧谷，但言西而不限以地者，其地既無大海之阻，又自東西，氣候略同內地，無極北嚴凝之畏。當是時唐虞之聲教四訖，和仲既奉帝命測驗，可以西則更西，遠人慕德景從，或有得其一言之指授，一事之留傳，亦即有以開其知覺之路，而彼中穎出之人，從而擬議之，以成其變化，固宜有之。[59]

堯命羲和兄弟分至四方測里差，但因東、南皆大海，北方卻極冷，受地理氣候阻隔，故中國歷法傳播亦受阻礙。惟西方沒有這種限制，因此歷法發達皆在西域諸國。

歷算既自中土傳到遠西，而遠西歷法何以又精密於中國呢？他說：

……由是觀之，算術本自中土傳及遠西，而彼中學者專心致志，群萃州處而爲之，青出於藍而青於藍，冰出於水而寒於水，亦固其所。我國家同文之治，聲教訖於四表，西人慕義來者益多，既兼采其法，以治歷明時，而歷書百卷，流通宇下，亦賴中國文人爲之發揮編纂，而其旨逾明，其精益出，是則古人測算之法，得西說而始全，而中西同異之疑，至今日始定，可謂千載一時。[60]

雖然西學源於中國而精密於中國，但是由於明末清初中西學的接觸，「古人測算之法，得西說而始全，而中西同異之疑，至今日而始定」。換言之，古今中外算學因此而得到會通。

梅文鼎自天文曆算研究而提出西學源於中國以及西學青出於藍而勝於藍，但是就其他文化領域而論，卻認爲中國文化優於西方。他說：

問：地球渾圓，既無可疑，然豈無背、面？曰：中土聖人所產，即其面也。何以言之？五倫之教，天所敘也。自黃帝堯舜以來，世有升降，而司徒之五教，人人與知。若西方之佛教及天教，唯其所言心性之理，極其精微，救度之願，極其廣大，而於君臣父子之大倫反輕，此一徵也。語言惟中土爲順，若佛經語皆倒，如云到彼岸，則必云彼岸到之類。歐邏巴雖與五印度等國不同語言，而其字之倒用亦同。日本國賣酒招牌，必云酒賣；彼人亦讀中土書，則皆於句中用筆挑剔作記，而倒讀之。北邊塞外及南徼諸國，大略皆倒用其字，此又一徵也。往聞西士之言，謂行數萬里來賓，所歷之國多矣，其土地幅員，亦有大於中土者，若其衣冠文物，則未有過焉。此又一徵也。是知地球渾圓，而中土爲其面，故篤生神聖帝王，以繼天建極，垂世立教，亦如人身之有面，爲一身之精神所聚，五藏之精，並開竅於五官，此亦自然之理也。[61]

梅文鼎根據倫理、語言以及西士東來途中見聞，證明中國文化高於其他各國[62]，並以此證明中國所居在地球的正面。明末清初學者討論中西文化優劣問題往往根據緯度氣候，證明中國與歐洲同緯度、同氣候，因此孕育出相同優越之文化[63]，而梅文鼎卻獨以地球之正面與背面，證明中國文化高於西方。殊不論中國居地球正面之是與非，但梅文鼎認爲西學既源於中國，而西方倫理、宗教、語言、衣冠文物均不如中國，顯然他似有中國文化高於西方的主張。

梅文鼎何以一方面從科學研究上提出極富創意的會通思想，一方面又廣蒐文獻以證明中國文化爲世界文化發源地，且具有獨特優越性，這是值得進一步深入探討的問題。我個人初步以爲原因之一與梅文鼎之提倡原始儒學有關。換言之，梅文鼎之提倡原始儒學一方面固然是爲了解決宋明以來朱陸之爭及學術門戶之爭，一方面也在應付中西文化之爭。其次，梅文鼎這類言論系統性地提出，主要是在《歷學疑問》一書，而這是應李光地之請而寫，並呈康熙御覽之用，可能別有政治意義亦未可知。清初固然政府採用西方科學，但文化政策大體採取漢化，而排斥耶穌會士之天主教，此由禁教可知。因此梅穀成繼承祖父梅文鼎之說而更加發揮，便可以看出當時政策之持續發展[64]。又梅文鼎自述其學歷過程說：「余初學歷，原從授時入手。後復求之廿一史，始知古人立法改憲，各有根源。見史志僅載算法，而無一語注釋，因稍稍以所能知者解之，遂以成帙，最後始得西術，此事益明」[65]。換言之，他是在對中國歷法有相當研究之後，才接觸西術，以相發明，而且以當時條件而言，也不允許梅文鼎對西方文化與歷史有深入的理解。在這種情況下，提出西學源於中國說或中國文化優越論是可以理解的。再其次，當時中西人士有不少提出中國文化外來說，梅氏是否接觸到這些說法而有所反應，也值得進一步探討。至於目前一般學界普遍同意的解釋是西學源於中國說主要是針對保守派而發，目的在消除接受西學的阻力。

無論如何，西學源於中國說或中國文化優越論在清初曾發生一定程度的影響。

第六節　梅文鼎的經濟有用之學

明末清初是一個經世思想強烈的時代，而梅文鼎的父親也有強烈經世思想。梅文鼎在這樣的環境下成長、治學，因此經世思想也自然成爲梅文鼎思想中不可或缺的一環。

前面提到梅文鼎父親梅士昌自少即有經世之志，自經史以外，多所該洽而務求實用，舉凡象緯、陰陽、律歷、陣圖、兵志、九宮、三式、醫藥、種樹之書，無所不蒐討殫究。梅文鼎受其父親之薰陶影響，因此自稱「獨好經濟有用之學」。他說：

> 某性素不喜風雲月露之文，而顧獨好經濟有用之學。自己卯年（即康熙十四年，1675）僑寓金陵，多鈔雜帙，至今屢歲，編輯不輟，合之家藏故書及頻年遊歷所收之本，最其卷目，不下數萬。經史而外，諸如醫方、葬術、六書、九數、制器、審音、丹經、子集，百家衆流，兼收並蓄。列朝紀載，亦有多種。友朋撰述，可備周諮。……[66]

梅文鼎蒐集的「數萬卷」經濟有用之書有些是「家藏故書」。其中除「九數」、「制器」一類歷算書以外，醫方、葬術也是梅文鼎專攻。審音爲音韻學書籍，也是梅文鼎頗重視的學問。至於「百家衆流，兼收並蓄」，亦可見其博覽該洽。近人張舜徽讀其《績學堂文鈔》也看出了梅氏之博學。他說：

> 其生平所從事者，涂術亦至爲遼闊矣。今讀其集中文字，如卷二〈讀等子韻說〉，闡明聲韻異同。卷三〈謝宣城集序〉，辨析詩文升降；〈唐昭陵石蹟考序〉，敘述石刻源流。卷五〈書地理集解後〉，則推明葬術。〈馬文毅公草書字彙跋〉，則論列字體。舉凡雜道小端，莫不循流溯源，得其本柢。宜乎方苞始與遇于京師，而服其博覽

群書也。[67]

梅文鼎富經世思想，因此常與友朋談論天下之務。《續學堂文鈔》卷二〈賈鼎玉詩序〉云：

> 平陽賈鼎玉，故善吾友豫章梁質人，秋浦吳子正。丁卯仲冬（即康熙二十六年，1687）與余邂逅於武林，抵掌而談天下之務，以行笈中手鈔《西陲今略》諸書，相爲商榷。余固心異之，久之，乃獲觀其所爲詩，而重爲之太息。夫人苟非聾與喑，則雖深居一室，而持議矢音，必將與身世相涉。

武林即杭州。梁質人名份，質人其字。著《西陲今略》。該書爲梁份實地考察西北邊疆及其周圍地區情況的地理著作，詳載山川地理形勢民情。劉繼莊《廣陽雜記》視之爲「有用的奇書」（卷二）。可見賈鼎玉與梁份一樣，均是好講經濟有用之學的人。《續學堂文鈔》卷三有〈梁質人四十壽序〉記載明亡後梁氏保鄉義舉諸事蹟。吳子正則爲梁份同學。梅文鼎所交往蓋皆此輩講求經世致用之學者。如果系統探討梅氏交遊，將可更明顯看出這一點。梅氏與方中通兄弟之密切往來，或不僅止於數學研究同好關係。魏禧自稱不懂歷算而主經世，與梅文鼎亦有深交。郁永河曾在康熙年間遊台灣，著《裨海紀遊》；梅文鼎曾在康熙三十八年（1699）撰〈武林郁滄波以裨海紀遊見示得三十五韻〉（見《續學堂詩鈔》卷四）。詩中有「非止侈博物，海錯陳縱橫」之句，可見他對東南海疆亦與西北邊疆地理同具關懷。梅文鼎一生數度出遊，曾至北京、南京、福建等地，是否也有考察山川地理形勢或交往經世之才的目的，這是值得進一步探索的。

其實梅文鼎一生從事的歷算就是一種經濟有用之學，他個人有這種自覺，時人亦頗加肯定。潘耒便很肯定梅文鼎所從事的數學是有裨于世的實學。他說：

> 古之君子不爲無用之學。六藝次乎德行，皆實學足以經世者也。數雖居藝之末，而爲用甚鉅。測天度地，非數不明；治賦理財，非數不核；屯營布陣，非數不審；程功董役，非數不練。古人少而學焉，壯而服習焉。措諸政事，工虞水火，無不如志。……勿庵著論六卷（按指《方程論》）……銖分縷析，創例立法，以盡天下無窮之變，數學至此神矣！妙矣！不可復加矣！……覽者因言以得數，因數以知法，因法以晤理，洞然明白而不苦於難習，庶幾數學復明，而人多綜理練達之材，其有裨于世，豈淺尠哉！[68]

數學在古代是一門人人必學的實用學科，但是後世卻鄙爲不足學，以致行政弊端百出。潘耒指出：

> ……後世訓詁帖括之學興，而六藝俱廢，數尤鄙爲不足學。一旦有民社之任，會計簿書，頭岑目眩，與一握算，不知顛倒，自郡縣以至部寺之長，往往皆然。於是黠胥猾吏得起而操官府之權，姦弊方百而莫能詰，則亦不學數之過也。[69]

明代數學之衰是公認的史實，潘耒所述可與梅氏論斷相印證。而由此也更可看出梅文鼎治數學之實用意義。

魏禧雖自稱不懂律歷，但卻肯定梅文鼎的律歷研究是經世之務。他爲梅文鼎撰的〈歷法通考序〉指出：

> 士於經世之務，惟律歷學非專家，雖高才博學不能通其微。余資性愚下，又不能學律歷數算諸家，茫昧無知，自非終身從事不能至也。則不如勿學已矣。然能通其學者，見之未嘗不服而自愧。⑩

魏禧是明末清初講求經世致用之學的代表之一。他認爲律歷數算是必須專家才能通其微的經世之學。

梅文鼎科舉始終不順，以布衣而終其一生。因此他除了畢生致力於天文歷算等經濟有用之學以外，更重要的是要仿胡瑗的方法，設立義塾，教授子弟，並仿朱子設立義倉。他曾一再表達他這種願望。在給鄉先輩劉易的信中說：

> 某自亡荆淹逝，家務付之兒輩，在家如客。然不自量力，常有置義倉與義塾之願。又見里中耆舊落落晨星，真讀書者漸以稀少，及今振起，或猶非晚。此皆世俗所目爲迂闊不急，而竊鰓鰓杞憂，意惟高明有以諒其苦衷，能成就之耳。昔者考亭社倉，初亦行之一鄉，漸以推之一郡、推之天下。今欲師其意而設義館，先以行之寒族，行之有

序，則成效立睹，聞風興起，當必有人。[71]

劉易，字望之，宣城人。博極經史，古義自好，頗爲梅文鼎所推崇，著有《章甫集》二十卷，梅文鼎曾爲撰序。[72]

梅文鼎在爲其弟梅文鼐《經星同異考》撰序時，亦曾表達此一願望。他說：

> 歷論六、七十篇，頗抒獨見。其他算學新稿，亦且盈尺，而未能出以問世。虛名之負累，爲四方學者所知，而欲傳之其人，復求之不可得也。竊不自揆，欲略仿蘇湖遺軌，設爲義塾，約鄉黨同學爲讀書之事，此志果就，即當息影山邨，收拾累年雜稿，次第成帙，稍存一得之愚，以待來學，則數十年癖嗜苦思，亦或將有所歸著。……[73]

所謂「蘇湖遺軌」即范仲淹守蘇湖，而胡瑗爲教授，設經義與治事二齋，意指治經與治事合一，遂開洛閩之學，有功於宋代學術發展與人才培養。梅文鼎有意模仿胡瑗以講「通經治事之學」亦即經濟有用之學，而傳授天文曆算之學，當然是其中要項。

梅文鼎的經世思想還可以從他對於譜牒、祠堂的重視看出。他認爲封建崩潰後，宗法、廟制也無法維繫，因此「一父之子，數傳而爲塗人」，唯有加強譜牒與祠堂，才能使「天下爲一人」、「天下爲一家」。他說：

> 古之人視天下爲一人，故使之各人其人；欲天下爲一家，故使之各成其家，宗法廟

制，其大端矣。自封建廢，宗法不復可行，廟制從之而墮；一父之子，數傳而爲塗人。所賴有譜牒以著其代，祠堂以萃其渙，庶存古義。……夫古今者時也；居今而行古之道者人也。[74]

梅文鼎認爲加強譜牒與宗祠，是「行古之道」。他還特別指出宗祠之制的功能：

> 古者別子爲祖，即諸侯之昆弟始命爲大夫者，惟世相傳得祀之，謂之大宗。其小宗支庶，皆助祭於宗子，故曰尊祖則敬宗，敬宗則收祖。自封建廢、宗法浸微，宋伊川程子始議立始祖之祭，所謂始祖則始遷祖也。明世宗朝用輔臣夏言議，詔天下臣民皆得祀其始祖，遂著爲令。禮以義起，聖人不易也。蘇老泉謂今相視如塗人者，其始一人之身也。蓋唯人知有祖，庶不至相視如塗人，祠堂之制，所以達乎天下也。[75]

康熙三年（1664）梅家有編輯譜牒之事，梅文鼎執事其間（《績學堂文鈔》卷四〈寧國縣南陽胡氏譜小引〉），而且更以八十歲高齡主持家廟興建工作（《績學堂文鈔》卷三〈滋仲二姪六十壽言〉）。梅文鼎擔任族長期間表現更爲成功。方苞〈梅徵君墓表〉曾說：

> 自徵君（指梅文鼎）爲族長，梅氏無公庭獄訟幾三十年，族屬數千人，無敢博戲者。或侮其父兄，辟宗祠朴擊之甚痛，君歿，赴弔哭失聲。

梅文鼎擔任族長似乎根據陸象山家法。他有〈奉寄不次二兄金斗〉詩云：「家法數金谿，義田傳范氏。仁孝何惇篤，望古每遙企。社倉資義塾，洵美常平理。自愧誠涼薄，有願徒虛擬」（《績學堂詩鈔》卷四）。這首詩事實上很可以表達本節所述經世思想躬行之一斑。

總之，梅文鼎在時代與父親影響下，獨好經濟有用之學，不但搜集豐富的經濟有用之書，還致力於天文曆算的研究，並擬仿胡瑗義館授徒培養通經治事人才，仿朱子設義倉，以支援義館。雖然這些構想似乎沒有實現（前詩中有「自愧誠涼薄，有願徒虛擬」之句），但是他編族譜、建祠堂方面却有具體成果。尤其擔任族長更是成績斐然。梅文鼎處在改朝換代之際以一介布衣的身份，從「齊家」躬行實殘，以求古道之行，恐怕也是唯一可行的範圍了。而他追求古道復行，也正與其追求原始儒學具有相同的思想脈絡。

此外，《績學堂詩鈔》卷三〈贈劉望之〉有「窮經歸實用，膏肓賴以瘳。舉措爲事業，鴻文開遠猷」。可見梅文鼎認爲經史研究也是經濟有用之學。

第七節　梅文鼎的詩

梅文鼎以天文歷算名，詩文往往反爲所掩。《四庫全書總目提要》便認爲詩文乃文鼎餘事，非所擅長，亦物不兩大之理[76]。但是曹溶爲《績學堂詩鈔》撰序卻認爲梅文鼎的天文歷算研究工作，不但不妨礙其作詩，而且是相輔相成，相得益彰。他說：

> 定九深於律歷，著書至數十種，四方稱之。獨未有知其善詩者。夫萬物本於天，難測

亦莫如天。以天爲宗，則神明所相，理數舉萃於一源，他藝能均不勞而自致。

施閏章所撰的序中也指出：「定九有志於君子之道，目之爲詩人，則瞿然謝不敏」，「詩不足以盡定九，而其詩已卓犖有出於人」。又評他的詩「清眞靜遠，稱心爲言，無時人餖飣裘馬之習」。

乾隆十七年（1752）沈起元撰序也指出梅文鼎詩最大特色是「言其所自得」。他說：

古之作詩者要唯言其所不得已，與言其所自得而已。……若先生之詩，則言其所自得矣。……蓋先生之學，幾於道矣。窺秘于圖書，溯源于黃帝堯舜，參稽于四時日月星辰，極變于方圓高下，斯其神之所凝，心之所遊，翛然于塵垢之外，……以是而爲詩，詩心聲也。

從以上曹溶、施閏章、沈起元三個人的評論，我們可以指出，梅文鼎並不以詩人自任，別人也大多不以詩人視之。其所以如此，一方面是梅文鼎自認所志在君子之道，而另一方面則別人都認爲他所長在天文歷算。不過由以上所舉三人的評論來看，他們認爲梅文鼎雖然以詩爲其餘事，但是他的詩都「卓犖有出於人」。其次，梅文鼎的詩特色在於言其所自得而非言其所不得已。更重要的是，梅文鼎因「有志於道」，「學幾於道」，因此我們可以說他的詩的最大特色是在表現他所「自得」的道。康熙四十八年（1709）張自超爲《續學堂文鈔》撰序指出梅文鼎「所爲文皆載道而出，而非不足而強言者也」。如果我們說梅文鼎「文皆載道」，那麼說他「詩皆載道」恐怕也是很合適的。

梅文鼎論詩文字不多，但《績學堂文鈔》卷三〈章甫集詩敘〉卻指出明代詩古文辭所以不振，並不是像一般人所說是由於科舉，而主要是因爲詩人本身對於當世之故、生民之休戚，漠不關心，因此作不出好詩，以致詩學不振。他說：

> 論者以明三百年學者精力盡於制舉業，而以其餘力爲詩古文辭，故所就以薄。甲乙後天下棄制舉而從事焉者，豈緊乏人？求其卓然成家如古之人者，曾復有幾？此其咎又安在耶？……古人之以詩傳者，皆不僅以其詩，而詩以傳，人亦傳矣。後之稱詩者詩而已。衆人熙熙若登春台而未嘗有以自異也。於當世之故，生民之休戚，漠然無所關其慮，以至綱常名教之大，古今政治興替，典章文物之因革源流，茫乎無所闚見；朝夕營營於聲利，務爲苟得而已，而好修飾其句字，矜其格調，用相誇詡，曰吾三唐也，吾六朝漢魏也。彼其本固已亡矣，又烏足與登古作者之堂乎？

一般人分析明代所以沒有出現傑出詩人（即卓然成家如古之人的詩人）是由於科舉的關係。但梅文鼎不以爲然，因爲清初很多人放棄科舉，卻一樣未出現卓然成家的詩人。因此他認爲其主要原因不在科舉，而在於詩人本身。詩人只用力於句字格調之講求，並朝夕營於聲利，對於當世之故，生民休戚，漠不關心，對綱常名教，古今政治興衰，典章文物之因革源流均無所闚見。如此當然作不出好詩，也不能成爲卓然成家如古人的詩人。從前面的論述來看，梅文鼎認爲詩應該能表現詩人本身的關懷或思想。換言之也可以說是道。就此而言，曹、施、沈三人之論梅文鼎詩，正與梅氏本人論詩相契合。

據梅瑴成所載，梅文鼎生平所存詩不下二千餘首，而《績學堂詩鈔》所收詩則僅368首。瑴成也說「先生固不肯爲詩人，而讀先生之詩者亦宜異於詩人之詩也」。茲據《績學堂詩鈔》探討梅文鼎詩的特色，並藉此更深入了解他的思想。

（一）〈寄祝少司馬李厚菴五十〉三首之二

易象肇河洛，理數相爲根。京焦詘輔嗣，授受尠專門。卓犖宋諸子，圖學承淵源。近代亦有作，賾隱紛掀飜。君子折其衷，至義簡不繁。朱邵旨爲仲，不廢子雲元。二篇序卦位，雜互兼討論。憂患文周心，潔淨庖羲言。會通成獨契，前聞益共尊。在昔寡過儒，韋編同歲年。既窮天地心，已探知命原。豈假參同術，伏食希高騫。（卷三）

象數易是梅文鼎三世家學，因此也是梅文鼎思想的核心。這首詩可見他的易學是繼承河洛象數，言理而又言數，所謂「理數相爲根」。也因此他推崇京房、焦贛、揚雄的象數易學，而尤其對宋代邵雍、朱子等繼承河洛而發展圖學，推崇備至[77]。詩中有「二篇序卦位，雜互兼討論」是指〈先後天八卦位次辨〉上與下兩篇。這兩篇易學作品的目的就是在繼承發揮京焦邵朱的象數傳統。從「在昔寡過儒，韋編同歲年。既窮天地心，已探知命原」詩句，可以看出梅文鼎研究象數之學歷重要的目的還是在於窮理、盡性、知命。就此而言，梅文鼎之研究天文歷算也有「窮天地心」、「探知命原」的最終目的。此詩作於康熙辛未（1691）。《績學堂詩鈔》中談到易學的不少。此不過舉一例，以證明梅文鼎的詩很可以幫助我們了解他的學術思想。

（二）〈武林郁滄波以裨海紀遊見示得三十五韻〉

桑弧志四方，苛養關蒼生。卹緯苟無懷，撰述徒崢嶸。之子不遐遺，舟輿多所經。示我一編書，歷歷海中程。海浪高於山，颿檣飄若萍。圜影絕邊際，星水涵空明。不知舟所屆，記里惟支更。探奇樂孤往，簸蕩曾無驚。夜浮黑水洋，朝泊紅毛城。牛車涉湍澗，千里更長征。侏儒大耳垂，文身裸體迎。半載淡水涯，誅茅立數楹。番屋無四壁，臥看天宇晶。地底聞沸泉，硫土自煎烹。壯下脩蛇聒，衣間燐火赬。多君意坦適，履險恆如平。阨塞還周咨，利病聞盱衡。憐彼番俗陋，初無機詐攖。謂當善撫綏，可使齊編氓。又言半線北，出海溪潮盈。鹿耳雖重閉，間道宜經營。矧伊西極戎，波濤狎阻兵。堅忍濟機猾，澤國恣饕并。呂宋實殷鑒，巴黎虐使令。盤踞連海南，闚伺形已成。參雲賈舶來，娛賓雷礮轟。茲島直閩粵，嚮爲荷蘭耕。逼處幸驅除，未雨思銷萌。前誦固齋詩，遠慮餘深情。今復展斯記，針路羅楸枰。何哉章布儒，疾呼同一聲。君子念維桑，蚤見悲群酲。若必封疆責，斯勤石畫精。杞憂庶收採，他時見施行，非止侈博物，海錯陳縱橫。（卷四）

此詩作於康熙三十八年（1699），共35韻350字。前有小序246字。郁永河字滄浪（按：一般記載均作滄浪，而梅文鼎謂字滄波。梅、郁同時而有交往，當不致有誤。或許郁永河另有一字滄波，亦未可知），浙江杭州人。於康熙三十六年（1697）抵台採硫半年。著《裨海紀遊》，敘述台灣風土人情及地理形勢。康熙三十八年（1699）梅文鼎至福建，冬北上過杭州，訪毛際可於西湖邸舍。毛際可為撰〈梅先生傳〉。梅文鼎之見郁永河並讀其《裨海紀遊》即在此時。梅文鼎先已讀固齋詩對東南海疆的深謀遠慮有所感，至讀郁永河《裨海紀遊》更覺得清廷應以呂宋為鑒，未雨綢繆，及早加強戒備與建設。更重要的是應採撫綏政策，使台灣眞正納入中國。梅文鼎對當時西方列強之東來顯然頗有憂慮，鑒於台灣前曾為荷蘭所據，呂宋又可為殷鑒，故以一介布衣，大聲疾呼，盼清廷「未雨思銷萌」。所謂「非止侈博物，海錯陳縱橫」，有鑒於列強東來，海洋即將成為縱橫之場，台灣地位也隨之重要。《裨海紀遊》意義在此，而不可當作博物之作。梅文鼎不只推崇梁份的《西陲今略》，也推崇郁永河《裨海紀遊》。其經世思想可以概見。此詩前二句「桑弧志四方，苟養關蒼生」表示學者當關心世事民生，接著兩句「卹緯苟無懷，撰述徒崢嶸」表示詩文必須有所關懷，否則所得不過虛名。他認為郁永河《裨海紀遊》正符合上述標準，因此推崇備至。梅氏此詩幾乎可說《裨海紀遊》內容的摘要。因此如果我們以梅氏對郁書之評價來看這首詩，大體上是不會離譜的。此外根據這首詩，可看出梅文鼎對西方文化採取高度受容態度的同時，面對西方列強勢力之東來，也抱著相當高的警覺性。

（三）〈題程偕柳擁書圖〉

鄙性好湛思，耽書或致疾。還用書為藥，開書百苦失。古義實三餘，我則增其一。（自注：謂病中謝塵務，是亦生之餘也，常自署四餘主人）晚得參同旨，刳心學藏密。宿習苦難除，簡編仍斗室。那復貪新得，聊爾送餘日。凝睇望交親，努力尊儒術。……

…（卷四）

按：此詩作於康熙五十六年（1717）。

又：〈贈劉望之先輩二首〉之一

> 經史本經緯，末學岐源流。文賦咀其華，儒效無一收。聖籍理平中，詁訓煩優柔。漢宋人代興，聚訟生矯揉。之子紹家學，淹通恣冥蒐。詩傳宗端木，改月信春秋。筆削肇平桓，至意良可求。周人賦何草，侵小兵未休。博引申公詩，兼明貶爵由。伐鄭非天討，周始失諸侯。詩亡王跡熄，私淑一言留。國風降黍離，謬解何悠悠。豈知詩教失，禮樂湮荒邱。閟宮頌史克，守府空綴旒。退魯進豳風，經爲孔氏修。大義同尊王，志在爲東周。沿誤黜毛萇，寧惟盲左浮。窮經歸實用，膏肓賴以瘳。舉措爲事業，鴻文開遠猷。真闕述作心，殷勤萬世謀。胸非貫全史，墜緒誰能紬。（卷三）

劉易字望之，宣城人。繼其父劉振之學，精於經學、史學，梅文鼎頗推崇之。〈贈劉望之先輩〉詩有二首，第一首讚望之經學，第二首則讚其史學。茲錄前一首爲例。據梅文鼎所作小序知望之有〈春王正月解〉、〈桓王論〉、〈申公詩說〉及〈詩論〉三篇。詩中所述即望之對這些經學研究的一些結論。不過在此我不準備去討論這些經學問題，我所要強調的是梅文鼎對此一問題的看法。基本上梅文鼎認爲經學與史學本互爲經緯，但末學卻使之分道揚鑣，而且後世重視文章詩賦，甚至立說各異，聚訟紛起，使經學功能無從發揮；其次梅文鼎認爲經學研究目的在歸於實用，所謂「窮經歸實用，膏肓賴以瘳」。訓詁考證只是研究經學的方法，而其目的在舉措爲世業，爲萬世謀。就此而言，經學的興起是在消除學術論爭，並發揮經世致用功能。梅氏一生「努力尊儒學」原因之一在此。他研究河洛象數及天文曆算，也是他「努力尊儒學」的一部份。我們說他不只是一位歷算專家，而且是一位儒者，原因亦在此。關於梅文鼎儒學觀的問題，還可以參考卷三〈贈吳舫翁〉、〈贈吳街南〉等詩。

（四）〈雨坐山窗得程偕柳書寄到吳東巖詩箋依韻畣之〉

> 司徒三物臚九數，宋唐科目兼明算。先典難稽厄祖龍，洛下權輿起西漢。乾象幽微久乃著，踵事生新斯理燦。溯其根本在羲和，敬授親承堯與舜。洊經三季事頻更，疇人失職遐荒竄。試觀西説類周髀，蓋天古術存遺翰。聖神天縱紹唐虞，觀天幾暇明星爛。論成三角典謨垂，今古中西皆一貫。（自注：御製三角形論，言西學實源中法。大哉王言。著撰家皆所未及。）……（卷四）

又：〈上孝感相國四首〉之三：

> 疇人守師説，蔑肯窺西書。歐邏矜別傳，寧能徵昔儒，二者不相通，樊然生齟齬。大哉聖人言，流傳自古初。（自注：伏讀聖製三角形論，謂古人曆法流傳西土，彼土之人習而加精焉爾。天語煌煌，可息諸家聚訟。）曆同聲教訖，茲事肇唐虞。……（卷四）

根據以上兩詩，梅文鼎相信曆算之學在中國最遲可以追溯到堯舜時代。其次，中西曆算之學可以會通，今古也可會通，所謂「古今中西皆一貫」。這是他的會通思想。值得注意的是，對於西學源於中國說，雖有「疇人失職遐荒竄」之句，但是梅文鼎似乎認爲這種說法是康熙〈三角形論〉的論點，而且因有此論，「可息諸家聚訟」。（康熙與梅文鼎論點孰先孰後，待考）

（五）〈觀察偶詢曆法爲作測算之圖古詩四章以當圖說〉之二

至圜生萬有，先天觀太無。杳冥恍惚中，變化成須臾。乾健日西運，列曜紛東徂。錯行旋左右，遲速各有途。在昔先知者，積厚遺書圖。六曆雜真贗，可稽唯太初。自茲代改憲，七十家有餘。天道故遼遠，千載週盈虛。微差近難睹，世久乃見渝。所以今巧曆，恆覺古人疏。能忘創始勞，萬事有權輿。（卷二）

又：〈午日爲季弟尊素製日晷并繫以詩六首〉之一

多種加時法，赤道以爲宗。里差有南北，低昂勢不同。專術取衡度，聊以擬形容。誰與明斯理，寂歷游鴻濛。（卷二）

梅文鼎往往以天文、曆法、算學及各種天算儀器入詩。像這類的詩在《續學堂詩鈔》中爲數不少。《續學堂文鈔》的〈擬璿璣玉衡賦〉亦屬此類，因篇幅甚長僅舉前二詩爲例。

根據以上的舉例式說明，我們可以看出梅文鼎的詩主要是表現「自得的詩」，而不是「不得已」的詩。其次，他的詩主要的不是風雲月露的詩，而是「經濟有用的詩」。第三，梅文鼎的詩主要的不是文人的詩，他把天文曆算研究所得入詩，所以是「科學家的詩」。第四，梅文鼎的詩也是「載道的詩」，因爲他把他的易學思想、儒學觀、理數觀、會通思想等等，都藉詩表現出來。因此他的詩起碼具有以上四個特色，而一般學者卻很少加以正視，本文乃不惜篇幅，略作介紹。

第八節 結 語

（一） 梅文鼎一生的思想學術深受家學影響。易學是梅氏家學。梅文鼎自童年便受易於祖父梅瑞祚。其父梅士昌曾有《周易麟解》，並精於象數之學，曾謂「象數之學，儒者當知」。因此梅文鼎可謂自童年便奠定了易學與象數之學的基礎。尤其梅士昌自少有經世之志，除經學、史學以外，舉凡象緯、坤輿、陰陽、律歷、陣圖、兵志、九宮、三式、醫藥、種樹之學，幾無所不探究。這樣有志於廣博的所謂「象數之學」的學術風格，無疑對梅文鼎產生了深刻的影響。梅文鼎自童年也因爲父親及塾師羅王賓的啟蒙與教導，對天文星象的觀察產生了濃厚的興趣。總之，梅文鼎早年除了一般的經學、史學教育以外，在家學影響下，對易學、象數之學、天文歷算學已經產生濃厚興趣，而且認爲這些學問都是經濟有用之學，也是儒者之學。因此我們可以說，梅文鼎一生的思想學術，在早年已奠定了基礎與方向。

（二）象數易學無疑是梅文鼎思想的核心，雖然他有關易學方面的著作主要的只有〈先後天八卦位次辨〉上下兩篇。但是細讀他的詩集、文集，我們不難看出，象數易學貫穿著他大部份的作品。清初學者如黃宗羲、胡渭等人從學術觀點對太極圖及先後天八卦圖展開嚴厲的批判，並指出它源於道教，並非儒家作品。但是梅文鼎卻不理會這些學術源流的討論，而致力於自己思想體系的建構。他指出八卦是伏羲根據宇宙觀察所作的描述。他肯定京房、焦贛、揚雄在象數易學上的貢獻；對周敦頤、邵雍、朱子在易圖之學方面的成就，尤為推崇。他所以討論先天後天的方位與次序可分可合，其實主要是針對當時學術思想界之爭論而發。他主張先天生後天而又貫於後天之中，捨後天無先天，無後天則先天不可得；又認為先天之學心學，後天之學象數，象數皆心學。這些主張不但是梅文鼎思想之總源頭，而且其可貴之處是一方面重視象數之學以矯當時空虛之弊，一方面又不因為研究象數而忽略「心」的會通。所以我們說梅文鼎不只是一位專攻天文曆算的疇人，也是一位儒者，其因亦在此。總之「象數皆心學」應是梅文鼎易學思想的中心命題。而且值得特別指出的是他這樣的主張與同時代的方以智有頗多契合。[78]

（三）梅文鼎雖然九歲「熟五經、通史事」，但是並沒有關於五經方面的特別著作。但是他肯定「象數之學，儒者當知」，因此他畢生所從事的天文曆算事實上都可視為他的儒學著作。康熙皇帝召見他的時候，是以儒者待之，李光地視梅文鼎的天文曆算學是「辨於理」的「窮理之事」，為「儒者所宜盡心」。魏念庭更稱他為「當代鴻儒」、「理學正傳」。而梅文鼎本人一方面不斷為天文曆算之學在儒學中作定位工作，認為堯舜已奠定中國曆算基礎，大禹、周公的創制與勳績，均與天文曆算密不可分。另一方面，他同時不斷在為儒學定性。也就是說，原始儒學包括天文歷算與象數之學，這些學問是儒學範圍，爲儒者所當知。就此而言，梅文鼎企圖從天文歷算與象數之學爲儒學開拓新局面的努力，與王夫之、顧亭林等擬以經學恢復原始儒學的努力，可謂異曲同功，殊塗同歸。換言之，明末在程朱與陸王之學爭論中，何謂「眞儒之學」已成爲學界爭論焦點之一，因此，梅文鼎的原始儒學觀是有其思想上的意義的。從原始儒學觀出發，梅文鼎對所謂程朱、陸王之爭基本上採取調和折衷的態度。根據「象數皆心學」的易學觀點，他肯定周敦頤太極圖、邵雍先天易學，以及濂洛關閩之學。但是所謂「夷考鵝湖講席初，兩賢所學原非殊」，可見他有折衷朱陸之意。他同時也推崇陽明之〈拔本塞源論〉及「事理歸一源」。因此我們或許可以大膽的作出一個初步的假設，即梅文鼎似乎是站在程朱理學立場企圖會通朱陸。蓋大體而言，程朱並不否定陸王的心即理說，但陸王畢竟缺乏程朱格物窮理的那一套工夫。[79]

（四）其實梅文鼎不只是要會通朱陸，他的終極企圖是會通古今中外。他所作《歷法通考》、《中西算學通》就是這種會通思想的實踐。由於梅文鼎主張「象數皆心學」，因此以具有認識思辨能力的心，面對宇宙間客觀的象數，以具有普遍性的科學方法（如數學）去探討宇宙間的理，最後必可得出理同心同的結論。這也就是所謂「會通」。因此他說「器一道也，人一天也。故可以一人一日之心通乎數千載之前與數萬里之外，是之謂通」。這種會通的境界，也就是「吾之心，即聖人之心，亦即天之心」。我們必須特別指出梅文鼎所謂「會通」是面對象數世界，從事類似朱熹所謂格物窮理的工夫而後得到的一種貫通，也可以說他是在對天地萬物作過一番研究以後的貫通，用梅文鼎的話來說，這並不是一種捨象數而言心通的心學。

（五）梅文鼎一方面提出思想極爲深刻的會通主張，另一方面卻提出西學源於中國說。本來從會通的觀點，梅文鼎面對當時西學，曾指出「禮可以求諸野，官可以問諸郯」。事實上他也對西學頗多採納。但是也許當時耶穌會士並不能對西方科學史發展提供足夠的歷史資料，而梅文鼎又有意倡導原始儒學，因此使他在會通中西的情況下，作出西學源於中國的論斷。雖然他的論斷所根據的史實相當薄弱，但是在梅文鼎有限的中西科學史知識下，他並不覺得有任何矛盾。當然在梅文鼎的著作中，大體上會通思想是一貫的，而西學源於中國說主要卻是在呈康熙御覽的《歷學疑問》中系統地提出。我們都知道康熙是主張西學源於中國說的代表人物，因此梅文鼎提出這種說法，恐怕也有其政治背景。至於這種論點可能意在援引保守學者接受西學，更是一般通行的說法。

（六）梅文鼎的經世思想頗淵源於其父梅士昌。他也曾自稱「某性素不喜風雲月露之文，而顧獨好經濟有用之學」，因此他所收藏的書，以及精通的天文歷算等學問，基本上都是經世之學。他晚年頗思仿胡瑗，設經義、治事二齋，設義塾以教子弟，並仿朱子設義倉，以支援義塾。他對梁份《西陲今略》、郁永河《裨海紀遊》的推崇，可見他對邊陲地理的留意。總之，他認爲「古之君子不爲無用之學」，一生治學亦以此爲目標。因此，我們說梅文鼎的詩不只是自得之詩、載道之詩、科學家之詩，同時也是經濟有用之詩。

註釋

❶ 關於梅文鼎年譜，今人有李儼〈梅文鼎年譜〉，見《清華學報》，第二卷第二期，1925年。

錢寶琮〈梅勿庵先生年譜〉，見《錢寶琮科學史論文選集》，科學出版社，1983年。傳記資料主要有方苞〈梅徵君墓表〉，《方望溪全集》卷十二。杭世駿〈梅文鼎傳〉，《道古堂文集》卷二十九。商鴻逵〈梅定九年譜〉，《中法大學月刊》，第二卷第一號，1932。毛際可〈梅文鼎傳〉，作於康熙三十八年（1699）冬梅文鼎六十七歲之年，附於《績學堂文鈔》卷前。按：梅文鼎《績學堂文鈔》及《績學堂詩鈔》藏東京內閣文庫。承東京大學溝口雄三教授攝影惠贈，謹此致謝。

❷ 見《文峰梅氏族譜》。敦睦堂刊本（1937）。轉引自李迪、郭世榮編著《清代著名天文數學家梅文鼎》，頁18，上海科學技術文獻，1988。

❸ 杭世駿〈梅文鼎傳上〉，《道古堂文集》卷二十九。

❹ 《績學堂文鈔》書前附有毛際可所撰〈梅文鼎傳〉。

❺ 同❷。

❻ 梅文鼎《梅氏叢書輯要》本，卷四十一，〈歷學駢枝自序〉。以下簡稱《梅輯》。

❼ 梅文鼎《績學堂文鈔》卷二，〈經星同異考序〉。

❽ 倪正，字方公，號觀湖。清李應泰等修，1888年刊本（成文出版社印行），《宣城縣志》卷十九，隱逸有〈倪正傳〉。傳云：「倪正……父元琅，著《鈞譜》一書，甚博奧。父子俱抱隱操，多讀古人書。正詩文高邁，書法極蒼勁，尤精天文曆算，兩江總督郎三省欲執弟子禮，本部別駕李鎭坤，敦請訓子，皆謝弗應。梅徵君文鼎受交食法於正，嘗稱倪師，不忘所自云」。這是目前所見倪正唯一的傳記資料。據梅文鼎所作《觀湖先生八十》詩推斷，倪正應生於萬曆四十四年（1616），年長文鼎十七歲。死於何年不可考。但從詩中可見倪正學術思想與爲人的一斑。特錄以供參考。詩共四首，只錄其一：「縹渺敬亭峰，搖曳官湖波。湖濱學易人，白髮朱顏酡。荊扉俛漣漪，倚仗看嵯峨。長隄柳青青，紅桃偏山阿，小步出前岡，橫橋披薜

蘿。徵酣欹竹冠，新詩行且歌。西蜀君平廉，百泉康節窩。笑問磻溪勳，仍似雲煙過。八十方爲春，熙熙遊太和」。倪正弟倪旦字樂翁。傳亦見《宣城縣志》卷十九。康熙乙亥（1695），梅文鼎訪觀湖，作《觀湖先生八十》詩四首，同時其弟倪旦已卒。文鼎有《輓倪樂翁高士》三首。自註云：「樂翁賞余測器，有知己之言。比余後來觀湖，欲與深譚，而前兩日已捐館」。第一首詩末句云「悲哉今論定，邱壑一遺民」，第二首：「七十身無疾，全歸亦未哀」。可見倪旦生於明天啟六年（1626），卒於清康熙三十四年（1695），享年70歲。文鼎孫穀城亦有〈過竹公山謁樂翁倪先生墓〉詩。見《宣城縣志》藝文志。〈倪旦傳〉有「梅徵君文鼎極推重之」之語。

9. 《梅輯》卷十一，〈方程論發凡〉。

10. 同4。

11. 《續學堂文鈔》卷三，〈病餘雜著自序〉。

12. 《續學堂詩鈔》卷一，〈雪中家從叔瞿山過飲山居〉。

13. 轉引自李迪、郭世榮前引書，頁44。

14. 《續學堂文鈔》卷一，〈與史局友人書〉。又《梅輯》卷十一，〈方程論發凡〉亦云：「鼎性耽苦思，書之難讀者，恆廢寢食以求之也，必得其解乃已。有未能通，則耿耿胸中，雖歷歲時，未敢忘也。」

15. 同上。

16. 同上，「刊誤」條。

17. 梅文鼎曾以學琴說明「得其意」的重要。《續學堂文鈔》卷二，〈學琴說〉云：「天下事在得其意而已。得其意則可以更道改轍，如變者之不同成局，而自于古無違；不得其意則雖兢兢，蹈常襲故，如琴之于譜，不敢少出入，而古意蕩然矣。」

⑱《梅輯》卷十一，〈方程論發凡〉。

⑲《績學堂文鈔》卷五〈書陸稼書先生誄言後〉云：「人生平之著撰，精神所積，久而愈光，一時之顯晦信疑，何關得失。然則著書者豈不當以百世可俟爲期，抑安可以人之罕知，而不慎其筆墨」。同上卷二〈經星同異考序〉云：「君子於其所可知，不厭求詳；其所不知，闕之而已。義所可求，當歸畫一，其所難斷，兩存之而已。無泥古以疑今，無執一以廢百。謹守舊聞，而無參臆解。此爲學之方，即著撰之法。自古之學者，莫不盡然，而況天之高，星辰之遠哉！」

⑳《績學堂文鈔》卷五，〈書鈔本星度後〉。

㉑《梅輯》卷五十九，〈弧三角舉要自序〉。

㉒《梅輯》卷四十六，李光地〈歷學疑問序〉。

㉓《梅輯》卷十一，〈方程論序〉。

㉔《績學堂詩鈔》卷二，〈贈吳舫翁〉。

㉕《績學堂詩鈔》卷二，〈讀王文成集〉。

㉖《績學堂詩鈔》卷三，〈贈吳街南〉。

㉗《績學堂詩鈔》卷三，〈九月下浣喜重晤魯駭若先輩〉。

㉘《績學堂詩鈔》卷三，〈贈劉望之先輩〉。

㉙《績學堂文鈔》卷三，〈梁質人四十壽序〉。

㉚同上。

㉛甘京字楗齋，南豐人，講求有用之學。與謝文洊同學。一日會講程山，服其理趣昭博，便請北面稱弟子。其論朱陸也，曰：朱陸歸宿不異，所趨之塗不無異。所趨之塗之異不害，但其塗異而亦自有失，見其失而攻之無害，惟護其失而爭之，則有害矣。又與易堂諸子講習，文益進。

著有《軸園稿》十卷。子表，有《膜堂存稿》。

32 《續學堂文鈔》卷三，〈王先生八十壽序〉云：「自科舉之業盛而學問之道衰，五倫之外，遂別有座主、同年之一倫，與三黨並立，而駕乎其上。下逮啟、禎間，勢極而生激，於是聲氣之流派支分角立，其卒也黨同伐異，禍亂中於家國，而莫悟其非。蓋其餘風及於今日而猶未已也」。可見梅文鼎反對因科舉而形成的座主、同年這一類所謂師友。他所謂的師友是眞正志於學術躬行的師友。

33 《續學堂文鈔》卷二，〈學歷說〉。

34 〈堯典〉原《古文尚書》。根據閻若璩（1636-1704）於康熙二十七年（1688）完成之《尚書古文疏證》前五卷已證明其爲僞作，梅文鼎與閻若璩相交，應不致於不知閻氏之說而卻仍據〈堯典〉之說。似乎梅氏重在立說而不理會考據新說，有待詳考。

35 同33。

36 同上。

37 同上。

38 同上。

39 《續學堂文鈔》卷二，〈中西算學通自序〉。

40 《梅輯》卷十一，〈方程論發凡〉。

41 同37。

42 《梅輯》卷四十，〈塹堵測量〉云：「唐宋以算學設科，古書猶未盡亡，邢台蓋有所本。厥後授時歷，承用三百餘年，未加修改，測算之講求益稀，學士大夫既視爲不急之務，而台官株守成法，鮮諳厥故。驟見西術，群相駭詫，而不知舊法中，理本相同也。疇人子弟，多不能自讀其書，又忌人之讀，而各私其本，久之而書亦不可問矣。考元史歷成之後，所進之書，凡百有餘卷，今其存軼，並不可考，良可浩歎。」

43 同37。

44 《梅輯》卷八，〈度算釋例自序〉。

45 《梅輯》卷一，〈筆算自序〉。

46 同37。

47 同上。

48 《續學堂文鈔》卷二，〈歷學新說鈔序〉。

49 《梅輯》卷四十，〈塹堵測量〉。

50 同37。

51 《續學堂文鈔》卷二，〈歷法通考自序〉。

52 《梅輯》卷四十一，〈歷學駢枝自序〉。

53 同45。

54 《梅輯》卷四十九，〈論西歷源流本出中土即周髀之學〉。

55 同上，〈論蓋天與渾天同異〉。

56 同上，〈論蓋天之學流傳西土不止歐邏巴〉。

57 見《梅輯》卷四十九，〈論周髀所傳之說必在唐虞以前〉云：「問：周髀言周公受學於商高，商高之學何所受之？曰：必在唐虞以前。」

58 同54，〈論中土歷法得傳入西國之由〉。

59 同上。

60 《續學堂文鈔》卷二，〈測算刀圭序〉。

61 《梅輯》卷四十九，〈論地實圓體而有背面〉。

62 梅文鼎批評佛教、回教以及天主教云：「回國以歷法測驗，疑佛說之非，故謂天有主宰，無影無形，不宜以降生之人爲主，其說近正，所異於古聖人者，其所立拜念之規耳。厥後歐邏巴又於回歷研精，故又自立教典，奉耶穌爲天主，以別於回回。然所稱一體三身，降生諸靈怪，反又近於佛教，而大聲闢佛，動則云中國人錯了。夫中土人倫之教，本於帝王，雖間有事佛者，不過千百中之一二，又何錯之云」（《梅輯》卷四十九，〈論遠國所用正朔不同之故〉）。就歷法方面，梅文鼎堅持中國頒正朔之重要，以爲是中國文化之特色。他說：「測算以求天驗，不難兼西術之長，以資推步，頒朔以授人時，自當遵古聖之規，以經久遠，虛心以折其衷，博考以求其當，有志歷學者，尚其念諸！」（同上）

63 如方以智、熊明遇便是這種主張的代表。

64 《梅輯》卷五十六，云：「憶庚申、辛酉間，愼修（按：即江永）抵都門，以所著《翼梅》八卷請政，並求序言。……（江永）泥於西說，固執而不能變，其弊猶小，至其於西說之不善者，必委曲爲之辭，以伸其說於古人創始之功，則盡忘之。而且吹毛索瘢，盡心力以肆其詆毀，誠不知其何心？夫西人不過借術以行其教，今其術已用矣！其學已行矣！愼修雖欲陷而附之，不已後乎？彼西方人謂古人全不知歷，以自誇其功，而吾徒幸生古人之後，不能爲之表揚，而且入室操戈，復授敵人以柄而助之攻，何其悖也。其用力雖勤，揆之則古稱先、閑聖距邪之旨，則大戾矣。吾故不爲作序，而附記其說於此」。梅瑴成指出西洋人之阿爾熱八達，譯言東來法，認爲是中國之天元一術，是中國傳去西方，明末清初再由西方傳來中國（見前引書卷六十一〈天元一即借根方解〉）。瑴成前引文中明顯主張應站在「則古稱先、閑聖距邪」的原則來對待中西文化。

65 《梅輯》卷五十九，〈歷學答問・答滄州劉介錫茂才〉。

66 《續學堂文鈔》卷一，〈與劉望之書〉。

67 張舜徽《清人文集別錄》卷三，頁86。北京中華書局，1963。

68 《梅輯》卷十一，潘耒〈方程論序〉。

69 同上。

70 《梅輯》卷四十六，〈歷法通考序〉。

71 《績學堂文鈔》卷一，〈與劉望之書〉。

72 《宣城縣志》卷十八，文苑傳有〈劉振傳〉，附子〈劉易傳〉。傳云：「劉振字自我，高尚博學。……以明三百年實錄藏館閣者，旁稽野乘，裁以己意，仿《史記》述爲本紀、志、表、列傳，自洪武迄萬歷，名曰《識大錄》百餘卷。……子易，字望之。古義自好，不波靡時俗，博極經畬，世其家學，文章一規秦漢，徵士梅文鼎雅服焉。後徙居河南，著有《章甫集》二十卷。《擬騷》數卷」。梅文鼎《績學堂文鈔》卷三有〈章甫集詩敘〉。《績學堂詩鈔》卷三有〈贈劉望之先輩二首〉。

73 《績學堂文鈔》卷二，〈經星同異考序〉。

74 《績學堂文鈔》卷三，〈儀眞高氏族譜序〉。

75 《績學堂文鈔》卷四，〈重建梅氏族譜序〉。

76 《四庫全書總目提要》評《績學堂文鈔六卷詩鈔四卷》云：……然文鼎測驗推算諸法，皆足以自傳於後，詩文特其餘事，非所擅長。蓋算術雖一藝，而非以畢生之精力，專思研究，則莫造其微。雖超特絕世之姿，其勢不能以旁及。張衡深通歷算，妙契陰陽，至能作候風地動儀，而文章博麗，又能淩轢崔蔡之間，千古一人而已。自洛下閎鮮于妄人以下淳風一行，亦未能以詞采著也。斯亦物不兩大之理矣。（《四庫全書總目提要》·集部·別集類存目十一）

77 梅文鼎對邵雍《皇極經世》頗有研究。康熙三十年（1691）在京師，李煥斗來問皇極經世及歷法。《勿庵曆算書目》記〈答李祠部問曆〉一卷云：「禮部郎中李古愚先生，諱煥斗，豫章人也。從余問《皇極經世》，遂及曆法。……」

78 方以智與梅文鼎未曾謀面，但是逃禪青原時期，曾致書求梅文鼎象數之學的著作，梅文鼎以草稿無副，未敢馳應。但象數之學爲兩人之共同關懷，也因此梅文鼎與方以智諸子亦頗多往來。詳見《續學堂詩鈔》卷一，〈浮山大師哀辭〉二首、〈復東方位伯〉及其他相關詩文。

79 參見錢穆《朱子新學案》第一冊，頁48-54，及頁137、138。台北三民書局，1982。

第四章　王錫闡的生平與思想

王錫闡與梅文鼎同爲明末清初傑出的天文歷算家，而且在科學思想方面也有頗多不謀而和的見解❶。但是梅文鼎以八十九歲高齡壽終，入清以後雖屢試不第，卻因李光地關係，蒙康熙皇帝召見賜匾，王錫闡卻以遺民終其一生，享年僅五十五歲。就思想方面來說，兩人無疑都可謂純儒，但是梅文鼎繼承宋代邵朱象數易學，而兼容陸王，王錫闡卻堅持以程朱傳注、上溯六經，並顯明地反對陸王心學。本文無意對兩人出處或思想作比較或評價，但是卻認爲就有限的資料，對王錫闡的生平與思想作更深入的研究，或許有助於我們了解他研究天文歷算學的思想背景。因此以下擬探討的主題是王錫闡的遺民志節與其儒學思想、科學思想之間的關係。

第一節　遺民志節

王錫闡，一名肇敏，字寅旭，一字昭冥，號曉庵，又號餘不、天同一生、釆芳使君。江蘇吳江人。生於明崇禎元年(1628)，卒於清康熙二十一年（1681）。年五十五。著作有《曉庵先生詩集》二卷，《曉庵先生文集》三卷及《曉庵遺書》。後者包括《歷法》六篇、《歷表》上中下三冊，《大統歷法啟蒙》五篇、《雜著》等。而《雜著》中包括〈歷說〉（五篇）、〈日月左右旋問答〉、〈五星行度解〉、〈推步交朔〉、〈測日小記序〉等。自名書齋曰「困亨齋」。與顧炎武、張履祥、潘檉章、潘耒相友善。與薛鳳祚、萬斯大也有學術上的討論。

王錫闡十七歲時經歷了明朝滅亡的大事件。據云他曾經投水自殺未遂，又絶食七日，在父母強迫之下又不得不重新進食❷。根據目前資料，我們不明白王錫闡以一未成年的百姓，何以對明亡事件採取如此徹底之殉國行爲，但無論如何，此一事件對他一生的影響卻很大；他自此以遺民而終其一生。

王錫闡有一寓言體的自傳，名〈天同一生傳〉❸。據該傳所述，他在十七歲以前，家境貧窮，學問方面則無師自通，與人相處往往緘默，爲文似有所諷刺，但與人無忤。他說：

> 天同一生者，帝休氏之民也。治《詩》、《易》、《春秋》，明律歷、象數。學無師授，自通大義。與人相見，終日緘默。若與論古今，則縱橫不窮。家貧不能多得書，得亦不盡讀，讀亦不盡憶。間有會意，即大喜雀躍，往往爾汝古人。所爲詩文，不必求工，率意而出，意盡而止。或疑其有所諷刺，然生置身物外，與人無忤，吾亦何容深求？

可見早年的王錫闡，除與一般人一樣接受四書五經教育外，特別對律歷、象數有無師自通的夙慧。家境不甚富裕，恐怕是事實。但是他能「置身物外，與人無忤」，卻似有莊子灑脫的個性。因此他的詩文「不必求工，率意而出，意盡而止」。

崇禎十七年（1644）以後，他的家境並未改善，而終日緘默的個性似乎因爲明亡而轉爲「悵然」、「悲欷」。他說：

> 帝休氏衰，迺隱處海曲，冬絺夏褐，日中未爨，意泊如也。唯好適野，悵然南望，輒至悲欷，人咸目爲狂生。生曰：我所病者未能狂耳。因自命希狂，號天同一生。

王錫闡自命希狂，並未明言何以自號「天同一生」，他只說：「天同一云者，不知其所指。或曰即莊周齊物之意，或曰非也。世莫知其然否」。據我個人推測，它一方面誠如王錫闡自己所說的是莊子齊物之意，亦即豁然灑脫，置身物外，但另一方面恐怕與他致力於天文曆算研究而主張「以天驗天」以消除「以人驗天」而產生的學術論爭有關（這也符合莊子齊物論之旨）。簡言之，「天同一」即「與天同一」之意。

王錫闡在《曉菴先生文集》（以下稱《文集》）卷一還有一篇〈采芳使君傳〉，也是用寓言體裁寫的，恐怕也是他個人的自述。他說采芳使君，封姓，名元，字子密，「性褊窄喜刺世」，「生瓮牖，不務稼穡，嬉戲林麓」。「疾惡太嚴」、「孤潔自好，不善事帝，左右又多違刺，後有譖之者。使君懼，深事韜晦日，使其徒采百卉之英，營精舍，和異味以自娛，譖者又謂所采皆黃金犀玉，且有密謀，帝聽熒也，命籍其家。……」就性格描述而言似爲王錫闡之自述。

從以上兩篇寓言自傳來看，帝休氏或許指崇禎皇帝。封元的「元」或指崇禎元年之意。

是年王錫闡誕生。王錫闡以崇禎元年作爲歷元，蓋具有雙重涵意。其次他以南京應天府爲里差之元，這兩者似乎都暗示了他對明朝的故國之思❹。王錫闡在所有著作中都未曾使用過清朝年號，這是當時很多遺民共同的習慣。

最能表現王錫闡遺民性格的是他的詩。《曉庵先生詩集》（以下簡稱《詩集》）有不少詩篇都反映了他的遺民思想。卷二〈三月十九日志感〉、〈送匡廬先生之白下〉、〈擬謁孝陵作呈匡廬先生〉、〈和匡廬先生登雨花台有感〉、〈和匡廬先生秣陵雜興二十七首〉都是藉明亡與明故都而發洩其遺民感情。如〈三月十九日志感〉便表明自己是遺民。詩云：

> 烽煙撩亂又深春，遙奠薇苗拜石麟。廿載旰宵勞我后。一朝風雨散群臣。豢豺雖飽終傷主，薅棘初齊必刺人。血濺泪揮均作雨，西山終古痛遺民。（卷二）

〈擬謁孝陵作呈匡廬先生〉則是與遺民互傾故國之思。云：

> 忽睹天威咫尺中，暫收零涕拜穹窿。寶衣秋化離宮火，石馬晨嘶寢殿風。恨入松楸凝作柏，血乾杕杜染成楓。心蘇複道瞻雲物，佳氣鐘山正鬱蔥。（卷二）

吳珂，字匡廬，明末諸生。明亡後爲遺民，隱於詩社。《吳江縣志》有〈吳珂傳〉云：「其人耿介有節慨，詩思刻深結，撰務出人意表。社中咸服其奇雋」。《詩集》收錄了王錫闡與吳珂之間唱和的詩很多，而且大多是因爲吳珂至南京發故國之思一事而作。因此王錫闡除了在學術思想上與顧炎武有更多契合外，吳珂恐怕是他最認同的遺民之一。

除了以詩悼念明亡以存遺民故國之思外，王錫闡也以詩批判貳臣，歌頌遺民或悼念節士。如卷一〈節婦吟〉、〈淫嫠辭〉、〈歸鶴歌〉，卷二〈輓潘吳二節士〉、〈廣寧城力田夫人絶命處〉、〈弼教坊二首潘吳二節士絶命處〉。〈節婦吟〉主要是以節婦比喻遺民志節。詩云：

> 莫看妾面花，妾心本冰鐵。良人戍不歸，臙脂冷清血。君家玉鏡價連城，未能炤見貞嫠情。片心相殉霜林月，無願有珠洞夜明。扉掩重煙君勿顧，妾身不似君家婦。

〈淫嫠辭〉則是以淫婦比喻貳臣的詩。詩中深刻描述貳臣如何諂媚清朝，至百般醜詆明朝，並對明朝子民欺凌虐待的種種醜態。詩云：

> 面嫜哭秋風，背姑笑春月。私整碧羅裳，潛理如雲髮，一朝對新歡。遺孤邈秦越，嬌顏巧作兒女語，憂子無服藏新紵，百般醜詆故夫家，未免新歡終薄汝。

王錫闡常把節婦與遺民相提並論，認爲二者的遭遇皆爲人世間最悲慘與最困難之事[5]，因此這二篇詩很強烈的以節婦與淫婦作了對比，顯然在描述當時遺民與貳臣的截然不同心態。〈歸鶴歌〉則是藉武原周家的家禽（王錫闡稱之爲「義鶴」）在主人家百口遇害後出亡數年，莫測生死，鶴亦被掠，數年後奮飛而歸。「艱關千里，不忘故主」，王錫闡藉此爲詩以刺。

詩有序云：

> 鶴一禽也，艱關千里，不忘故主。今之人居平張口摩牙，斬斬可聽；及小有利害，不顧君父師友兄弟；但知手排肩擠，益薪下石而已。視此禽能不愧死。

此詩末二句云：「擬謁義鶴病未能，聊託短歌愧鷫鷞」，以義鶴對鷫鷞，也可以說遺民與貳臣一類無節無義之人的對照。當然此詩所批評的並不僅止於貳臣，而且還包括不顧師友兄弟之情，惟利是圖的小人。

王錫闡的遺民志節還具體表現在勸人勿仕清廷。他一再規勸潘檉章弟弟潘耒就是一個最好的例子。《詩集》卷二有〈送潘次耕之燕二首〉（應作於康熙十九年，1679）、〈懷次耕二首〉（康熙二十年，1680）。〈送潘次耕之燕二首〉云：

> 鶯湖風駛駭眠鷗，抱病何爲萬里遊。野店月明慈母憶，□□塵暗故人愁。
> 漫嗟卻聘同君直，應悔知名似伯休。市有狗屠煩寄語，江東狂客欲相求。
> 無計邀君緩客舟，臨歧尚許贈言不。從來總被虛聲誤，此去休教隻字留。
> 縱有千鍾縻國士，豈堪一日負前修。還期寒食同攜酒，痛哭錢塘原隰哀。

王錫闡規勸潘耒勿仕清朝，除了詩以外，見於《文集》的有卷二〈答潘次耕書〉五封，卷三〈困亨齋榷言寄次耕十三則〉、〈讀史異聞寄次耕〉。綜合王錫闡意見主要有四點：

1.潘耒師事顧炎武，可謂深慶得師。「學術之興喪、文獻之盛衰，屬望不過數人」，「委美從俗，正復可惜」（〈答潘次耕書〉）。換言之，王錫闡所望潘耒的是從事振興學術、保存文獻的事業。

2.王錫闡認爲潘耒應以孝悌爲重。不應眷戀政治。他說：「尊慈起居稔知，窘窮愁苦之狀，都非意中所有，而依門依閭之情，迫切尤甚。萬一憂患內攻，寒暑不戒，有一日二日之不豫，千里外何由知之。此伯約之遠志，太眞之絕裾，所以負痛于無窮也。」（同上）

3.官場腐化。他說：「侈靡淫樂以相尚，逢迎側媚以相說，藏機匿影以相伺，爪牙角毒以相勝，而欲攬忠信之轡、推仁義之輪，以逐利於其間，其有不顚仆乎？……（次耕）豈能遂與短狐較幻、猛虎爭食哉！吾恐客愈久則困愈甚，隳志氣而荒學業，曠歲月而疏定省，實爲賢者不取也。」（同上）

4.王錫闡認爲仕清則「去就之義大與古人相背」，「晚節」將因之不保。（同上）

王錫闡的遺民志節在《詩集》表現極爲強烈，而且幾乎俯首即是。本文限於篇幅，不能多加分析。最後我想引《詩集》卷二〈絕糧五首〉前四首，以更明確彰顯其一生在物質生活上的窮苦與精神上的抱負。詩云：

準擬秋成辭凍餒，誰知凍餒酷秋成。叩門豈得同元亮，嚙雪還應羨子卿。

不負先賢唯取義，堪羞學者急治生。支床強起豪仍在，莫笑當年未力耕。

甑釜塵生豈足悲，還誇參憲是吾師。吟成唯得妻孥慍，節苦嘗令兄弟嗤。

啟頰人休防乞貸，支頤我已拙言辭。動心忍性今朝事，窮達將來敢預期。

盡道寒灰不更然，閉關豈復望人憐。平時空慕榮公樂，此後方知漂母賢。
何必殘形仍苟活，但傷絕學已無傳。存亡不用占天意，矢志安貧久更堅。
五窮相逐病餘身，世盡嫌余爾獨親，未始矯廉寧似蚓，由來周利不如人。
整書堪笑衣魚亂，假寐休疑蕉鹿真。妻女不知無再計，幾翻滌釜望明晨。

從以上所錄〈絕糧〉的四首詩，可以看到王錫闡作為一個遺民在經濟上是極為窮困的（他家境不好，似僅有田十畝），而且身體似乎長期不健康，經濟太壞時還蒙人周急❻。詩云：「準擬秋成辭凍餒，誰知凍餒酷秋成」、「妻女不知無再計，幾翻滌釜望明晨」，可見他經濟窮困是日復一日年復一年。（在這種情況下，他仍看不起學者急於治生，不願作求田問舍翁）。就此觀點而言，他似乎覺得活著也沒什麼意義，因此有「何必殘形仍苟活」之嘆。但是另一方面他在精神上卻有自己的崇高理想與信念。作為一個遺民，他堅持「取義」，因此他對蘇武志節特別推崇，也敬佩陶淵明不為五斗米折腰。更重要的是他唯恐「絕學已無傳」，因此「矢志安貧」、「動心忍性」。尤其醉心於天文曆算學研究，因此有「甑釜塵生豈足悲，還誇參憲是吾師」。同時也關心儒學的發展，對陸王思想提出嚴厲批判，而講濂洛之學，亦即所謂「倡明絕學」。

王錫闡給顧炎武的信說：「貧病荒喪之餘，謀生無策，親故鄉鄰亦以癡物目之然自信益固，矢志益嚴，正恐廉角稍刓，為世俗所可，負知己期許之意也」❼。此信作於康熙十九年（1680）。而顧炎武在康熙十年（1671）所作〈太原寄王高士錫闡〉詩可以看出兩人遺民志節是互相輝映的。茲錄如下，以為本節結論：

游子一去家，十年愁不見。愁如汾水東，不到吳江岸。異地各榮衰，何繇共言晏？忽睹子緘書，欣然一稱善。知交盡四海，豈必無英彥。貴此金石情，出處同一貫。太行冰雪積，沙塞飛蓬轉。何能久不老？坐看人間換。惟有方寸心，不與言鬢變。❽

總之，《曉庵詩集》是目前了解王錫闡遺民心境最佳史料。王錫闡以明朝故都南京及明亡的三月十九日作了不少懷念故國的詩，並暗示了他對異族統治的強烈不滿。他也藉著節婦與淫婦來比喻遺民與貳臣，這種強烈的對比明白地告訴我們王錫闡遺民志節有如「冰鐵」，是完全無法改變的。也因此他對於喜新厭舊，爲了討好異族政權而寧願醜詆明朝，並虐待其子民的貳臣作了毫無保留的批判。他的詩更有許多是針對明末清初社會上唯利是圖、不仁不義的小人的諷刺與批評。他的〈歸鶴歌〉便充分指出當時君父、師友、兄弟三倫淪喪，而以義鶴譏刺人之不如禽獸。因此我們可以說《曉庵詩集》不僅是王錫闡本人的遺民心史，同時也是王錫闡對道德淪喪與人心不古的深刻批判。我們唯有從詩集中仔細理解王錫闡對明末清初社會人心的強烈不滿，才能理解他何以自號「天同一生」或「采芳使君」，也才可以明白他何以要講濂洛關閩之學與致力於天文歷算研究。

第二節　王錫闡的儒學思想

王錫闡以遺民身份，很自然會對於明代的滅亡提出檢討。他似乎認爲明朝滅亡的主要原因之一是「學術壞而人心喪」。而歸根究底，陸王之流於禪要負最大責任。他說：

> 學之蔽也，伊雒高第已有倍其師說而流于禪者。至象山而潰金隄，至姚江而泛濫中國矣。學術壞而人心喪，崖山蠻莫，未必非其遺殃。至今日新月盛，狂酗奔馳，蹈水赴火，焦爛濡溺不止。⑨

> 桑門(即佛教)之禍已二千年，沁人心脾，壼閫以內，中其毒者尤深。象山、姚江又吹燄而繼膏。愚者怯於禍福，知者樂其高逖。士大夫無不擁皋比而講良知。家人妻女亦走名山、禮古剎、披僧袈、究宗旨、墮家法、章醜聲，不恤也。⑩

王錫闡顯然是反對佛教對中國學術與社會所產生的影響，因此宋明儒學被佛學滲透尤爲學術之蔽。伊雒高弟已有背離師說而流於禪，但是陸象山與王陽明則嚴重的引禪入儒，更加強了這種趨勢。因此學者「樂其高逖」，「無不擁皋比而講良知」。一般百姓則怯於禍福，無不「走名山、禮古剎、披僧袈、究宗旨、墮家法、章醜聲」。總之其影響是「學術壞而人心喪」。王錫闡認爲這種影響不但導致明亡，而且其趨勢「日新月盛」，有增無已。

王錫闡有鑒於陸王心學如洪水猛獸，因此遂抱有「拯溺救焚之志」，他在給顧炎武的信說：

> 自白沙、姚江倡學以來，糟粕六籍，芻狗聖賢，貽禍已極。而其曾玄支裔，日增月

> 盛，南宗北派，面目雖殊，其實隱相祖述，以陷惑人心，不至學士大夫盡爲魑魅罔兩，其勢不止。僕素懷拯溺捄焚之志，而僻處索居，自數人而外，無可與語。以先生（指顧炎武）之才識，爲北方所宗信，必能障洪流而驅猛獸。韓氏謂孟子功不在禹下，僕日于先生望之。⑪

王錫闡既視陸王心學爲洪水猛獸，並抱「拯溺救焚之志」，因此他一方面要批判陽明心學，一方面則與同志講濂洛之學，以期原始儒學之復興。在批判陽明心學方面，他曾指出陽明〈朱子晚年定論〉之非。他說：

> 晚年定論，伯安塗眩人目之書。整菴駁之。已扼其吭，伯安亦無以自解。答書乃云：年歲早晚誠有所未考。然則何以謂之晚年，何以謂之定論，不幾以矛陷盾乎？又云：不忍背朱，委曲調停，陽取其言而陰叛其實。何以謂之不背？何以謂之調停？蔽陷離窮，情形畢露，人尚尊信其牘，良不可解。⑫

其次，他指出陽明「良知」所重在「不學不慮」，並非孟子「良知」眞義。而朱子所重在學，因此陽明只好推崇象山，排擠朱子。他說：

> 陽明良知二字不過借名，其重只在不學不慮。所以推尊象山、深嫉朱子。⑬

從以上的討論已充分顯示王錫闡非常明確的指出明末學術與人心之壞喪主要應由陸王之學負責。也因此他一生以闡揚濂洛之學與恢復原始儒學爲職志。

關於闡揚濂洛之學以恢復原始儒學方面，王錫闡很明白地表明他與呂留良看法是一致的。他在給顧炎武信中說：

> 至若□□兄，文章行誼，邁絶等夷，當今人傑也。少遭坎壈，玩世不羈，而力學篤行，已非人所易及。中年潛心理學，弦轍一新。常言「由傳注以求程朱，由程朱以溯孔孟，庶有階梯而無歧路之虞」。僕素服膺此言，不知高明以爲何如？[14]

「由傳注以求程朱，由程朱以溯孔孟，庶有階梯而無歧路之虞」，是呂留良的主張。王、呂相善，而王文集刻於呂留良案發之後，因此「留良」名被刪闕。[15]

王錫闡亦與講程朱學的張履祥相善，並於康熙八、九、十年間同館呂留良家，共講濂洛之學。因此他們彼此間的學術立場頗爲接近。而王錫闡亦有意介紹顧炎武與呂留良相識[16]。因顧炎武也講濂洛之學。《文集》卷二〈又答（顧亭林）書〉（康熙十七年，1678）云：

> 兩接手教，兼讀《下學指南》，甚喜。先生（指炎武）以不世出之資，遯志濂洛之學，闢妄閑邪。退之氏謂孟子功不在禹下，又于先生見之矣。

顧炎武〈下學指南序〉云：「今之語錄幾于充棟矣。而淫于禪學者實多，然其說蓋出程門。

故取慈谿《黃氏日鈔》所摘張氏、陸氏之言，以別其源流，而衷諸朱子之說」。又云：「孟子曰：『能言距楊墨者，聖人之徒也』。得不有望于後之人也夫！」這些觀點與王錫闡看法可謂完全相合，難怪王錫闡讀之以爲「甚喜」。⑰

王錫闡對於站在擁護程朱而批判陽明學的努力都給予很高的評價，除前述羅欽順(王錫闡認爲「整庵先生亦有未醇處又不可不察」)外，他還肯定郭一泉的《三子近思錄》。他說：

> 郭一泉《三子近思錄》，舍子朱子十四篇之目，而別爲條例，愚所未喻。子朱子微言精義，亦恐未及盡錄。所采敬軒先生論議，大約無大出入，獨推尊平仲一節，定宜削去。平仲置身子雲、景略之間，而心術曖昧，反有不及二人之處。雖繫籍儒林，實爲鄉愿之宗，其緒論具在，可覆觀也。學者謂其傳緒道統，不知道統何物而由此曹以傳，其亦弗思之甚矣。愚意一泉之書，黜平仲而補敬齋，庶乎可矣。然郭氏當毒焰方熾之秋而不惑不撓，力挽頹波，功不可歿也。⑱

郭一泉著《三子近思錄》，闡揚朱子、敬軒(薛瑄)、平仲之學以對抗陸王，但王錫闡以爲平仲之學不配傳緒道統，而主張易之以敬齋(胡居仁)。由此我們可以看出王錫闡在陽明學盛行之際，全力在關心道統問題。他企圖以程朱接孔孟道統，也因此雖然不滿意郭一泉的書，但對他「力挽頹波」之功勞與勇氣，卻仍給予高度肯定。

王錫闡闡揚程朱，而最終目的則在回歸六經。他說：

> 六經傳注，天下之至文也。舍是而雕鏤組繪之求，則豫章、延平（按：即羅從彥、李侗）固宜望眉山而退舍矣。[19]

> 吾願吾友反博而約，降高而卑，由下學以希上達，彙百家而衷六經。[20]

> 程朱家法必先教以灑掃應對進退之節，而文之以詩書六藝。及其習之既熟，然後進以窮理盡性修己治人之術。[21]

> 由己學而達未學，由已至而求未至。近稽關、閩、濂、洛之遺書，遠闡《書》、《易》、《春秋》之微義。[22]

總之，王錫闡一生關懷儒學，而其目的在闢異端，倡絕學，延續儒家道統。他給顧炎武的信中說：「若與吳下數子往反論析，倡明絕學，則異端可熄，道統有歸矣！」[23]很顯然，王錫闡反對陸王主要似因其援佛入儒，因此他的基本立場是反陸王且反佛教。他所要倡明的是程、朱、胡、蔡儒學之道統而上溯原始儒學的六經。他說：

> 竊思六經微義，程、朱、胡、蔡已集大成。然而辭平旨奧，學者無能篤信深思，往往摭其棄餘，藏諸什襲，甚或建旂鳴鼓，爭爲雄長。……故願同志求經于傳注之內，毋

疑經于傳注之外也。[24]

王錫闡由程朱道統上溯六經的主張與顧炎武立場基本上是一致的，因此他一方面非常肯定顧炎武的《下學指南》，但一方面也提出了商榷意見。他說：

> 《下學指南》闢妄閑邪，軼昌黎而駕清瀾，真吾道之干城。但序中「學程子之失而流于禪」一言，懼有語病，不若考亭〈中庸敘〉「倍其師說而淫于佛老」爲妥。先輩嘗論程門高弟和靖（即伊焞）則醇乎其醇，楊氏（楊時）已有小疵，謝氏（謝良佐）天資甚高，漸有潰決籓籬之意。《上蔡語錄》雖朱子手葺，而其言之害于道者，平日往往爲之駁正，福清王氏（王蘋）則幾于孳拳豎拂矣。《朱子記疑》一編，不著某子姓名，實福清之語也，辨之不遺餘力，若摘取《語類》、《大全》異同論說，合〈雜學辨〉爲一冊，繼《指南》之後，距放詖淫，補苴罅漏，爲功不細，是所望于有道也。[25]

王錫闡在理學上擁護程朱，並排斥佛老的立場，與顧炎武可謂相近。

王錫闡不止對理學有一定立場，而且因其最終目的是要由程朱以追溯六經，即恢復原始儒學，因此他對經學也有相當之研究。潘耒說他「枕經藉史，綜貫百家」（〈曉庵遺書原序〉。見《曉庵先生文集》）。他在〈天同一生傳〉中自稱「治詩、易、春秋」。可見經學也是他學問重要之部份。茲以王錫闡與顧炎武討論繼殤一事爲例，略加探討。他在康熙十八年（1679）給顧炎武信中說：

> 前聞先生得男僕，釃酒遙賀。何期復有立嗣之舉，爲之憮然逾時。既復思吾輩作事要使後人可法。三祀不聞繼殤之文，宜確考古制，勿據漢唐以後之書，或命令姪承祧，似無不妥。僕未明先生昭穆世次，亦不敢臆斷，在先生詳酌其可耳。㉖

次年（康熙十九）信中又說：

> 後殤之禮見〈喪服小記〉，而錫闡謂禮無其文。疏率妄言，宜爲君子所擯，乃不以爲罪，而引經據史以善道之。……然心有未安，敢以臆見質諸高明，幸終教之。……必不得已而後殤，猶宜博采典禮，勿以一節爲據。又考漢宣之繼昭帝，以族孫後族祖，略與先生今日之事相似，不知漢家儀制何如，亦宜參稽以求畫一。㉗

王錫闡在這封信中以近千言，援經據史，討論繼殤之古制，而且要顧炎武「博采典禮，勿以一節爲據」。據同年另一封致顧炎武信中說：「不繼殤而立孫，得禮之變，古之人有行之者。漢之昭宣是也。先生不以僕疏陋而采其末議，誠所謂廣集衆益，不棄芻蕘者矣」㉘。可見顧炎武最後是採取了王錫闡的建議。其實王錫闡亦無子，也有「繼嗣未立，學術無傳，未免遺恨」之慮。但兩人對於立嗣一事，必須援經據史，書信往返討論數千言，主要基於「吾輩作事要使後人可法」。

其次，研究經學必及聲音之學，據云王錫闡曾著有《字母原始》，已佚。他與顧炎武書信中曾討論過這個問題，茲錄如下，以見其一二。他說：

聲音之學有二，一則未有文字而求音韻之原，與樂律相表裡，一則既有文字而求字音之正，與六書相表裡。言音韻者多宗華嚴字母㞤音也。兩合三合，率未得其讀，三十六母有重有闕，辨之者鮮矣。西人《耳目資》絕無倫次，亦不足采。至於分韻或多或寡，言人人殊。近惟次耕頗有條理，然與愚見又不盡合。愚素未習北音，不能與爭，而亦不敢雷同。次耕又述尊旨，謂三尺童子，轉喉可得。誠哉斯言。但童子所知，而學士大夫數千百載譌繆相承，非止皓首窮年不得其傳而已，不亟爲正定乎？古人以意造字，即以字配音，世變風移，音讀漸異。是以古詩歌騷韻全協者不能十之二三，學者求其故而不得，迺爲轉叶之法。朱子《詩傳》用吳才老轉韻而不參以己見，先賢於所不知，其不自用也如是。後人日鑿渾沌而古意愈亡。邇來有主收聲諧協而不用轉韻者，循其說而求之，亦多所未通。先生與子德書，博綜典核，足破諸家之謬。愚嘗推論，不惟經史可徵，即志傳所載方言俚語，如吳人謂來爲釐，齊人謂登爲得，閩人謂兒爲蹇之類，指不勝屈，今皆不必盡然。足徵字音今古之異，先生之論爲不可易矣。若使朱子而在，必不舍此而取彼也。㉙

此信撰於康熙十九年。信中所說「先生與子德書」。即《亭林文集》卷四〈答李子德書〉，專論音韻者。李子德名因篤，又字天生。《耳目資》指耶穌會士金尼閣（Nicholas Trigult）

所撰《西儒耳目資》，原爲耶穌會士學習中文而撰，但對中國學者研究音韻卻有些影響。王錫闡認爲「絕無倫次，亦不足採」。

王錫闡之從事經學考證爲其治經所必須的過程。同樣的他在研究天文曆算必然要探討中國歷代天文曆算史，而且也必及於六經中有關問題。因此必須運用考證方法。《文集》卷二〈貽薛儀父書〉、〈答萬充宗書〉、〈答徐圃園書〉都是明顯的例子。因此無論是經學與科學研究在當時而言，往往須藉助考證。茲以〈貽薛儀父書〉（作於順治十五年，1658）中王錫闡所請教於薛鳳祚的兩個問題爲例加以說明。

1.仲康肇位四海，季秋朔，辰弗集于房。《竹書》、《皇極》年歲不同，以歷法求之，亦未有確據。幸教之。

2.〈十月之交〉朔日辛卯，日有食之。幽王六年夏正八月辛卯朔也。歷家皆能言其交分，不復詳其虧食分秒。今以曆法考之，京師實不見食，東北侯國乃見微虧。不知詩人何以興刺，豈亦小東大東之比耶？幸教之。

像這樣的經學問題，只有具有天文算學素養之專家才能回答，當然不是其他經學家所能爲。但是科學研究與經學研究之相輔相成卻於此可見一斑。也因此顧炎武肯定王錫闡的學術之餘，不得不在〈廣師〉中列王錫闡於首位，並云「學究天人，確乎不拔，吾不如王寅旭」。[30]

王錫闡認爲明代滅亡是由於「學術壞而人心喪」。而學術人心壞喪的主要原因則是陸王援禪入儒，使儒學發生了空前未有的危機。解決之道是提倡程、朱、胡、蔡的道統。他認爲「六經微義，程、朱、胡、蔡已集大成」，因此贊成呂留良「由傳注以求程朱，由程朱以溯孔孟，庶有階梯而無歧路之虞」的主張。因此一方面主張「反博而約、降高而卑，由下學以希上達，彙百家而衷六經」，一方面主張「由已學而達未學，由已至而求未至。近稽關、閩、濂、洛之遺書，遠闡《書》、《易》、《春秋》之微義」。總之，王錫闡的儒學主張顯然反對陸王，而企圖站在程朱立場而上溯孔孟六經的原始儒學。他對這種儒學思想的實踐則表現在他的遺民志節（講春秋大義）、經學考證（與顧炎武討論立嗣並非單純兩家私事）與天文歷算研究。就王錫闡的思想脈絡而言，這些都有端正學術人心的意義。

第三節　王錫闡的科學思想

潘耒曾指出王錫闡「枕經藉史、綜貫百家……尤邃於歷學」（〈曉庵遺書原序〉），因此在探討王錫闡的民族思想、儒學思想之後，更不可忽略的是他的科學思想。

王錫闡對於中國二千年歷法的演變作了系統研究以後，提出一個結論，認爲歷代歷法有七十餘家，雖然各有創作，也各有缺點，但是總的來說是歷法愈修愈密。他指出漢三統歷法雖然「疏遠」，但「創始之功不可泯也」[31]。魏晉南北朝歷家「率能好學深思，多所推論，皆非淺近可及」。唐朝學者如一行對於當食不食的現象，不能「因差以求合」，卻反而「爲諛辭以自解」。宋代歷法分兩種，有儒家之歷，有歷家之歷，「儒者不知歷數而援虛理以立說；術士不知歷理而爲定法」。明初元統根據元代郭守敬所創之授時歷而創大統歷，但是「增損不及百一」，可以說「因循不變」。至明末雖有些歷法學者，但基本上也不出郭守敬範圍。至於徐光啟等翻譯西書，完成《崇禎歷書》百餘卷，「遂盛行於世，言歷者莫不奉爲俎豆」。可是王錫闡認爲西學優點是「測候精詳」，缺點是不能「深知法意」。因此「循其理而求通可也，安其誤而不辯未可也」。總之，無論中國歷代歷法或耶穌會士傳入之西方歷法，都各有優缺點，但也因此歷法便在不斷有缺點而又不斷改進的情形下不斷進步。他說：

> 或曰：子雲稱洛下爲聖人，識者非之。嗣是名歷代興，業愈精而差愈見，徒供人之彈射。子今法成而彈射者至矣。曰：培岡阜者易爲高，浚谿谷者易爲深。夫歷二千年來差愈見而法愈密，非後人知勝於古也，增修易善耳。或者以吾法爲標的，則吾學明矣，庸何傷？[32]

王錫闡認爲批評可以導致進步。歷代歷法便是在不斷有缺點而不斷遭到批評中進步。他撰述《歷法》六篇問世後，雖然可能有人彈射批評，但他認爲「以吾法爲標的，則吾學明矣」。他歡迎批評。

由於王錫闡認爲歷法是不斷變遷改進，因此他說善言歷者有二，一是《易傳》所謂「革」，一是孟子所謂「故」。他在〈歷策〉一文中說：

> 古之善言歷者有二，《易・大傳》曰：「革」，君子以治歷明時。子輿氏曰：苟求其故，千歲之日至可坐而致。歷之道主「革」，故無數百年不改之歷。然不明其故，則亦無以爲改歷之端。太初以來治歷者七十餘家，莫不有所修明。當時亦各自謂度越前人，而行之未久，差天已遠，往往廢不復用，何也。是在創法之人不能深推理數，而

> 附合于蓍卦鍾律以爲奇，增損于積年日法以爲定，或陰用前法而稍易其名，或偶悟一事而自足其知，欲其永久無弊，豈可得哉？……欲知新法之誠非，須核其非之實，欲使舊法之無誤，宜釐其誤之繇，然後天官家言，在今可以盡革其弊，將來可以益明其故矣。[33]

王錫闡根據《易‧大傳》言「革」的道理認爲歷代歷法史是不斷批判革弊而進步的歷史。但是其所以進步有限，是因爲不能明其「故」，也就是不能「深推理數」。王錫闡據此認爲對新法之所以非與中法之所以誤均應深明其故。總之，歷法研究的兩個重點，一是革弊，一是知故。王錫闡在這兩方面都作出了貢獻。

王錫闡根據《易‧大傳》與《孟子》提出研究歷法的兩個原則，一是革弊，一是知故[34]。因而他對中西歷法提出嚴厲的批判。就中國歷法而言，他指出前引文中所說的四大缺點，一是附合蓍卦鍾律以爲奇，一是增損于積年日法以爲定，一是陰用前法而稍易其名，一是偶悟一事而自足其知。總言之，即不能深推理數，也就是不能「明其故」。換言之，也就是不能「以天求天」，而是「以人驗天」。他說：

> 夫治歷者，不能以天求天，而必以人驗天，則其不合者固多矣。雖幸而合，久必乖焉。何也？天地終始之故，七政運行之本，非上智莫窮其理，然亦祇能言其大要而已。欲求精密，則必以數推之。數非理也，而因理生數，即因數可以悟理。自漢以後，歷家之疏密，吾知之矣。大約因前人之差，稍爲進退于積年日法之間，即自命作

者。此于歷數尚有未盡，況歷理乎？㉟

「以天求天」與「以人驗天」是研究天文歷法兩種不同的態度。前者完全是科學態度，即尊重客觀的天象。唯有如此才能了解「天地終始之故、七政運行之本」。傳統學者往往「以人驗天」，因此推算天象常常不合，「幸而合，久必乖」。其次王錫闡提出重要的觀念，即「知故」必須「窮理」，而窮理必須「以數推之」。「數非理也，而因理生數，即因數可以悟理」，這種理生數、因數求理的理數觀，是明末窮理學的特徵。

王錫闡指出中國傳統學者不能「以天驗天」，所以往往用惟德動天或日度失行解釋天象。他說：

《漢律歷志》曰：「歷本之驗在于天」，斯言得之矣。然漢人之驗天者安在哉。……自晉唐以迄明代，代有作者，而法日趨于密矣。但步食或不盡驗，食時或失辰刻，則其爲術，或者猶可商求，茍能虛衷殫思，未必不復更勝。奈何一行、守敬之徒，乃有惟德動天之說，日度失行之解，使近世疇人草澤，咸以二語蔀其明、域其進耶？果爾，則天自天而歷自歷，合不足爲是，失不足爲非，叛官佽擾，可以無誅，安用鳳鳥氏爲也。㊱

王錫闡認爲天文家所謂徵應，事實上是推步錯誤而來的傅會。他說：

> 每見天文家言日月亂行，當有何事應，五星違次，當主何庶徵。余竊笑之。此皆步推之舛，而即傅以徵應，則殃慶禎異，唯曆師之所爲矣。37

由天文觀測錯誤，而傅會以徵應，因此曆法家乃藉之造出種種「殃慶禎異」。兩者惡性循環，以至曆法無法進步，也是不能「以天求天」或「以天驗天」所致。因此王錫闡說：

> 是故驗于天，而法猶未善、數猶未真、理猶未闡者，吾見之矣。無驗于天，而謂法之已善、數之已真、理之已闡者，吾未之見也。38

換言之，有天才有理、有理才有數、有數才有法。驗于天才可能有好的曆法；不能「以天求天」、「以天驗天」必無好曆法，這是中國漢代已提出的觀念，但後世不能確實執行，以至曆法未能盡善。

王錫闡指出中國傳統曆法缺點之一在於不重視天文觀測，更進一步指出天文研究之難不亞於曆法。他反對一般人認爲曆法研究比天文研究容易的說法。他說：

> 說者曰：推步而得之，不如仰觀之易也。此殆有爲言之，而耳食者以爲信。然幾何不爲陳言所誤耶？余謂步曆固難，驗曆亦不易。39

王錫闡認爲一般人的看法是不正確的，在他看來曆法（步曆）固難，研究天文（驗曆）也不容易。爲什麼呢？

天學一家，有理而後有數，有數而後有法。然惟創法之人，必通乎數之變，而窮乎理之奧，至于法成數具而理蘊于中。似乎三尺童子可以運籌而得。然達人穎士，猶或畏之，則以專術之賾，糾繆千端，不可以一髮躁心浮氣乘于其間，所以塗本坦夷，而卻步者嘗多也。40

這是說創作歷法不可有絲毫躁心浮氣，因此的確相當困難。但是研究天文（即驗歷）也不容易。他說：

若夫驗歷，則垂象昭然，有目所共睹。密者不可誣以爲疏，疏者不可諛以爲密。雖謂之易也可。然語其大概，則亦或得之矣。其如薄食之分秒、加時之刻分之下可決于目、斷之于意乎？故非其人不能知也，無其器不能測也。人明于理而不習于測，猶未之明也。器精于製而不善于用，猶未之精也。人習矣，器精矣，一器而使兩人測之，所見必殊，則其心目不能一也。一人而用兩器測之，所見必殊，則其工巧不能齊也。心目一矣，工巧齊矣，而所見猶必殊，則以所測之時，瞬息必有遲早也。數者之難，誠莫能免其一也。即不然而食分分餘之秒，果可以尺度量乎？辰刻刻餘之分，果可以儀晷計乎？古人之課食，時也，較疏密于數刻之間，而余之課食，分也，較疏密于半分之內。夫差以刻計、以分計，何難知之，而半刻、半分之差，要非躁率之人、粗疏之器所可得也。倘惟仰觀是信，何時不自矜、何時不自欺，以爲密合乎？故曰驗歷亦不易也。41

表面上說，天文觀測有客觀的天象可爲依據，其密疏有客觀標準，但困難就在於觀測如何達到精密。其關鍵在於人不可以「躁率」、器不可以「粗疏」。所以王錫闡認爲研究歷法困難，而天文觀測也不容易。

王錫闡舉明崇禎十四年(1641)所作觀測之難爲例。他說：

> 重光作噩仲秋辛巳朔食，法具五種，算宗三家。或行於前代，或用于當今，或修于朝宁，或潛于草澤，莫不自謂吻合于天行。及至實測，雖疏近不同，而求其纖微無爽者，卒未之睹也。于此見天運淵微、人智淺末，學之愈久而愈知其不及；入之彌深，而彌知其難窮。縱使確能度越前人，猶未足以言知天也。況乎智出前人之下，因前人之法而附益者乎。42

「天運淵微」，「人智淺末」，因此可知「知天」之難。王錫闡因而反對「師心任目」。他說：

> 平情而論，創法爲難，測天次之，步歷又次之。若僅能操觚而即以創法自命，師心任目，撰爲鹵莽之術以測天，約略一合，而傲然自足，胸無古人，其庸妄不學，未嘗艱

苦可知矣。43

王錫闡知道觀測之辛苦，因此指出「師心任目」、「胸無古人」之不是。王錫闡自述三十年觀測之辛苦說：

某業非專家（指天文觀測），資復遲鈍，雖涉獵有年，曾未睹其藩落，況于堂奧。然既習其事，又不敢自棄。每遇交會，必以所步所測，課較疏密，疾病寒暑無間，變周改應、增損經緯、遲疾諸率，于茲三十年所。而食分求合于秒，加時求合于分，戛戛乎其難之。年齒漸邁，血氣早衰，聰明不及于前時，而黽黽孳孳，幾有一得，不自知其智力之不逮也。……其合其違雖可預信，而分秒遠近之細，必驗天而後可知。……合則審其偶合與確合，違則求其理違與數違，不敢苟焉以自欺而已。44

《文獻徵存錄》卷一〈王錫闡傳〉指出「（錫闡）每夜輒登屋臥鴟尾間，仰觀星象，竟夕不寐。復發律算書，玩索精思，於推步之理，宏亮而不滯。久之，則中西兩家異說，皆能條其原委，考鏡其得失」。可見王錫闡研究歷法得失，是以天文觀測所得爲基礎的。

王錫闡基本上肯定西學優點在於「測候精詳」，也可以有參考之用。但是反對當時全國上下崇拜西法。他認爲這是違反當初徐光啟介紹西法之本意。他說：

萬歷季年，西人利氏來歸，頗工歷算，崇禎初威宗命禮臣徐光啟譯其書，有歷指爲法

> 原，歷表爲法數。書百餘卷，數年而成，遂盛行於世，言歷者莫不奉爲俎豆。吾謂西歷善矣，然以爲測候精詳可也，以爲深知法意未可也；循其理而求通可也，安其誤而不辨未可也。……且譯書之初，本言取西歷之材質，歸大統之型範，不謂盡隳成憲，而專用西法如今日者也。[45]

徐光啟翻譯西書的目的是「取西歷之材質、歸大統之型範」，可是後來卻「盡隳成憲而專用西法」。「西法盛行於世，言歷者莫不奉爲俎豆」。王錫闡顯然不滿，認爲西法「測候精詳」卻不「深知法意」。因此只能「循其理而求通」，不可「安其誤而不辨」。他對西法提出不少批評意見。有「五不知法意」、「十當辨者」[46]、「六誤」、「二疑」[47]。王錫闡對西法的質疑與批評雖然有些是歷算專門知識的問題，但有些則是中西文化差異，以至中西歷有異的問題，但無論如何他是反對當時「盡隳成憲而專用西法」之弊。

王錫闡指出徐光啟介紹西學之本意在取其長而已。他說：

> 近代西洋新法，大抵與土盤歷（元統所作）同源，而書器尤備，測候加精。崇禎二年五月朔食，大統、土盤二法俱不合，徐文定公以新法推之頗近。於是有歷局之設，而文定以爲欲求超勝，必須會通，會通之前，先須翻譯，翻譯有緒，然後令甄明大統、深知法意者參詳考定，其意原欲因西法而求進，非盡更成憲也。乃文定既逝，而繼其事者，僅能終翻譯之緒，未遑及會通之法，至矜其師說，齮齕異己，廷議紛紛。……今西法且盛行，向之異議者，亦詘而不復爭矣。然以西法爲有驗于今可也，如謂不易

之法，無事求進不可也。㊽

王錫闡指出中西歷法會通困難所在，他說：

夫歷理一也，而歷數則有中與西之異。西人能言數中之理，不能言理之所以同。儒者每稱理外之數，不能明數之所以異。此兩者所以畢世而不相通耳。余究心此事，略已有年，謬以歷法至今已密，然不能必後日之不疏，而過宮節氣之改，天經地緯之差，苟不能畫一，以求至當，將見天下後世必有起而議之者，又安在其久而無弊哉！故略舉數事，粗明理數之本。至于測驗乖合，則非口舌所能爭勝，亦曰以天求天而已。㊾

王錫闡指出中西歷法之異在於對理數看法有異，即中西歷理相同，但歷數則有異。西人能言「數中之理」，但不能言理之所以同；中國儒者每稱「理外之數」，而不能明數之所以異。因此，他指出要會通中西，必須明「理數之本」，同時測驗乖合必須「以天求天」。明「理數之本」、「以天求天」，不但是會通中西歷法之爭的方法，也是批判過去舊法，以及爲後世創造新法的原則。這是王錫闡最大的創見。

王錫闡有「西說原本中學」之主張，他說：

〈天問〉曰：圜則九重，孰營度之。則七政異天之説，古必有之。近代既亡其書，西説遂爲創論。余審日月之視差，密五星之順逆，見其實然。益知西説原本中學，非臆撰也。[50]

舊法之屈于西學也，非法之不若也；以甄明法意者之無其人也。今考西歷所矜勝者不過數端，疇人子弟駭于創聞，學士大夫喜其瑰異，互相夸耀，以爲古所未有，孰知此數端者悉具舊法之中，而非彼所獨得乎。……大約古人立一法必有一理，詳于法而不著其理，理具法中，好學深思者自能力索而得之也。西人竊取其意，豈能越其範圍，就彼所命創始者，事不過如此；此其大略可觀矣。[51]

王錫闡指出西法之失，但也同時指出中國舊法之失。他說：

夫新法之戾于舊法者，其不善如此。其稍善者又悉本于舊法如彼。然則當專用舊法乎，而又非也。元氏之後，載祀三百，未經修改，法雖盡善，安能無弊。故年遠數盈，則歷元四應，或弗密也；朓朒過弱，則朔望加時，或弗協也；交限失真，則薄食分秒未可定也；緯度不紀，則凌犯有無，難預期也。至如五星段目，昔人止錄舊章，黃道辰宿，迄今獨用辛巳，何可以爲定法乎？[52]

新法與舊法都有許多弊端，該如之何，王錫闡說「從乎天」而已。他說：

……若是則何從而可？從乎天而已。古人有言當順天以求合，不當爲合以驗天。法所已差，固必有致差之故；法所吻合，猶恐有偶合之緣。測愈久，則數愈密，思愈精，則理愈出，以古法爲型範，而取才于天行。考晷漏、審圭表、慎擇人、詳著法，則異同之見，漸可盡泯，成歷一定，不難媲美義和，高出近代矣！[53]

根據以上的討論，王錫闡基於天文曆算研究的經驗，起碼提出了以下一些結論：（一）中國歷法起碼自漢代以來有七十餘家，雖然都各自有缺點，但也都有貢獻，因此總的來說，由於不斷的「革弊」，因此也不斷進步。所謂「歷二千年來，差愈見而法愈密」；（二）歷法不斷進步的理由，除了《易・大傳》所謂「革」以外，還要知其「故」。「知其故」是孟子所首先提出來的，可惜歷代並未確實把握這個原則。（三）王錫闡根據「革」與「故」的原則，一方面對於中、西歷法之優缺點採取嚴厲的批判態度，一方面同時也研究其「故」。（四）王錫闡指出中國傳統歷法所以歷代「革弊」而又不能達到理想的精密水平，主要原因是不重視天文研究，因此對於「天地終始之故、七政運行之本」，沒有充分以「觀測」方法去加以了解，因此不能理解「理數之本」，不能「以天求天」。（五）中國傳統不了解天文觀測與歷法創作之間的密切關係，因此天文與歷法研究不能充分配合。天文觀察與天象不符，往往解釋爲徵應，而歷法家也因之製造出「殃慶禎異」。（六）王錫闡認爲中國人一般認爲歷法難，天文觀測較容易的看法是不對的，他指出歷法固難，天文觀測也不容易。他以自己觀測天文的辛苦經驗來證明這個論點，以糾正一般人看法的錯誤。（七）王錫闡指出歷法之精密與否完全建築在天文觀測的基礎之上，因此他提出「以天求天」的主張，以糾正傳統「以人驗天」的錯誤看法。他認爲「以天求天」才不致於「師心任目」、「胸無古人」。（八）王錫闡對於西方傳入之歷法提出「五不知法意」，「十當辨」，「六誤」，「二疑」，認爲西歷固然有其優點，但「以爲測候精詳可也，以爲深知法意未可也；循其理而求通可也，安其誤而不辨未可也」。他基本上肯定徐光啟翻譯西書目的在「取西歷之材質，歸大統之型範」是正確的，但是他反對當時「盡隳成憲而專用西法」，「言歷者莫不奉爲俎豆」。（九）王錫闡爲了矯正當時士大夫及政府「盡隳成憲而專用西法」之弊，甚至提出西學源於中國的說法，因此他說「夫新法之戾于舊法者，不善如此，其稍善者又悉本于舊法如彼」。這種論斷是否屬實爲另一回事，但他顯然不滿於當時棄中法於不顧，而全面崇拜西法。（十）王錫闡指出中西歷法固有長短與異同，會通之道在於「從乎天」而已。即所謂「當順天以求合，不當爲合以驗天」、「以古法爲型範，而取才于天行」。

第四節 結 語

（一） 明朝滅亡，王錫闡年僅十七歲，他在明亡前似未在科舉上得過功名，當然也不可能有任何官職。可是他卻以遺民而終其一生。他曾把遺民志節比諸寡婦守節。認爲其難在於堅持到底，而且必須毫無瑕疵。因此他自覺地要扮演一個毫無可議的明朝遺民。如果我們從他後來的思想主張加以推測的話，也許他是受了程朱理學或春秋大義的影響吧！《曉庵先生詩集》二卷二百餘首詩，可以說是王錫闡遺民志節的寫照，他用各種隱喻方式寫下了他對明朝故國懷念之思，並同時暗示了他強烈的反對異族政權的思想。此外，明朝何以滅亡當然也是作爲遺民的王錫闡所必須面對的問題，而王錫闡也同樣以隱喻的方式，批評當時唯利是圖、忘恩負義、不講倫常道德的各類小人。更具體的說，他認爲明代滅亡的主因是「學術壞而人心喪」。對王錫闡遺民志節而言，反對異族政權與檢討明亡原因是一體兩面，而他在詩集中綜合性地用隱喻方式極爲深刻地把它表現出來。如果我們能配合《曉庵先生文集》中的〈讙蛙賦〉、〈白燕賦〉、〈螽賦〉作全面分析，一定可以對王錫闡遺民志節有更深刻的理解。

（二） 王錫闡檢討異族入侵及明朝滅亡原因所得的結論是「學術壞而人心喪」。而學術人心何以壞喪，王錫闡完全把它歸諸陸王之援佛入儒。他指出陽明所講良知是「不學不慮」，而不是孟子良知本意。所謂〈朱子晚年定論〉只是排擠朱子以證成其不學不慮之說而已。爲了重建學術與人心，王錫闡主張恢復濂、洛、關、閩的道統。他認爲「六經微義，程、朱、胡、蔡已集大成」，因此贊同呂留良「由傳注以求程朱，由程朱以溯孔孟」的主張，更推崇顧炎武的《下學指南》，認爲其「遜志濂洛，闢妄閑邪」，功不在禹下。他說爲學當「反博而約，降高而卑，由下學以希上達，彙百家而衷六經」，又說「由已學而達未學，由已至而求未至。近稽關、閩、濂、洛之遺書，遠闡《書》、《易》、《春秋》之微義」，都充分反映出他擁護程朱、肯定六經的儒學立場。呂留良提倡程朱之學的背後，具有強烈的夷夏之防。王、呂相交甚深，且都提倡程朱，因此我們或可推測王錫闡提倡程朱以正學術人心，也暗示遺民反清之意。

（三） 王錫闡科學思想方面有許多精采的論點。1.他指出研究歷法，必須研究「革」與「故」。「革」即歷史沿革與前人的成績，「故」即天地萬物之所以然。2.爲了充分把握「故」，他提出「以天求天」、「以天驗天」的觀念，以避免傳統「以人求天」、「以人驗天」的主觀之弊。這是一種可貴的科學研究精神。3.「以天求天」必須借助測算。「測」就是觀測，「算」即是數學。王錫闡不但勤於從事觀測天象，而且主張「因理生數，即因數可以悟理」、「有理而後有數，有數而後有法；然惟創法之人，必通乎數之變，而窮乎理之奧，至於法成數具而理蘊于中」。換言之，借數學以求理知故。4.王錫闡承認中西學均各有優缺點，因此他不滿意當時「盡隳成憲而專用西法」之弊。他提出徐光啟介紹西學最終目的是「取西歷之材質，歸大統之型範」，「欲求超勝，必須會通。會通之前，先須翻譯，翻譯有緒，然後令甄明大統、深知法意者參詳考定，其意原欲因西法而求進，非盡更成憲也」。因此他提出西法有「五不知法意」，「十當辨」、「六誤」、「二疑」。雖然這些批評有許多是學術的客觀批評。但是恐怕也是針對當時政府「專用西法」的政策以及「言歷者莫不奉（西學）爲俎豆」之風氣的批評，甚至與他的反滿情緒也有一種內在的關聯。他提出「西學原本中學」的主張，或許也可以作這樣的理解。王錫闡一方面主張「當順天以求合，不當爲合以驗天」，一方面主張「以古法爲型範，而取才于天行」，因此我們可以說他基本上是站在肯定中學的立場。

總之，王錫闡在明末清初的矛盾時代中，面對漢滿之爭、程朱與陸王之爭、中西學之爭，他的立場是明顯的站在故國的明朝漢人政權、濂洛關閩及中國天文歷法的立場。可是他的立場愈明顯堅定，他的內心矛盾也愈大。這就是他爲什麼自命希狂，又自號「天同一生」（「從乎天」、「與天同行」）的理由吧。

註釋

❶ 席澤宗〈試論王錫闡的天文工作〉。《科技史集刊》第六期。1963年。江曉原〈王錫闡及其《曉庵新法》〉《中國科技史料》第7卷第6期，1986。江曉原〈王錫闡的生平、思想和天文學活動〉。《自然辯証法通訊》第十一卷總62期，（1989年第4期）。

❷ 王濟〈王曉庵先生墓志〉。見《松陵文錄》卷十六，清同治年間刊本。

❸ 《曉庵先生文集》卷一。以下簡稱《文集》。清道光刊本，日本靜嘉堂文庫館藏。

❹ 參見江曉原〈王錫闡及其《曉庵新法》〉。《中國科技史料》第7卷第6期，1986。

❺ 《文集》卷一，〈黃貞婦四十序〉云：人之最堪悲者，唯亡國之臣與喪偶之婦，而最難者亦唯亡國之臣與喪偶之婦。非始之難，終之難也。始之終之而曲節細行不可以微爽之難也。一步之差或貽悔終身，一語之談或口實後世，不可不愼也。

❻ 《曉庵先生詩集》卷二〈懷次耕二首〉有小注云：「丁巳(即康熙十六年，1677)病中時蒙周急，然次耕亦有困乏」

❼ 《文集》卷二，〈又與書〉。王錫闡在《曉庵先生文集》中，先後錄有六封與顧炎武之書信，分別是〈與顧亭林書〉（康熙十三年，1674）、〈又答書〉（康熙十七年，1678）、〈又〉（康熙十八年，1679）、〈又與書〉（康熙十九年，1680）、〈又〉（康熙十九年，1680）、〈又答書〉（康熙十九年，1680）。以下於書信之後分別附上年代以示區別。

❽ 《顧亭林詩文集・詩集》卷四。北京中華書局，1983。顧炎武還有〈送李生南歸寄戴笠，王錫闡二高士〉詩云：「華山五粒松，寄向江東去。白雲滿江天，高士今何處？憶昔過湖濱，行吟兩故人。潛龍猶在水，別鶴已來秦。江海多翻覆，材泉異棲宿。驚聞東市琴，涕隕堂前器。去去逐征蓬，隨風西復東。風次蘭蕙色，一夜落關中。五陵生蔓草，愁絕咸陽道。平生四海心，竟作終南老。送子出函關，南山望北山。洞庭多桂樹，折取一枝還」。戴笠初名鼎立，字植之，後字芸野，又字曼公。吳江人，明諸生，國變後，入秀峰山爲僧。旋反初服，隱居朱家

港，教授生徒。土屋三間，炊煙時絶，而編纂不輟。王錫闡曾與戴笠、潘檉章、吳炎合撰《明史記》。王錫闡負責的是年表與曆法部份，戴笠負責流寇志。「驚聞東市琴，涕隕堂前器」便是指潘吳二氏因《明史記》被莊鑨引用，而罹難之事。此詩作於康熙十九年(1680)。清倪師孟等纂，1747刊本，石印重印本（台北成文出版社印行），《吳江縣志》卷三十三隱逸有〈潘檉章傳〉略述其事。王錫闡曾於康熙年間於潘家數年。

⑨ 《文集》卷二，〈又（與顧亭林書）〉（康熙十八年，1679）。

⑩ 《文集》卷一，〈黃貞婦姚氏傳〉。

⑪ 《文集》卷二，〈與顧亭林書〉（康熙十三年，1674）。

⑫ 《文集》卷二，〈又答（顧亭林）書〉（康熙十七年，1678）。

⑬ 張履祥《楊園先生言行見聞錄》卷四，頁12下。台北廣文書局，1986。

⑭ 同⑫。

⑮ 同上。

⑯ 同上。

⑰ 王錫闡還很佩服顧炎武《日知錄》，認爲「高深廣博」，也欽服〈錢糧論〉（見《顧亭林詩文集》卷一〈錢糧論二篇〉），認爲「精切說明，有關學術民瘼甚鉅」。王錫闡在《文集》卷二〈又（答顧亭林書）〉（康熙十八年，1679）中也曾討論理學古今同異問題。他說：「承諭理學古今同異。竊謂理無異而學有異。學其所學，則理其所理。然其所理實非理也。」

⑱ 同⑫。

⑲ 《文集》卷一，〈爛溪陸氏族譜序〉。

⑳ 《文集》卷一，〈潘母吳孺人壽序〉。

㉑ 《文集》卷二，〈答潘雲從〉。

㉒ 同⑲。

㉓ 同⑫。

㉔ 《文集》卷二，〈答朱長孺書〉。

㉕ 《文集》卷二，〈又（與顧亭林）〉（康熙十九年，1680）。

㉖ 《文集》卷二，〈又（與顧亭林）〉（康熙十八年，1679）。

㉗ 同㉕。

㉘ 《文集》卷二，〈又答（顧亭林）書〉（康熙十九年，1680）。

㉙ 同㉕。王錫闡有關考證工作的文章，還可參考《文集》卷三〈降服辯〉、〈雲澤五湖異同考〉等。

㉚ 《顧亭林詩文集・文集》卷六，〈廣師〉。

㉛ 《曉庵遺書》，〈歷法自序〉。

㉜ 同上。

㉝ 《文集》卷二，〈歷策〉。

㉞ 王錫闡對徐光啟著作應有充分的了解，因此他提出的「革」與「故」的觀念，恐怕是直接受到徐光啟的影響。徐光啟在萬曆三十九年秋所撰〈簡平儀說序〉中已明確提出這個主張。他說：「吾儒宗傳有一字曆，能盡天地之道，窮宇極宙，言曆者莫能舍旃。孔子曰：澤火革，孟子曰：苟求其故是已。革者，東西南北，歲月日時，靡所弗革。言法不言革，似法非法也。故者二儀七政，參差往復，各有所以然之故。言理不言故，似理非理也。」（《天學初函》（五），明李之藻刻，1626年刊本，台北學生書局印行，1965）。

㉟ 《曉庵遺書・雜著》，〈歷說一〉。

㊱ 《曉庵遺書・雜著》，〈推步交朔序〉。

㊲同上。
㊳同上。
㊴《曉庵遺書・雜著》・〈測日小記序〉。
㊵同上。
㊶同上。
㊷同上。
㊸同上。
㊹《曉庵遺書・雜著》・〈推步交朔序〉。
㊺《曉庵遺書》・〈歷法自序〉。
㊻同上。
㊼《曉庵遺書・雜著》・〈五星行度解〉。
㊽《曉庵遺書・雜著》・〈歷說一〉。
㊾同上。
㊿《曉庵遺書・雜著》・〈歷說五〉。
51《文集》卷三・〈歷策〉。
52同上。
53同上。

第五章　明末清初西學派對「格物窮理」觀念的新解釋

——兼論南懷仁之《窮理學》

第一節　前　言

「格物」與「窮理」分別出自《大學》與《易傳·說卦傳》。自程頤以「窮理」解「格物」，朱子取程子之解做〈大學格物補傳〉以後，此二名詞便常連用而成爲一個觀念單位。陸王與程朱思想系統雖有不同，但都使用此一觀念，並給予不同解釋。十九世紀中葉以後，西方科學傳入中國，國人也藉此觀念援引西學，不但稱西方科學爲格致之學，而且也把研究理論科學稱爲「理學」（如理學院）。陸王、程朱對格物窮理的不同解釋，近人研究頗詳，十九世紀以後格致之學的觀念，近人亦不陌生❶。但是對於明末清初西學派對「格物窮理」的新解釋以及南懷仁《窮理學》一書在此一新解釋中的地位似尚少有系統論述。本文主要目的即在對此一問題作一初步的探究。

第二節　明末清初西學派對「格物窮理」觀念的新解釋

本文所謂「西學派」是泛指傳入西學的耶穌會士，以及當時接受西學的中國知識分子而言。「西學」廣義而言應該包括西教，但本文重點則在科學部分。至於「新解釋」則主要是與陽明解釋比較而言，次要則是與程朱解釋比較而言。蓋此一新解釋近於程朱而遠於陸王之故也。

關於程朱與陸王之格物窮理說，不但涉及兩派思想系統，而且涉及對古代經典註釋問題，不是本文深論重點，但大體而言，他們都認爲致知必須格物，格物必須窮理。不同的是，前者主「性即理」，故必須有向外求理的工夫，才能達到內外合一之道；後者卻認爲「心即理」，只要「先立其大」，「致良知」，便能擴充四端，而達到內外之合一。前者所謂致知的「知」有「知識」（聞見之知）的意義，後者的「知」卻主要是「良知」（即德性之知）。因此後者主要是德性之學，前者則因必須研究客觀世界之理而帶有某種程度的自然科學成份。也因此李約瑟（Joseph Needham）一再指出，前者在科學方法上不遜同時之西方學者，對中國科學研究也頗有貢獻；而後者不但不能把握科學方法，而且阻礙了科學的發展。

❷ 明末來華之耶穌會士，雖以傳播天主教教義爲最終目的，但這個教會的特點之一是重視知識，他們認爲知識有助於信仰。而當時中國知識份子頗多不滿王學末流之專主德性之知、忽略聞見之知；政府也需要修改曆法、改良武器、興修水利等，因此科學知識便成爲中西交流的一個共同焦點，而傳統「格物窮理」的觀念也就成爲雙方會通的共同憑藉之一。

首先我們應探討西學派所謂「格物窮理」是指的什麼內容。艾儒略撰《西學凡》一書（刻於天啟三年，1623。今收入《天學初函》，台北學生書局，1965），把西學區分爲文、理、醫、法、教、道六科，亦稱六種學。明末耶穌會士介紹來華的西學大抵不出此範圍，而尤其集中在理（醫亦可附於此科）、道（教可附於此科），而文、法並非當時中國急需，亦非耶穌會士介紹重點，而所謂「格物窮理」之學亦因此大體上指的是「理學」一科。茲略述耶穌會士「理學」的內容。

艾氏介紹「理學」一科，首先指出「理學者，義理之大學」，進而指出「人以義理超於萬物，而爲萬物之靈。格物窮理，則於人全，而於天近」。這是說明「理學」就是「格物窮理之學」，而且說明此格物窮理之學即是「斐錄所費亞之學」（即「Philosophia」），今譯哲學。因此理學、格物窮理之學、哲學是同一內容之不同名詞。

艾氏進而指出此學可分爲五家：

（一）是落日加（Logica）。「譯言明辯之道」，今譯邏輯學，「以立諸學之根基。辯其是與非，虛與實，表與裡之諸法」。又細分爲六大門類。

（二）是費西加（Physica），「譯言察性理之道」。即今譯物理學。「以剖判萬物之理，而爲之辯其本末，原其性情，由其當然，以究其所以然，依顯測隱，由後推前」。亦細分六大門類。第一門是聞性學，「性」指物性。第二門論有形而不朽者，如「天」之類。第三門論有形而能朽者，如人獸草木及其生長死壞之理。第四門總論四元行本體、火氣水土、與其相生而成之物。第五門詳論空中、地中、水中之諸變化。第六門論有形而生活之物，主要是探討靈魂問題。艾氏指出「性命之理盡，格物之學可造矣」，似把「物理學」稱爲「格物之學」，而包括靈魂問題。

（三）是默達費西加（Metaphysica），「譯言察性以上之理」。今譯形上學。它與費西加不同者在於：後者只探討物之有形者，此則探討諸有形並及無形之宗理，亦即「因物而論究竟，因變化之自然，而究其自然之所以然」。雖然可能論及天主及天神，但只是「（根）據人學之理論之」，尚未到神學之根據聖經天學而論的程度。換言之，費西加是討論「自然」，默達費西加是討論自然之所以然，而神學所討論的是所以然之所以然，或稱大所以然。

（四）幾何之學，名曰瑪得馬第加（Mathematica），「譯言察幾何之道」。今譯數學。「主乎審究形物之分限者也」，亦即「專究物形之度與數」。但因惟恐流於空談理論，故又分爲算法家、量法家、律呂家、曆法家，四家之下又各自分爲若干派別。艾氏並指出「此度與數，所關最鉅」，不但爲研究天曆氣象所必須，亦農醫商工、治水用兵所必不可少。

（五）爲修齊治平之學，名曰厄第加（Ethica），「譯言察義理之學」。今譯倫理學。「身既修，家既齊，國既治平，則人道庶幾備矣」。

艾氏在敘述了理學之五大家以後，並指出西方此一學科中，集大成人物是亞里斯多（即Aristotle），並指出亞氏治此學之特點云：

> 此大賢裒集群書，多方參酌採取。凡普天之下，有一奇物，不惜貲費以求得，不辭勤勞以尋究，必親爲探視，而奇祕無一之不搜。每物見其當然，而必索其所以然，因其既明，而益覓其所未明；由顯入微，從粗及細，排定物類之門，極其廣肆，一一鉤致

而決定其說；各據實理之堅確不破者，以著不刊之典。而凡屬人學所論性理，無不曲暢旁通，天學得此以爲先導。

由以上的簡單敘述，可以看出艾氏所謂「格物窮理」之理學，在內容上，包括了邏輯學、物理學及數學，而在形上學方面則特重所以然的探究，至於修齊治平之倫理學則只是五家之一。此內容與陸王心學大異其趣，與程朱理學相較，亦極多不同。茲據此參酌明末清初西學派言論，進一步分析其解釋此一觀念的特點。

（一）「理在物中」

耶穌會士主張天主創世，故全力批評宋明理學「理者創生」的觀念。因而主張「理在物中」。艾儒略《西學凡》指出「物之理藏在物中，如金在砂，如玉在璞，須淘之、剖之以斐祿所費亞之學」。他在《三山論學紀》更明白指出「理」是「物之準則」，依於物，不能生物，也不能物物。他說：

> 二氣不出變化之材料，成物之形質。「理」則物之準則，依于物而不能物物。《詩》曰：「有物有則」，「則」即理也；必先有物，然後有理；理非能生物者。……若云理在物之先，余以物先之理，歸於天主靈明，爲造物主。❸

太極也是物之元質，既與物同體，又無靈明知覺，因此不能主宰萬物，不得爲天地主。他說：

太極之說，總不外理氣二字，未嘗言其爲有靈明知覺也。既無靈明知覺，則何以主宰萬化。……儒者亦云，物物各具一太極，則太極豈非物之元質，與物同體者乎？既與物同體，則囿於物，而不得爲天地主矣。❹

利瑪竇《天主實義》第二篇更集中討論「理」不能是創造者，而應是依賴者。他說：

中國文人學士講論理者，只謂有二端，或在人心，或在事物。事物之理合乎人心之理，方謂真實焉。人心能窮彼在物之理，而盡其知，則謂之格物焉。據此兩端，則理固依賴，奚得爲物原乎？❺

孫璋於1753年出版《性理眞詮》，其〈性理眞詮小引〉指出「理」的性質。他說：

天地間物類紛紛，要不外理、氣、性三者。……（氣）乃萬物渾然各具之本質，所以受象成形之材料也。所謂陰陽是也。理也者，即具于萬物形體之中，所以定其向而不能違其則者也，氣與理二者兼備一物之中謂之性，性也者即各物類之本體，具本能而爲此爲彼、效其用而不亂者。❻

以上三人皆耶穌會士，他們爲了保留創世主地位予天主，一方面批判宋明理學中「理在氣先」的觀念，一方面提出「理在氣中」、「理在物中」的觀念，認爲理是「物之準則」，是「具于萬物形體之中，所以定其方向而不能違其則者」，因此「格物」，便是要窮此「氣中之理」與此「物中之理」。此一新解釋，大異於陸王，卻較接近程朱，並與明末清初「道在器中」的思惟模式頗爲契合。

（二）「致知在格物」

「致知在格物」出自《大學》。程頤與朱熹對於此句之解釋都有相當程度的知識論意義，而陸象山解「物」爲心，陽明解「知」爲良知，則純從道德本體立論。西學派既主張「理在物中」，其「致知在格物」，便傾向於研究天地萬物之理，以致吾人之知識。因此艾儒略說「致知在格物」❼，而利瑪竇也說：「儒者之學，亟致其知；致其知，當由明達物理：……知之謂，謂無疑焉；……其所致之知，且深且固，則無有若幾何家者矣」❽。陽瑪諾〈天問略自序〉（作於萬曆四十三年，1615）也說：

> 造物主者生人則賜之形軀及靈神，而又特使好知；又生天地列象，萬物種種，完備妙巧；如肆大筵、陳異品，置人其間，令形軀享厥用，而靈神窮厥理。且愈窮愈細眇，以引其好知之心而樂之。故從古即至聖極聰，惟窮理是務，身心之餘，間及事物；物理愈微，其求悟亦愈殷，幸而悟亦愈樂。吾西格物之學，門臚而府藏，枝屬而源備，於天論則尤所詳慎。……論天文者約有二端，一則……謂之測學；……一則……謂之用學。❾

由此可見耶穌會士所謂「知」是指對「天地列象萬物」的知識而言，包括天文知識；尤其必須藉重幾何學，才能獲得眞知。「格物」就是研究天地萬物。「致知」即獲得天地萬物之知。因此耶穌會士所謂「致知在格物」，顯然接近程朱，而異於陸王。

熊明遇曾爲熊三拔《表度說》撰序，是明末西學派重要代表之一。他似乎未接受西教，但卻頗受西方科學影響。他撰有《格致草》一書，是研究科學的著作，其書名已顯示他把科學當做格致之學。他的〈格致草自序〉明白的說：

> 儒者志《大學》，則言必首格物致知矣！……然屬乎象者皆物，物莫大於天地。有物必有則。……竊不自量，……大而天地之定位，星辰之彪列，氣化之蕃變，以及細而草木蟲豸，一一因其當然之象，而求其所以然之故，以明其不得不然之理。雖未敢曰於大人格物致知之義，贊萬分之一，但令昭代學士不頫首服膺於漢唐宋諸子無稽之談，俾兩間物生而有象，象而有滋，滋而有數者，各歸於《中庸》不貳之道。

熊氏顯然不滿漢唐以至明末（所謂「昭代學士」）之「無稽之談」，而且有意賦予宋明理學家（所謂「大人」）之「格物致知」以新義，而撰寫此書。其格致對象甚廣，所謂「大而天地之定位，星辰之彪列，氣化之蕃變，以及細而草木蟲豸」都包括在內。其最後目的是在窮其「理」、「則」、「故」（所以然）。⑩

西學派既賦予「致知」之「知」以知識之意義，因而也特別重視聞見之知。熊人霖（明遇之子）撰《地緯》一書⑪，其自序首云：「儒者之學，格物致知；六合之內，奚可存而弗論」。米嘉穗爲艾儒略《西方答問》撰序指出學者忽視「聞見之知」云：

> 學者每稱象山先生東海西海、心同理同之說。然成見作主，舊聞塞胸，凡紀載所不經，輒以詭異目之。抑思宇宙大矣，睹記幾何，於瀛海中有中國，於中國中有我一身，以吾一身所偶及之見聞，概千百世無窮盡之見聞，不啻井蛙之一窺，螢光之一焰也。也沾沾守其師說，而謂六合內外，盡可不論不議，此豈通論乎？[12]

陸王強調德性之知，末流卻忽視聞見之知。由於耶穌會士介紹世界地理，中國人世界觀大爲擴展，故西學派特重聞見之知，利瑪竇的《萬國輿圖》、艾儒略《職方外紀》、南懷仁《坤輿全圖》與《坤輿圖說》便大受西學派歡迎。蓋有助於聞見之知也。由於對聞見之知之重視，「一物不知，儒者之恥」之語在西學派著作中更是屢見不鮮。根據徐宗澤所述，《西方答問》一書分上下兩卷，上卷目錄：國土、路程、海船、海險、海奇、登岸、土產、製造、國王、西學、官職、服飾、風俗、五倫、法度、謁餽、交易、飲食、醫藥、人情、濟院、宮室、城池、兵備、婚配、續絃、守貞、葬禮、喪服、送葬、祭祖。下卷目錄：地圖、歷法、交蝕、列宿、年月、歲首、年號、西士、堪輿、術數、風鑑、擇日。觀此題目，可謂包括世界地理及西方政治、社會、經濟、科學、風土人情[13]。米嘉穗是福建人，《西方答問》是艾氏在福建時回答名賢的記錄。米氏讀後，認爲該書不但可「以彼國之紀述，擴此方之見聞」，而且認爲「吾儒之學得西學而益明，西學諸書，有此冊而益備也。學者因其不同以求其同，其於儒學，西學思過半矣」[14]，顯然有意在聞見之知的基礎上尋找儒學與西學的共同點，並進而達到所謂「東海西海心同理同」。

由於西學派之重視聞見之知，使偏重尊德性的陸王學派亦不得不重視道問學。象山後裔雲間陸思默撰《億說》一書，是受耶穌會士影響而撰寫的尊德性著作，汪弟諸爲撰〈億說引〉云：

> 追惟先生上祖象山夫子鵝湖之會，……其功專於尊德性，與朱考亭夫子道問學不同。今先生所錄百篇之中，皆格物致知之理，是更能反身用力，不墮一偏，大有造于金谿之學矣。按朱考亭註曰：億，意度也，先以此爲度，則度無不中矣。又曰：億，未見而意之也。先生以此修爲，而猶爲未見，深見其望道未見之心矣，是爲引。⑮

我們固然無法據此確定陸思默所錄「格物致知之理」詳細內容爲何，但是陸學在聞見之知挑戰下，不得不往道問學轉向則可斷言。

從以上論述，西學派主張「理在物中」，故「致知在格物」頗有研究天下萬物之理、以擴展吾人知識之新義，對陽明末流而言顯然是一種新的解釋。茲再引許胥臣〈西學凡引〉做爲本論點之結語。許氏批評王學末流云：

> 浸淫於速化，眯謬於提宗，而格致一種學脈，晦蝕幾盡。不圖有返本窮原、苦修實體，而理析於繭絲牛毛，教攝於踐形、超性、如艾氏所述西方之學者。讀其凡，其修有漸，其說有歸；恍然悟吾儒格物原非汗漫，致知必不空疏。而格致果躋於治平，治

平必肇端於格致也。然則聖人豈欺我，……而近儒超捷高妙之旨，果能試之有效，而推之東海西海而準否耶？……讀《西學凡》，而學先格致，教黜空虛，吾亦取其有合于古聖之教而已矣。⑯

這是根據耶穌會士「致知在格物」的新解，批評明末「超捷高妙」、「浸淫於速化，眯謬於提宗」而把傳統「格致之學」、「晦蝕幾盡」的學者。眞正可以推之東海西海而皆準的不是「近儒超捷高妙之旨」，而是「吾儒格物原非汗漫，致知必不空疏」的格致之學。就此而言《西學凡》與古聖之教相合。由許氏批評最可看出西學派對「致知在格物」的新解釋的意義。《西學凡》是對當時西學的全面性簡介，因此被列爲《天學初函》所收二十種著作之第一種。因此許胥臣的〈西學凡引〉可以說是對西學的全面性評價。顯然許胥臣是站在程朱格物致知立場反對陽明末流的汗漫空疏，並認爲西學與程朱之學相通，因此眞正能「推之東海西海而準」的是程朱之學，而不是陸王之學。

（三）　「以數言理」

《西學凡》理科中有數學一門，特重度數，已明言數學爲格物窮理所不可少。利瑪竇在〈譯幾何原本引〉中指出，欲使吾人所致之知「既深且固」，必窮「實理」與「明理」；而欲窮明理與實理，則幾何學爲最有效。鄧玉函撰《奇器圖說》，亦曾指出格物窮理必賴「度數之學」，他說：

……此道雖屬力藝小技，然必先考度數之學而後可。蓋凡器用之微，須先有度有數，因度而生測量，因數而生計算，因測量計算而有比例，因比例而後可以窮物之理。

耶穌會士這種以數學爲格物窮理的方法，對當時中國學者影響頗大。李之藻序《同文算指》指出「緣數求理，載在幾何」。徐光啟亦云：

……格物窮理之中，又復旁出一種象數之學。象數之學，大者爲曆法，爲律呂；至其他有形有質之物，有度有數之事，無不賴以爲用，用之無不盡巧極妙者。⑰

所謂「象數之學」即指《幾何原本》一類的數學。徐光啟推崇《幾何原本》是「度數之宗」（〈刻幾何原本序〉），幾何之學是「舉世無一人不當學」的下學工夫（〈幾何原本雜議〉）。他說昔人有云：「鴛鴦繡出從君看，不把金針度與人」，但是《幾何原本》卻是「金針度去從君用，未把鴛鴦繡與人」。其目的是「欲使人人眞能自繡鴛鴦」（同上）。其實徐光啟對於所有西方耶穌會士介紹的西學都加以肯定推崇，認爲是具有普遍性的一種求理的方法，而這門學問本來是中國學者所極重視，到了明代卻因儒者言理不言數，術士卻言數不言理，以致數學沒落。他說：

算數之學特廢於近世數百年間爾。廢之緣有二：其一爲名理之儒土苴天下之實事；其一爲妖妄之術謬言數有神理，能知來藏往，靡所不效，卒於神者無一效，而實者亡一存。⑱

徐光啓主張數學是致用的一套客觀方法；虛談名理，不重實事，或把數學神秘化，甚至用以言吉凶禍福，不但導致數學沒落，而且也無法求得實理。徐光啓爲了矯正此弊，因此大力介紹西方數學，其目的在希望以客觀數學格物窮理。

而梅文鼎更提出「數外無理，理外無數」的理數論。他說：

> 曆也者，數也。數外無理，理外無數。數也者，理之分限節次也。數不可以臆説，理或可以影談，於是有牽合附會，以惑民聽而亂天常，皆以不得理數之真而蔑由徵實耳。[19]

梅文鼎曾有「竊觀歐邏言，度數爲專攻」詩句[20]。可見他對西方數學的首肯。他根據這種理數論提出「以數求理」的主張。他說：

> 曆猶易也，易傳象以數；猶律也，律製器以數。數者法所從出，而理在其中矣。世乃有未盡其數，至嘐嘐然自謂能知曆理，雖有高言雄辨、廣引博稽，其不足折疇人之喙明矣。而株守成法者，復不能因數求理，以明其立法之根。[21]

梅氏認爲以數學所求得的理最爲可靠，這種理才具有普遍性。因此他進而指出：

同在九州方域之內，而嗜好風尚不齊，況踰越海洋數萬里外哉？要其理數之同，未嘗不一。今歐邏測量之器，步算之式，多出新意，與古法殊。然所測者，同此渾圓之天，所算者，同此一至九之數，彼固蔑能自異。當其測算精密，雖隸首、商高復起，宜無以易。㉒

梅氏認爲格物對象相同，窮理方法亦同，所得的理自然具有普遍性與世界性。

康熙御編《數理精蘊》，首列〈數理本原〉一篇也指出：「數學窮萬物之理！……是知算數之學，實格物致知之要務也」。

明末清初西學派這種因數求理的方法賦予「格物窮理」以新的內容，其影響直到清中葉之戴震與焦循㉓。吾人在此無法細述，但其重大意義是極爲明顯的。

（四）「推闡所以然之理」

《西學凡》一再指出西方格物窮理之學，不但在窮究天下萬物之當然之理，更主要的是在「由其當然，以究其所以然」。利瑪竇來華後即觀察到中國人忽視所以然的追求。他以幾何學爲例說：

原本者，明幾何之所以然。……竇自入中國，竊見爲幾何之學者，其人與書，信不乏，獨未睹有原本之論。既闕根基，遂難扮造，即有斐然述作者，亦不能推明所以然之故。㉔

徐光啟亦承認中國人不究所以然的缺點，而認爲是耶穌會士格物窮理之學的特點。其〈簡平儀說序〉云：

> 孟子曰：「……苟求其故。」……故者，二儀七政、參差往復、各有所以然之故。言理不言故，似理非理也。……而能言其所爲故者，則斷自西泰子之入中國始。㉕

「西泰子」即利瑪竇。「故」即所以然。「言理不言故，似理非理」，即指唯有探究得所以然之理才算是眞正的「實理」、「明理」。他進而指出所以然之理的重要性。他說：

> 法原者，法之所以然也。凡是不明于所以然，則其已然者，茫茫不知所來；其當然者，昧昧不知所往。即使沿其流，齊其末，窮智極慮，求法之確然不易，弗可得也。㉖

高一志，原名王豐肅（Alphonsus Vagnoni 1566-1640），1605年來華，所著《空際格致》，頗爲時人所熟知。他也指出，唯有知所以然之理，格物窮理之學才算完成。其〈譬學自引〉云：

> 人雖爲萬物靈哉！而不靈於天神，不煩推測，一照洞徹物理也。則未始不由其顯，推迨其隱，以其所已曉，推測其未曉，從其然，漸至以知其所以然，而成其格窮之學

也。㉗

西學派重視由當然之理，累推其所以然之理，因此除數學爲其所重以外，最不可或缺者當然是「理推之法」，即邏輯。此當在下節再論。

第三節　南懷仁《窮理學》一書的意義

南懷仁，字敦伯，一字勳卿，比利時人。1623年生，1641年入耶穌會，1659年來華，次年即奉順治帝詔至京，纂修曆法。迄1688年逝世爲止。因此他在華期間大部分事業幾乎都在科學技術方面。也因爲他在這方面的貢獻，曾官至工部右侍郎之職。他在這方面的成就可以說是西學派格物窮理之學在中國朝廷應用成功的傑出例子之一。但是本文討論的重點是他編譯《窮理學》一書的意義。

《窮理學》一書共六十卷，康熙二十二年（1683）八月二十六日進呈御覽。書已佚，據云北平燕京圖書館藏有舊抄殘本一部，兩函十六本，計存「理推之總論」五卷，「形性之理推」一卷，「輕重之理推」一卷㉘。目前我們對此書的了解主要是根據南懷仁所撰〈進呈窮理學書奏〉一文，茲據此奏摺，配合相關資料，指出此書在西學派「格物窮理」新解釋脈絡中的意義。

（一）　此書繼傅汎際、李之藻合譯之《名理探》之後，使邏輯學成爲「格物窮理」中一門獨立且更爲完備的學問。根據艾儒略《西學凡》，邏輯是理學中最首要的一門，也是「

諸學之根基」。而《名理探》是根據葡萄牙高因盤利大學（Universite de Coimbre）耶穌會士哲學講義本，雖譯該書十餘卷，卻只出版十卷。而且此十卷更是《西學凡》所述邏輯學之一部分而已。而《窮理學》則在此一基礎上使邏輯理推之學更加完備。南氏在奏摺中說：

> 臣自欽取來京，至今二十四載，晝夜竭力，以全備理推之法。詳察窮理之書，從西法已經翻譯而未刻者，皆校對而增修之，纂集之；其未經翻譯者，則接續而翻譯，以加補之，輯集成帙，庶幾能備理推之要法矣。

(二)　南氏提倡理推之法主要是在補中國學者的不足。他說：

> 嘗觀二十一史所載，漢以後諸家之曆詳矣，大都專求法數，罕求名理；脩改之門戶雖歧，實則互相依傍；雖間有出一二新意，亦未能洞曉本原。……今習曆者惟知其數，而不知其理，其所以不知曆理者，緣不知理推之法故耳。……前代曆法壞亂失傳，朦朧不明者，皆不知理推之字故也。

他在此一奏摺中三次提到中國曆法學者「專求法數，罕求名理」，不知所以然之理（即「本原」），以致曆法壞亂失傳。文中對「今習曆者」的指責亦非無的放矢，而是針對楊光先一派而言。他在〈不得已辯〉中一再指出楊光先「不明其所以然之理」、「強天以合人」、「不敢測驗」、「胸無確據、強辯飾非、不過藉曆法以行恩怨」等。凡此皆不明理推之法所致。蓋理推之法係根據當然之理以推究其所以然之理。

事實上缺乏「理推之法」不獨曆法家爲然，即使宋明理學家，特別是明末王學末流也是如此。故李天經〈名理探序〉說：

> 世乃侈譚虛無，詫爲神奇，是致知不必格物，而法象都捐，識解盡掃，希頓悟爲宗旨，而流於荒唐幽謬；其去真實之大道，不亦遠乎？西儒傅先生既詮寰有，復衍《名理探》十餘卷，大抵欲人明此真實之理，而於明悟爲用，推論爲梯。讀之其旨似奧，而味之其理皆真，真誠爲格物窮理之大原本哉。㉙

由此可見《窮理學》一書在宋明理學發展中的重要意義。它不但欲矯王學末流空談之弊，而且也是西學派格物窮理說發展不可或缺的一環。

（三）　南氏極力強調理推之法的重要性。他說：

> 古今各學之名公凡論，諸學之粹精純貴，皆謂窮理學爲百學之宗。訂非之磨勘、試真之礪石、萬藝之司衡、靈界之日光、明悟之眼目、義理之啟鑰，爲諸學之首需者也。如兵工醫律量度等學，若無理推之法，則必浮泛而不能爲精確之藝。且天下不拘何方何品之士，凡論事物，莫不以理爲主，但常有不知分別其理之真僞何在，故彼此恆有相反之說，而不能歸於一；是必有一確法以定之，其法即理推之法耳。

《西學凡》謂邏輯學本義是「明辯之道」，是「立諸學之根基」。南氏此段文字即是此二語之說明。

（四）　南氏是西學派「格物窮理之學」在朝廷致用成功的例子之一，而其理推之法則是在此一實際經驗基礎之上，進一步講求方法論的產物。南氏在清初朝廷中曾奉命用西法滑車運輸重十餘萬斤的巨石經過蘆溝橋，測量萬泉莊河道以開渠灌田，鑄造西式戰炮，亦曾自製燃氣輪、做蒸汽動力的實驗[30]，而更重要的則是在天文曆法方面的貢獻。他除了豐富的曆法著作以外，科學精神尤爲可貴。他重視「測驗」、尊重「證據」、重視「儀器」，本著「以人合天」的態度，從當然之中探究所以然之理[31]。他在〈新製靈台儀象志序〉中自述治曆方法是「由器而徵象，由象而考數，由數而悟理」，阮元非常推崇南懷仁這種方法。他說：

> 懷仁言曆之爲學也，其理其法，必有先後之序，漸以及學。故由易可以及難，由淺可以入深，未有略形器而可驟語夫精微之理者也。[32]

由此可見南懷仁之理推之學的方法論，實建築在其堅強的格致窮理的經驗基礎之上。它雖是一本方法論的書，但其中涉及的科學知識可能不少（從殘本卷三標題可以理推）。如果我們根據艾儒略在《西學凡》中對於「落日加」六大門類的介紹，更可以推測南懷仁六十卷的《窮理學》一書是如何的把邏輯推理與格物窮理之學緊密結合在一起。

第四節　結語

從以上論述，吾人起碼可得以下結論：

（一）　吾人今日把研究純粹之理論科學稱爲「理學」（如理學院），它與宋明理學之「理學」雖名詞相同，而內容則大有差異（當然亦不無相同之處）。而這種由哲學的「理學」過渡到科學的「理學」，其中關鍵之一，應是明末清初西學派的理學。蓋此派使用之「理學」雖然指的是哲學，但「物理學」及「數學」已爲其中獨立的二門學科。換言之，從內容上說，明末清初西學派所謂的「理學」，是由宋明所謂「理學」到近代專指理論科學的「理學」的一種過渡。

（二）　《西學凡》把「理學」稱爲「義理之大學」與「格物窮理之學」，雖然其中也有講修齊治平的倫理學，但卻只是五家中的一家，而物理學與數學卻是其中兩家，而且西學派主張「理在物中」，故其對「致知在格物」的解釋已有極濃厚的知識論與科學性色彩，而且「以數窮理」、「以邏輯推理」，更使西學派對「格物窮理」的解釋大異於陸王，而有進於程朱。

（三）　南懷仁深知邏輯學在西學中的地位與重要性，但是卻發現中國學者頗爲缺乏，因此乃根據個人素養及長期工作經驗，繼《名理探》後而完成《窮理學》，介紹所謂「理推之法」，企圖使邏輯學在中國成爲獨立而完備的方法論。他直接用「窮理」以名「理推之法」，使西學派對「格物窮理」觀念的新解釋中更具有方法論的意義。

（四）　利瑪竇《天主實義》對所以然有很明確詳細的分析。他說：

> 試論物之所以然有四焉。四者維何？有作者、有模者、有質者、有爲者。……天下無

有一物不具此四者。四者之中，其模者、質者，此二者在物之內，爲物之本分。或謂陰陽是也。作者、爲者，此二者在物之外，超於物之先者也，不能爲物之本分。吾按天主爲物之所以然，但云作者、爲者，不云模者、質者。㉝

耶穌會士認爲天主是天地萬物之作者、爲者，也就是指上帝是萬物之創作者、主宰者之意。因此又說「天主固無上至大之所以然也。故吾古儒以爲所以然之初所以然」。

利瑪竇所指出的這四種所以然是所有耶穌會士的共同信念。對於中國學者而言，如果信仰天主，當然可以相信此所謂「無上至大之所以然」或「所以然之初所以然」，即天主。換言之，宇宙有一個創造者、主宰者。但是如果不信仰天主，也不妨礙其相信天下萬物有所謂模者、質者之所以然。「此二者在物之內，爲物之本分，或謂陰陽是也」。

註釋

❶ 參見唐君毅《中國哲學原論》，上冊，第九、十章，〈原致知格物〉。九龍人生出版社，1966。戴君仁《梅園論學集》，〈朱子陽明的格物致知說和他們整個思想的關係〉、〈象山說格物〉、〈陽明評象山說格物〉。台北開明書局，1970。陳榮捷〈宋明理學中的「格物」思想〉。《史學評論》第五期，台北華世出版社，1983。

❷ 參見李約瑟《中國之科學與文明》(三)，17，〈宋明時代唯心派哲學家及固有自然主義派最後之幾位大師〉。台灣商務印書館譯本。1973。

❸ 收入《天主教東傳文獻續編》，明徐光啟等纂，(一)，台北學生書局印行，1966。

❹ 同上。

❺ 收入《天學初函》（一）。

❻ 轉引自徐宗澤《明清間耶穌會士譯著提要》，頁221。台灣中華書局，1958。

❼ 瞿式耜〈性學序〉，轉引自徐宗澤前引書，頁211。

❽ 〈譯幾何原本引〉，收入《天學初函》（四）。

❾ 收入《天學初函》（五）。陽瑪諾對「測學」、「用學」有明確定義。他說：「測天重之多寡厚博，日月星之運旋遲速，大小上下，去地之遠近及出入，朔望弦食，晝夜寒暑。斯數者，雖有實理，第不急於日用，謂之測學。……定節候以便稼穡，以令種植，察行度以知時刻，以程作事。算躔會以識稟受，以治疾病。量極宿以度地里，以便行海。斯數者有益於日用，謂之用學。」陽瑪諾此序還有一段話：「乃其本旨，則又有說焉。天學以道德爲本，而道德之學，又以識天主、事天主爲本。有爲於此學之學爲實學、益學、永學；無爲于此學之學爲虛學、廢學、暫學而已。天論者所以使人識事眞主，輕世界而重天堂者也」。這是說天文研究只是手段，信仰天主才是目的。《西學凡》亦云：「天學不得人學，無以爲入門先資；人學不得天學，無以爲歸宿究竟，所以從師必須二學貫串，學乃有成」。是指知識與信仰不可分。西學派亦常指出人學追求所以然，天學則追求所以然之所以然（即天主）。關於西方信仰與知識，與中國尊德性與道問學的複雜交流關係還有待探討。

❿ 熊明遇《格致草》，原藏美國國會圖書館。李約瑟對該書評價頗高。（見前揭書，第六冊，頁46）。熊明遇的格物對象與程朱頗近。《朱子語類》卷一一七云：「天下無書不是合讀底，無事不是合做底。若一箇書不讀，這裡便缺此一書之理。一件事不做，這裡便缺此一事之理。大而天地陰陽，細而昆蟲草木，皆當理會。一物不理會，這裡便缺此一物之理。」《格致草》主要就是在研究朱子所謂的「物之理」。

11 《地緯》與熊明遇《格致草》合刊，名《函宇通》。

12 轉引自徐宗澤前引書，頁300。

13 同上。

14 同上。

15 轉引自徐宗澤前引書，頁85。

16 收入《天學初函》（一）。

17 《徐光啟集》卷二，〈泰西水法序〉。台北明文書局，1986。

18 《徐光啟集》卷二，〈刻同文算指序〉。

19 《梅氏叢書輯要》卷六十，〈雜著·學歷說〉。

20 《續學堂詩鈔》卷二，〈寄青州薛儀甫先生〉詩。

21 《梅氏叢書輯要》卷四十一，〈曆學駢枝自序〉。

22 《梅氏叢書輯要》卷八，〈度算釋例自序〉。

23 略見侯外廬《近代中國思想學說史》，第七章〈乾嘉時代底戴東原哲學〉及第十章〈依據數理邏輯建立均衡哲學底思想家焦循〉。生活書店。

24 同8。

25 《徐光啟集》卷二，〈簡平儀說序〉。

26 〈測量全義敘目〉。

27 轉引自徐宗澤前引書，頁333。

28 轉引自徐宗澤前引書，頁190。

29 《名理探》明李之藻等譯，1931重刻。台灣商務印書館印行，1965。

30 見方杰人先生《中西交通史》下冊，第三章第四節，〈南懷仁燃氣輪之試驗與理想〉。中國文化大學出版社，1983。

❸❶ 均見《不得已辯》。收入《天主教東傳文獻初編》，利瑪竇等纂，台北學生書局印行，1965。

❸❷ 阮元《疇人傳·南懷仁傳》。台北世界書局，1962。

❸❸ 同❺。

（本文最初是在1987年輔仁大學舉辦的「南懷仁逝世三百週年國際學術討論會」中宣讀的論文。收入《南懷仁逝世三百週年國際學術討論會論文集》。輔仁大學。1987。茲據該文略作修正補充，收入本書。）

第六章　明末清初耶穌會士的理數觀及其影響

第一節　前　言

明末清初是宋明理學轉入清代經學的過渡時期。從表面上觀察，這似乎只是一種學術思想內容上的改變，但實質上，如果我們深入探討，它卻還蘊含著思惟方式的轉變。甚至我們或許可以說，因爲有了這種思惟方式上的改變，才導致了內容上的轉變。換言之，宋明理學發展到了末流，由於思惟方式有了改變，一方面產生了經學，一方面則產生了對天地萬物之研究興趣，同時研究天地萬物的方法之一的數學也在此時應運而興。明末耶穌會士來華雖以傳教爲主要目的，但因爲其本身爲一重視藉知識傳教的教會，因此他們所介紹的西學在此一中國學術思想轉變過程中也有一定積極的推進作用。本文想略去衆所周知的理學與經學問題不談，而專就耶穌會士傳入的所謂格物窮理的「理學」，指出其理數觀中的思惟方法，以及當時西學派的回應，並說明它在明末清初思想史上的意義。

第二節　宋明理學家的理數觀

宋明理學家言理而又言數者當首推邵雍（1011-1077）爲代表。他所著的《皇極經世書》主要宗旨便是在以數言理。邵雍一方面認爲「天下之數生於理」，一方面又藉象數易學建構了一套探究宇宙萬事萬物間「數」的關係、以明「理」的體系。他肯定天地萬物均有其自然的屬性，即是理[1]，而這種屬性就是「物理」[2]。換言之，他的格物窮理，與客觀的自然現象仍有密切的連繫。他也肯定宇宙間的一切現象都有「數」，而「數出于理」，因此如果掌握「數」便能瞭解理[3]。當然他所謂的「數」是他自己預先建構的象數形式，它來自於象數易學。不可否認的邵雍所建構的以數求理的象數系統有濃厚的機械性與神秘性，未必能眞正掌握物之理。但是他肯定物理與以數求理的命題卻在宋明理學中有其特色。他把宇宙事物都納入「數」的範疇，不但在一定程度上反映了宋代在天文、數學、科技方面的進步背景，而且在十一世紀的中國能出現一個對社會與自然界事物全面的綜合與分類，即使是粗糙的、虛構的，但都從一個側面反映出，當時中國思想界都想探討天地、日月、萬物背後的「體」，企求回答天地萬物的關係。[4]

朱熹與二程對於「數」的態度有很大差異。二程與邵雍同時，但卻拒絕學習邵雍「數學」[5]。反之，朱子對邵雍數學卻加肯定，並在所著《周易本義》、《易學啟蒙》中接受了邵雍的象數易學。因此我們可以說朱子的理數觀是綜合了二程的「理」與邵雍的「數」。而他的理數觀的基本主張是一、理生數；二、理在數中；三、求理於數。[6]

與朱子同時，而接受邵雍「數學」並加以發揚的學者是蔡元定（1135-1198）。他是朱子的學生與朋友。曾參與朱子的《易學啟蒙》草定，自著有《皇極經世指要》，主要是在闡揚邵雍的象數學說；《律呂新書》也是以數闡述律呂的著作。他的兒子蔡沈（1167–1230）繼承父學，著有《洪範皇極》更是理學象數學派講自然現象的主要著作。蔡氏父子一方面接受朱子的理學觀點，一方面接受邵雍的象數易學，不但爲宋代理學象數派建立完整體系，而且對後世產生很大影響。❼

總之，邵雍、蔡元定「以數明理」在宋代理學地位是應受肯定的，宋人羅大經在其著作《鶴林玉露》卷二丙編，記有〈邵蔡數學〉一則，內容如下：

> 濂溪、明道、伊川、橫渠之講道盛矣，因數明理，復有一邵康節出焉。晦庵、南軒、東萊、象山講道盛矣，因數明理，復有一蔡西山出焉。昔孔、孟教人，言理不言數。然天地之間，有理必有數，二者未嘗相離。《河圖》、《洛書》，與「危微精一」之語並傳。邵、蔡二子，蓋將發諸子之所未言，而使理與數粲然於天地之間也，其功亦不細矣。近年以來，八君子之學，固人傳其訓，家有其書，而邵、蔡之學，則幾於無傳矣。

羅大經字景綸，大約生於宋寧宗慶元初年，卒於宋理宗淳祐之後，他稱不上是個著名的理學家，因此他的言論反而可以反映出當時理學界對邵、蔡數學較客觀的評論。❽

明代由於王陽明「心即理」的主張成爲主要的思潮，因此以邵雍、朱熹、蔡氏父子一派言理而兼言數的觀點並未成爲主流。既然主張「心即理」，格物窮理自然不假外求，對外在客觀的自然界之理，更無庸關心。末流遂有「師心自用」、「掃物尊心」之弊。知識份子不滿，遂起而矯正之。顧炎武提出「經學即理學」便是想「以經求理」來矯正「清談孔孟」之弊，而另外一派學者則是想藉邵、朱、蔡的「求理於數」對「物之理」寄予關心。朱載堉(1536-1611)便是衆多例子中的一個。他自述早年治學過程說：

> 臣父及臣篤好數學，弱冠之時，讀《性理大全》，見宋儒邵雍《皇極經世書》、朱熹《易學啟蒙》、蔡元定父子《律呂新書》、《洪範皇極內篇》等而悅之。口不絕誦，手不停披，研窮既久，數學之旨，頗得其要。[9]

朱載堉不滿明末王學末流，而由宋儒邵、朱、蔡著作入手研究數學，提出他的理數觀。他說：

> 天運無端，惟數可以測其機，天道至玄，因數可以見其妙。理由數顯，數自理出，理數可相倚而不可相違，古之道也。[10]

> 夫有理而後有象，有象而後有數。理由象顯，數自理出。理、數可相倚而不可相違。凡天地造化，莫能逃其數。[11]

又說：

夫術士知數而未達其理，故失之淺，先儒明理而復善其數，故得之深。數在六藝之中，乃學者常事耳。仲尼之徒通六藝者七十餘人，未嘗不以數學爲儒者事，數非律所禁也。⓬

朱氏這種理數觀，一方面肯定數是傳統儒學的一部份，一方面指出理數相倚不可相違，顯然是繼承了宋儒主理而兼言數的傳統，有意針砭王學末流之弊，而他反對「術士知數而未達其理」也許是有感於邵雍言數派末流而發。⓭

總之，宋明理學家除二程言理不言數，陸王言「心即理」外，邵雍首倡言數，並建立了理學中之象數派。朱子繼承二程與邵雍，因此言理兼言數。蔡元定、蔡沈父子則繼承朱子理學體系，與邵雍象數體系。這些學者基本上都認爲理創生萬物，有理而後有象，有象而後有數。其次他們都承認萬物有數，藉著對數的把握可以了解理。這是理學家理數觀的要點。雖然這種理數觀有其粗糙性與神秘性，但是畢竟仍肯定客觀自然世界中萬物之理，也因此在自然科學研究上有一定的貢獻。這種理數觀雖未被陽明學承繼發展，但在明末卻成爲反陽明學末流的一種思想，朱載堉只不過是衆多例子之一而已。

第三節　耶穌會士的理數觀

正當明末知識份子因不滿王學末流而提出新的理數觀之際，耶穌會士亦挾其天主教義與西方科學來華。耶穌會士本以重視知識傳教爲其特色。他們在傳教的同時也介紹了當時中國知識份子所急需的天文、曆法、數學、物理等知識，不但豐富了當時中國人的知識內容，而且在思惟方法上也有所貢獻。特別是他們在介紹數學而提出的新理數觀，更具意義。歸納而言，他們的理數觀主要有以下幾個論點：（一）天主創造宇宙並主宰宇宙；理是依賴而非自立，不能創生萬物，亦不能主宰萬物。（二）理在物中，依賴物而存在，因此不能捨物而求理。（三）「理學」是「格物窮理之學」，而「以數求理」可以獲得眞正的知識。茲分別加以說明。

耶穌會士以傳教爲職志，天主創世是其神學之第一義，但宋明以來學者均認爲理是宇宙萬物的創生者，有理才有物。因此耶穌會士在所有著作中處處宣揚天主創生的觀念，並指出理是依賴的，不能自立。利瑪竇在《天主實義》中以中士與西士對答的方式展開的辯論明顯提出此一論點：

> 西士曰：……天主之性最爲全盛而且穆穆焉，非人心可測，非萬物可比倫也。……理也者，則大異焉，是乃依賴之類，自不能立，何能包含靈覺爲自立之類乎？理卑於人，理爲物，而非物爲理也。故仲尼曰：「人能弘道，非道弘人也」。如爾曰理含萬物之靈，化生萬物，此乃天主也，何獨謂之理、謂之太極也哉！⑭

他又說：

中國文人學士講論理者，只謂有二端，或在人心，或在事物，事物之情合乎人心之理，則事物方謂真實焉。人心能窮彼在物之理而盡其知，則謂之格物焉。據此兩端，則理固依賴，奚得爲物原乎？⑮

中士曰：無其理則無其物，是故我周子信理爲物之原也。西士曰：……有物則有物之理，無此物之實，即無此理之實，若以虛理爲物之原，是無異乎佛老之說。⑯

諸如此類的話，在耶穌會士著作中屢見不鮮，其目的在指出天主才是自立的，包含靈覺而創生萬物；如周敦頤、程、朱講事物之理與陸、王講心之理，都是肯定理在物先，這是錯誤的，因爲理不能創造萬物，而只能是與物同時存在。如果宋儒所說理眞能化生萬物，則其地位已等於天主，而事實並非如此。艾儒略在《三山論學紀》中根據《詩經》指出「先有物才有則」，不是「先有則才有物」。他說：

理則物之準則，依於物而不能物物。詩曰：「有物有則」。「則」即理也；必先有物，而後有理，理非能生物者，……若云理在物先，余以物先之理，歸于天主靈明，爲造物主體。⑰

利瑪竇與艾儒略一方面肯定天主創世的地位，一方面否定宋儒理在物先的看法。據此，耶穌會士更進而提出西方所謂的「理學」，而取代中國之理學並進而藉此證明天主之全知全能。

艾儒略在《西學凡》一書中介紹當時歐洲學術之六種分科，即文、理、醫、法、教、道六種學術。其中「理學」一科，他開宗明義指出：

> 理學者，義理之大學也。人以義理超於萬物，而爲萬物之靈，格物窮理，則於人全，而於天近。然物之理藏在物中，如金在砂，如玉在璞，須淘之、剖之以斐祿所費亞之學。⑱

斐祿所費亞之學即「哲學」。艾儒略稱之曰「理學」，亦即所謂義理之大學，或格物窮理之學。艾儒略進而指出所謂「理學」包括了五個科目，分別是落日加（即理則學）、費西加（物理學）、默達費西加（即形上學）、瑪得馬第加（即數學，艾氏稱幾何之學）、厄第加（即倫理學、艾氏稱爲修齊治平之學）。而此學之集大成者爲亞里斯多德。以這些科目內容而言，艾氏之「理學」顯然與宋明理學有很大的不同。它明顯強調邏輯推論、物理學、數學在理學中的重要地位，而宋明理學家所特意著重的修齊治平之倫理學只是其中一部份。其次，艾氏明白指出，「物之理藏在物中」，因此必須以「哲學」所包括的五種學科來研究它，才能掌握「理」。顯然艾氏所謂的「理學」已大異於宋明理學，而較接近今日包括自然科學的所謂理學（修齊治平之學，並非今日理學之範疇）。根據艾氏的指陳，除了文學是「理學」的前階之外，「理學」是所有學問的基礎，凡學醫、法、教、道都必須先有理學的素養。當然就耶穌會上的觀點而言，「道學」是「天學」，其他五科則爲「人學」，唯有天、人二學貫串，學乃有成。

當耶穌會上來華之際，正是中國理學走入末流，科學也相當停滯不前的時代，因此耶穌會上便很自信地把他們具有特色的理學廣爲介紹。既然以天主創世取代了理生萬物的地位，並提出「物之理藏在物中」的命題，他們進而提出「求理於數」的命題。

中國數學在宋元之前本有極爲可觀的成就，但到明代卻相對落後。利瑪竇在1597年的信中指出：

> 他們（指中國）所有的一點數學，缺失很多，還是從阿拉伯回教人學來的，並無鞏固的基礎，也只宮廷裡或欽天監才有所謂數學家，同時擔任皇子皇孫的老師。⑲

利氏所述雖非全然實情，但明代數學呈現停滯的發展卻是事實。因此耶穌會士一方面強調物理研究之重要，一方面進一步指出數學在求理過程中是最有效的工具。利瑪竇在〈譯幾何原本引〉一文中指出幾何學在求理過程的重要性。他說：

> 夫儒者之學，亟致其知；致其知，當由明達物理耳。物理眇隱，人才頑昏，不因既明，累推其未明，吾知奚至哉！……理之審，乃令我知，若夫人之意，又令我意耳；知之謂，謂無疑焉，而意猶兼疑也。然虛理、隱理之論，雖據有真指，而釋疑不盡者，尚可以他理駁焉；能引人以是之，而不能使人信其無或非也。獨實理者明理者，剖散心疑，能強人不得不是之，不復有理以疵之，其所致之知，且深且固，則無有若幾何一家者矣。⑳

儒家主張致知。而致知必須藉格物以明達物理。藉幾何學可以獲致實理與明理。如此所致之知才能「且深且固」。換言之，「藉數學以求理」是獲得知識最可靠的方法。艾儒略在《西學凡》中指出西方數學的主要分科。他說：

> 幾何之學，名曰瑪得馬第加者，譯言察幾何之道，則主乎審究形物之分限者也。……獨專究物形之度與數。度其究者，以爲幾何大，數其截者，以爲幾何衆。然度數或脫物體而空論之，則數者立算法家，度者立量法家。或二者在物體，而偕其物論之，則數者，在音聲相濟爲和，立律呂家，度者，在動天轉運爲體，立曆法家，而各家始分流別派矣！[21]

艾儒略還指出度數之學的實用性。他說：

> 此度與數，所關最鉅，不但識各重天之厚薄遠近大小，其晝夜之長短，節氣之分至啟閉，年月之閏餘，道里之圍徑，地海之度深；而農以此知旱潦，醫以此察運氣，商以此計蓄數，工以此詳堅脆，無不資焉。即如國家大事，治水者而不審高卑，何由酌其聚減，用兵者而不譜器數，何從運其方略。[22]

由此可知西方所介紹的數學，在內容上與宋明理學家象數派所謂的「數學」是根本不同的兩個範疇，與傳統中國見長的算術代數學也有顯著的不同。耶穌會介紹西方格物窮理之理學雖然主要目的在證明天主之全知全能以及其自立創生萬物的地位，但當時西方的科學知識與科學方法畢竟因此而介紹到中國。

總之，耶穌會士否定了宋明理學家把理作爲創生萬物的論點，代之以天主創世，同時提出「有物則有物之理」、「物之理藏在物中」、「以數求理」的命題，顯然使格物窮理更能與自然萬物接近。換言之西方的理學的內容比宋明理學更接近自然萬物之理的研究，而且如果我們撇開上帝創世觀念不談的話，在思惟方式上也是一種極大的突破。這也是對抗陽明學末流「捨物言理」、「掃物尊心」的利器，耶穌會士理數觀獲得國人相當回響，此爲原因之一。

第四節 耶穌會士理數觀的影響

徐光啟（1562-1633）是西學派大將之一。與利瑪竇共譯《幾何原本》六卷。他對此書評價很高。他說：

> 唐虞之世，自羲和治曆暨司空，后稷、工虞、典樂五官者，非度數不爲工。《周官》六藝，數與居其一焉，而五藝者不以度數爲事，亦不得工也。……《幾何原本》者，度數之宗，所以窮方圓平直之情，盡規矩準繩之用也。㉓

下學工夫，有理有事。此書爲益，能令學理者祛其浮氣，練其精心，學事者資其定

法，發其巧思，故舉世無一人不當學。……能精此書者，無一事不可精，好學此書者，無一事不可學。㉔

幾何之學，深有益於致知。明此，知向所揣摩造作，而自詭爲工巧者皆非也。一也。明此，知吾所已知不若吾所未知之多，而不可算計也。二也。明此，知向所想像之理，多虛浮而不可按也。三也。明此，知向所立言之可得而遷徙移易也。（四也）。㉕

徐光啟不但肯定《幾何原本》在數學上的地位，而且也肯定它在方法上的意義。也因此他認爲一般人說：「鴛鴦繡出從君看，不把金針度與人」，而《幾何原本》卻是「金針度去從君用，未把鴛鴦繡與人」。「然則何故不與繡出鴛鴦？」主要是「欲使人人眞能自繡鴛鴦而已」㉖。明末清初耶穌會士傳入許多數學書，其實都是研究物之理不可缺少的「金針」。

因爲幾何之學是一種方法，因此徐光啟認爲它具有普遍客觀性。他指出《幾何原本》一書的特色是有「四不必」、「四不可得」、「三至、三能」。他說：

此書有四不必：不必疑、不必揣、不必試、不必改。有四不可得：欲脫之不可得，欲駁之不可得，欲減之不可得，欲前後更置之不可得。有三至、三能：似至晦實至明，故能以其明明他物之至晦；似至繁實至簡，故能以其簡簡他物之繁；似至難實至易，故能以其易易他物之至難。易生于簡，簡生于明，綜其妙在明而已。㉗

因爲幾何之學是一套客觀的數學方法，因此它不但至明、至簡、至易，而且不容懷疑，不容駁斥。他在〈刻同文算指序〉中也說：「數之原，其與生人俱來者乎？始於一，終於十。十指象之，屈而計諸，不可勝用也。五方萬國，風習千變，至於算術，無弗同也」。[28]徐光啓與利瑪竇交往，「論道之隙，時時及於理數」[29]。又有感於「算數之學特廢於近世數百年間」。他指出其原因有二：「其一爲名理之儒土苴天下之實事；其一爲妖妄之術謬言數有神理，能知來藏往，靡所不效。卒於神者無一效，而實者亡一存」[30]。所謂「名理之儒」應指理學家，而「妖妄之術」即朱載堉所指「術士」。因此徐光啓極力介紹西方數學，企圖給國人「金針」。

從以上引文中我們還可以明顯看出幾何之學不但是「舉世無一人不當學」的一種「下學工夫」，而且幾何之學也是「深有益於致知」的一門學問。徐光啓顯然很重視儒家所講「下學」，而且所謂「下學」不應只是一般所謂灑掃應對進退，而且還包括幾何一類的數學。至於所謂「致知」顯然也不是陽明所謂「致良知」，而是具有濃厚「知識」意義的「知」。換言之，根據客觀而普遍的數學所求得的知識不是揣摩造作的知識，因此以數學所求得的理也不是虛浮、想像的理。

當然徐光啓所謂的「數」並不只限於「幾何之學」，所有數學以及與數學有關的天文歷法測量等學問，都包括在內，徐光啓有時稱之爲「度數之學」或「象數之學」。就此而言，徐光啓雖曾師事焦竑，在學派傳承上似爲陽明學者，但是他由數達理的理數觀卻是在宋代學者理數觀的基礎上作了更進一步的發展。這在明末清初思想史上是值得特別重視的。

李之藻（1565–1630）也是介紹西學的功臣，他的理數觀與徐光啓基本上是一致的。他在〈同文算指序〉中說：

> 古者教士三物，而藝居一；六藝而數居一。數於藝，猶土於五行，無處不寓。耳目所接，已然之跡，非數莫紀；聞見所不及，六合而外，千萬世而前而後，必然之驗，非數莫推；已然、必然總歸自然。……利瑪竇先生精言天道，旁及算指。……加減乘除，總亦不殊中土，至於奇零分合，特自玄暢，多昔賢未發之旨，……良亦心同理同，天地自然之數同歟？……緣數求理，載在《幾何》，本本元元，具存《實義》諸說。[31]

李之藻認爲數是超越時空的一種客觀存在，因此中西數學只有發展之先後，並無本質上之不同，所謂「心同理同，天地自然之數同」。他並指出西方數學特色在「緣數求理」，《幾何原本》諸書是其代表。所謂「本本元元」是指《天主實義》所闡述的天主教教義。李之藻在〈天主實義重刻序〉中也提到「東海西海，心同理同，所不同者特語言文字之際」。這種觀點本爲陸象山所提出，有意溝通中西文化的西學派人士往往據此以肯定中西文化的共同性。徐、李不但接受西學，而且也受洗入教。連天主教信仰都能接受，對於更具有客觀性的數學當然就沒有排斥的理由，因此我們可以說接受西教及西學的人士大抵皆能接受耶穌會士的理數觀。

李、徐之後研究數學的學者輩出，其傑出者如王錫闡、方中通、梅文鼎、薛鳳祚、江永、焦循、戴震，雖然都未接受耶穌會士之「天主創世」與「理爲依賴」之說，但是他們都潛心西學，而且都相信「緣數可以求理」。他們對理數關係所提出的有意義命題，正反映明末清初以來中國知識思想界強烈企圖運用數學作爲格物窮理的手段，以探求天地萬物之理。而這種企圖可以說與耶穌會士介紹的理數觀有極爲密切的關係。

第五節　結　語

從以上論述，起碼可以得到以下幾點結論：

（一）宋明理學家以邵雍、朱熹、蔡元定父子爲代表所建構的言理而兼言數的理學，雖然因爲強調理在物先，並引用傳統《易經》中象數成份，以致無法完全在認識論上與自然萬物有密切的連繫，在「物理」研究上，亦無法達到眞正科學的水平，但是畢竟他們並未忽略自然界之萬物，而且也做出了一些成績。他們也的確試圖以他們所謂的「數學」來建構一套自然哲學。因此他們的理數觀比二程、陸王似乎在自然科學研究上具有更重要的意義。

（二）邵、朱、二蔡理數觀雖因陽明學興起而未獲順利發展，但是在陽明學末流產生流弊之際，卻成爲知識份子藉以矯正時弊之有效利器，明末像朱載堉、方以智、梅文鼎等學者都深受邵雍、朱子理數觀的影響，而對科學研究有一定的貢獻。

（三）耶穌會士的理數觀提出天主是創世主，否定宋儒理在物先的命題，並主張「物之理藏於物中」、「緣數求理」，對明末清初學者有極大影響。儘管耶穌會士介紹的科學主要目的是在證明創世天主的全知全能，但是由於科學有其普遍性，而且相對於當時中國而言，當時的西方科學有其優越性，因此它一方面豐富了中國的知識領域，而另一方面更重要的是它代表了一種思惟方式的革命。而這種新的思惟方式（指求理於數）也正是明末清初以來中國知識界所努力的方向。

（四） 明末清初學者因不滿陽明學末流之「捨物言理」、「掃物尊心」，因此藉助邵、朱、二蔡的理氣論、理數論，以矯正時弊。但是他們對於邵、朱、二蔡學說也不是全盤接受。大體上說，他們與宋儒不同的是，宋儒著重在「理生氣」、「理生數」，而明末清初學者則著重在「理在氣中、理在數中」，因此他們的「格物」更著重在「求理於氣」、「求理於數」。王夫之在評價方以智、方中通的科學研究的論斷，最能看出此一轉變。王夫之說：「密翁與其公子爲質測之學，誠學思兼致之實功，蓋格物者即物以窮理，惟質測爲得之，若邵康節、蔡西山，則立一理以究物，非格物也」。「即物以窮理」與「立一理以究物」，便是思惟方式上最大的轉變。如果我們由王夫之的話來看耶穌會士，可以說耶穌會士的格物也是「立一上帝以究物」，它與邵、蔡「立一理以究物」一樣都不是眞正的格物。但無論如何，耶穌會士與明末清初西學派學者還有一個共同會通的「即物以窮理」的層面，當時的一些科學成就，就是在此一共同的焦點上完成的。

註釋

❶《皇極經世書》·〈觀物內篇〉：「性之在物，謂之理」。

❷ 同上，〈觀物外篇〉：「所以謂之理者，物之理也」。

❸〈觀物外篇〉云：「天下之數出于理，違乎理則入于術。世人以數入術，故失于理也」。又

云：「物理之學，或有所不通，不可以強通。強通則有我，有我則失理而入于術矣」。

❹ 侯外廬等編《宋明理學史》上冊，頁90。北京人民出版社，1984。

❺ 《河南程氏外書》卷十二云：「堯夫《易》數甚精，自來推長歷者，至久必差，惟堯夫不然，指一二近事，當面可驗。明道云：待要傳與某兄弟，某兄弟那得工夫？要學，須是二十年工夫。」明道聞說甚熟，一日因監試無事，以其說，推算之，皆合，出謂堯夫曰：「堯夫之數，只是加一倍法，以此知《太玄》都不濟事。」堯夫驚撫其背，曰：「大哥你恁聰明！」伊川謂堯夫：「知《易》數爲知天？知《易》理爲知天？」堯夫云：「須還知《易》理爲知天。」因說今年雷起甚處。伊川云：「堯夫怎知某便知？」又問甚處起？伊川云：「起處起」堯夫愕然。他日，伊川問明道曰：「加倍之數如何？」曰：「都忘之矣。」因嘆其心無偏繫如此。根據這段自述可以看出程明道雖比伊川知邵雍易數，但是並不繫心於數，而且兩人都不屑學習。邵雍「須還知《易》理爲知天」，可見他能包容二程之易理，而二程卻不能包容邵雍之易數。（《二程集》上冊，頁428，北京中華書局，1981。）

❻ 《河南程氏粹言》卷一：

張閎中曰：「《易》之義起於數。」子曰：「有理而後有象，有象而後有數。《易》者因象以明理，由象而知數。得其理，而象在其中矣。必欲窮象之隱微，盡數之毫忽，迺尋流逐末，術家之所尚，管輅、郭璞之流是也，非聖人之道也。」（《二程集》下冊，頁1204）

朱子論理數關係文字頗多。如「氣便是數。有是理，便有是氣。有是氣，便有是數。」（《朱子全書》，（康熙五十二年刊本），卷49）；「理非別爲一物，即存乎是氣之中；無是氣，則是理亦無掛搭處。」（《朱子語類》卷一）；「有是理後生是氣」（《朱子語類》卷一）；「氣雖是理之所生，然既生出，則理管他不得。如這理寓於氣了，日用間運用都由這箇氣。只是氣強理弱。」（《朱子語類》卷一）。

錢穆說：「朱子言理氣，乃謂其一體渾成而兩分言之，非謂是兩體對立而合一言之也」。（見錢穆《朱子新學案》第一冊，頁238，台北三民書局，1982）其言理數亦大體如此。因此我們可以歸納的說，朱子理數論要點爲：一、理生數，二、理在數中，三、求理於數。

❼ 蔡沈字仲默，元定季子。他的理數觀基本上繼承朱子及父蔡元定。著作中論理數文字頗多，茲擇數則於下，以供參考。

有理斯有氣，氣著而理隱。有氣斯有形，形著而氣隱。人知形之數，而不知氣之數。人知氣之數，而不知理之數。知理之數，則幾矣！」（《洪範皇極內篇》）

聖者數之通也。……愚者數之塞也。（同上）理其至妙矣乎！氣之未形，物之未生，理無不具焉。氣之既形，物之既生，理無不在焉。（同上）

數始冥冥，妙于無形，非體非用，非靜非動。動實其機，用因以隨。動極而靜，清濁體正。天施地生，品彙咸亨，各正性命，小大以定。斯數之令，既明且神，是曰聖人。（同上）

數者，彝倫之敘也。無敘則彝倫斁矣，其如禮樂何哉！（同上）物有其則；數者，盡天下之物則也。事有其理；數者，盡天下之事理也。得乎政，則物之則、事之理無不在焉。不明乎數，不明乎善也；不誠乎數，不誠乎身也。故靜則察乎數之常，而天下之故無不通；動則達乎數之變，而天下之幾無不獲。（同上）

數由人興，數由人成，萬物皆備于我，咸自取之也。中人以上，達于數者也；中人以下，囿于數者也。聖人因理以著數，天下因數以明理。然則數者，聖人所以教天下後世者也，國家將興，必有禎祥，國家將亡，必有妖孽，善必先知之，不善必先知之。因天下之疑，定天下之志，去惡而就善，舍凶而趨吉，竭焉而無不告也，求焉西而無不獲也。利民而不費，濟世而不窮，神化而不測，數之用其大矣哉！（同上）

上焉者，安于數者也。其次守焉，其下悖焉。安焉者謂之聖，守焉者謂之賢，悖之者愚而已矣。是故歷數在躬，不思而得，不勉而中，聖人也。體數之常，不易其方，順時而行，賢人也。逆數越理，亂天之紀，小人之無忌憚也。（同上）

❽ 羅大經《鶴林玉露》，北京中華書局，1983。《宋元學案》卷六十二，〈西山蔡氏學案〉附錄有云：

唐□□曰：「濂溪、明道、伊川，講道盛矣，因數明理，復有一邵康節出焉。晦庵、南軒、東萊講道盛矣，因數明理，復有一蔡西山出焉。孔、孟教人，言理不言數，邵、蔡二子欲發諸子之所未發，而使理與數粲然于天地之間，其功亦不細矣」。

❾ 朱載堉《聖壽萬年歷》卷首。《文淵閣四庫全書》．子部．天文算法類。

❿ 同上。

⓫ 《律曆融通》卷四〈黃鐘歷議．交會〉。《四庫全書》．子部．天文算法類。

⓬ 同❾。

⓭ 朱載堉與何瑭（1474-1543）有密切的學術關係。何瑭，字粹夫，號柏齋，武陟人，卒謚文定。住地與載堉相鄰，且有親戚關係，學術上對載堉有深厚影響。〈聖壽萬年歷卷首〉自述云：「先臣南京都察院右都御史何瑭，乃臣外舅江西撫州府通判何諮之祖也。臣父恭王壯年蓋嘗師友於瑭。臣雖未獲面覿，而亦幸私淑焉。瑭與元儒許衡同里，慕其象數之學。衡所撰授時歷，備載元史。瑭亦嘗著陰陽、律呂之說，名曰管見。臣性愚鈍，嗜好頗同。忝居桑梓，復與瓜葛，靜居多暇，讀其書而悅之」。據此可知，何瑭是何諮祖父，何諮又是朱載堉外舅（即岳父），因此何瑭乃朱載堉的外舅祖。朱載堉父親朱厚烷（1581-1591）壯年曾師友於何瑭，而朱載堉雖未及面覿，卻私淑何瑭。何瑭與許衡同里，且慕許衡象數之學。換言之，朱載堉所私淑於何瑭的主要是其象數之學。四庫館臣在何瑭《柏齋集》提要中說何瑭「論學一以格致爲宗」。可見何瑭的象數之學是與格致之學密切結合的。他這樣的學術性格對朱載堉的

影響應是理解明末學術轉變一個重要的線索，值得深入加以探討。關於朱載堉的研究，可參考戴念祖《朱載堉——明代的科學和藝術巨星》。人民出版社，1986。朱載堉治數學雖自宋儒邵雍、朱熹、蔡氏父子入手，但是對他們研究成果的不足或錯誤，也有不少批評。見戴念祖書，頁270。

⓮《天主實義》上卷，頁18下。收於《天學初函》（一）。明李之藻刻，1626年刊本、台北學生書局印行，1965。

⓯同上，頁16上。

⓰同上，頁16下。

⓱《天主教東傳文獻續編》（一），明徐光啟等，台北學生書局印行，1966。

⓲收於《天學初函》（一）。

⓳《利瑪竇全集》第三冊，羅漁譯《利瑪竇書信集》，頁244。台北光啟出版社，1986。

⓴收於《天學初函》（四）。

㉓徐光啟〈刻幾何原本序〉。《徐光啟集》。上海古籍出版社，1981。

㉔《徐光啟集》·〈幾何原本雜議〉。

㉕同上。

㉖同上。

㉗同㉔。

㉘《徐光啟集》·〈刻同文算指序〉。

㉙同上。

㉚同上。

㉛收於《天學初函》（五）。

（本文最初是在1992年輔仁大學舉辦的「歷史與宗教——紀念湯若望四百週年誕辰暨天主教傳華史學國際研討會」中宣讀的論文，收入此次研討會的論文集，1992。茲據該論文略作修正補充，收入本書。）

第七章　結　論

本書事實上是以個案研究形式展開，因此讀者不難從各章結語中看出本書的一些論點。不過爲了使本書主旨更爲凸顯，擬就各章結語再作一些補充，以作爲本書結論。

根據以上各章的探討，我們可以明顯看出明末清初科學研究與程朱理學之間有密切關係。由於陽明不滿意朱子的格物說，因此把「格物」解釋爲「正心」，進而提出「心即理」、「致良知」的主張，認爲這是成聖成賢的正確簡易途徑。但末流卻形成「捨物言理」、「掃物尊心」、「師心自用」種種流弊。學者爲了矯正這種所謂「空虛」之弊，遂援引朱子格物說，而展開對天地萬物，乃至一草一木的研究。熊明遇的格致之學與游藝的窮理之學都是在這樣的思想脈絡之下展開的。王錫闡基本上把明朝滅亡歸因於「學術壞而人心喪」，而始作俑者則爲陸王之援佛入儒，因此他畢生與呂留良、顧炎武、張履祥倡導程朱理學。梅文鼎雖然有意調和朱陸之爭，而且推崇王陽明（拔本塞源論）及「事理歸一源」的主張，但是他畢生從事天文歷算學研究的思想基礎卻是邵雍、朱熹、蔡元定的象數易學，而不是陽明學。他雖然也一再提到象山的心同理同，但那是透過象數之學研究之後的心同理同，也就是他所謂「象數皆心學」的心同理同，在內容上與象山大有不同。因此我們可以說，明末清初的科學研究基本上是從程朱（包括邵、蔡）格物說發展出來的，而其目的則在矯正陽明格物說之流弊。當然我們沒有理由說一位站在程朱格物說立場而從事科學研究者不能兼取陸王思想之長(如梅文鼎),或者說一位站在陽明學立場的學者不可能從事科學研究(如黃宗羲),但是我們認爲朱子的格物說必須面對外在客觀世界,包括天地萬物乃至一草一木之理的研究,因此科學研究是朱子格物說的一部份,而陽明格物說卻反對朱子這種看法,因此他認爲科學研究不是成聖成賢所必須,甚至可以說是不相干。就此而言,拙著《明末方氏學派研究初編——明末清初理學與科學關係試論》一書中的基本論點仍然可以成立。

其次,根據本書的探討,我們也可以看出明末清初的科學研究也是宋明理學中程朱與陸王長期爭論下必然的結果。這可以分兩方面來說。首先,程朱與陸王之爭最後爭論重點是誰才是眞正儒學或原始儒學,而明末清初從事科學研究的學者基本上都是以儒者自居,不願以「疇人」自限,因此他們不斷地爲科學研究在儒學中尋找地位,同時也因此賦予儒學以新的內容。他們的結論是原始儒學是重視科學研究的,科學是儒者必須研究的領域。譬如熊明遇指出《詩經》「有物有則」、《中庸》「不貳之道」、《孟子》「所以然之故」是格致之學的基本綱領;梅文鼎指出象數之學始於伏羲畫八卦,歷法奠基於堯舜,數學盛行於周公、大禹。凡此均指出原始儒學或眞儒之學是重視天地萬物之理的研究,也因此研究天地萬物之理的格物之學才是眞正儒學或原始儒學。另一方面說,明末清初的科學研究者所以研究天地萬物,其最後目的當然是在求得「理」。但是他們都共同堅信以客觀的天地萬物爲研究對象,並藉助觀察、測量以及數學等客觀方法,則其所求得的理是最客觀而永恆不變的,他們似乎認爲無論是程朱與陸王之爭或中西之爭,最後都應以科學研究作爲判準。《四庫全書總目提要》卷九十七評毛奇齡《太極圖說遺議》云:

> 儒與道共此天地，則所言之天地，儒見不能異於道。道亦不能異於儒。……其能謂彼所見日月，非我日月也？苟其說不悖於理，何必定究其所從出，奇齡此論，不論所言之非，而但于圖繪字句，辨其原出於道家，所謂舍本而爭末者也。

四庫館臣這段批判儒道的意見其實就是指清初程朱與陸王之間有關太極圖說的爭論。館臣指出天地日月才是最後的判準。換言之，程朱與陸王之爭最後的判準是科學。基於以上兩點理由，我們可以說明末清初科學研究的興起是程朱與陸王長期爭論的結果。

我們也應該特別指出耶穌會士對明末清初科學影響的問題。一般學界對此問題往往採極端看法，不是認爲耶穌會士以傳教爲目的，因此傳入西方落後科學，阻礙中國進步，便是認爲明末科學研究興起主要是耶穌會士的貢獻。其實根據本書研究，明末清初科學的興起從思想上說主要是程朱與陸王長期對抗下，朱子格物說復興的結果，因此耶穌會士恰於此時傳入科學，而對中國科學發展有積極促進的作用。耶穌會士雖以傳教爲目的，認爲天主才能創世，宋明理學家的理是依賴不能創生，但這些神學觀點並無礙科學的發展，相反的，他們主張「理在物中」、「致知在格物」、「求理於數」、「推闡所以然之理」等思惟方式，卻與程朱格物窮理觀念相近，而且他們所介紹的天文歷法以及數學等都大大充實了朱子格物窮理說在方法論上的層次。因此耶穌會士除了以上帝取代理爲創生的地位一點之外，其他科學內容及思惟方法都大大豐富了程朱格物說，對明末清初科學興起有積極促進的作用。

明末清初從事科學研究的學者事實上有一個終極的目的是企圖建立一種新理學或新儒

學。他們企圖以具有思辨與認識能力的心，藉助數學、觀察、測量、理推種種格物窮理的方法，探討天地萬物（自日月運行，乃至草木蟲豸）的理。他們認爲既然格物的方法與格物的對象都具有客觀性與普遍性，則所得的理也必然具有古今中外之客觀性與普遍性。熊明遇的格致之學企圖從眞象數中追求眞理、原理、恒理；游藝的窮理之學企圖從天文及天地萬物建立一套與儒家六經同等的「天經」；梅文鼎企圖以象數之學建立古今中外會通的心同理同之學；王錫闡企圖建立「順天以求合」、「從乎天」的「天同一生」之學。因此，如果我們藉用顧炎武「經學即理學」與方以智「藏理學於經學」的命題來說明的話，我們也可以說明末清初從事科學研究的學者主張「科學即理學」，並企圖「藏理學於科學」。所不同的是前者重建理學的基礎是經學，主要方法是訓詁考證，後者重建理學的基礎是科學，方法是數學、觀察、測量、理推。換言之，科學研究與經學考證，同屬朱子格物範疇，都是不滿於王學末流空虛之弊而起，皆具有重建新理學與新儒學的企圖。如果我們看看艾儒略《西學凡》中以物理、數學、邏輯、倫理諸學建立所謂「理學」的企圖，以及今日我們把研究自然科學理論稱爲「理學」（如理學院、理科），則明末清初從事科學研究者「科學即理學」或「藏理學於科學」的主張，事實上是頗具近代性的。只可惜清代以後，學術主流還是走經學考據之路，而明末清初這種具有近代性、世界性的科學研究卻要到十九世紀中葉以後才有機會繼續發展，這或許也可以說是一種挫折或屈折吧！

附錄 梅文鼎對術數的態度

梅文鼎對於術數問題的討論約可分三點加以說明，一是對於占驗的批判，二是對選擇宜忌的不滿，三是對於風水問題的態度。

一、梅文鼎對占驗的批判

梅文鼎一生以研究歷法爲職志，而研究歷法必須涉及天文。但是從歷史觀點來看，中國自古以來的天文便與星占有密切關係，因此他不但不以研究天文自居，而且極力區別天文家與歷家的不同。他說：

> 言天道者原有二家，其一爲歷家，主於測算，推步日月五星之行度，以授民時，而成歲功。即《周禮》之馮相氏也。其一爲天文家，主於占驗吉凶福禍，觀察祲祥災異，以知趨避而修救備，即《周禮》之保章氏也。班史析之甚明，故雖合律歷爲一志，而別出天文也。……占與測雖分科，亦互爲用，故《遼史》合之也。❶

天文家與曆家都是以研究天道爲目的。但天文家主要工作是占驗，所談的是吉凶福禍，祲祥災異，並使人趨吉避凶修德。歷家主要工作是測算，目的在推算日月五星之行度，以授民時而成歲功。前者是《周禮》中的保章氏，後者是馮相氏。可見這種區分由來已久。

天文與歷算雖然也有互相爲用的地方，但是基本上它自《周禮》以來便是兩個學科，班固作《漢書》更寧可使歷與律合一，而與天文區分開來。尤其梅文鼎認爲天文言占驗必及人事，聖人遇災而懼，有一套修省轉移之道，「若執定占書一兩言，以斷其休咎，將修德弭災，語爲虛設，而天亦可量矣，是故不敢妄談」❷，其次在他看來，「占書之說，未免過于張皇，非其質也，愚不敢輒信占書，亦正謂此處耳」❸。基於這兩個理由，梅文鼎既不敢輕易相信占書，也不敢妄談占驗。他還是始終不以占家自居。

梅文鼎認爲天文與歷算固屬兩種不同學科，而且有時互相爲用，但是天文占驗之所以盛行，主要原因是由於歷算之學不發達；如果歷算明，術士自不易以占驗妖言惑衆。他以子產、昭子之反對梓慎、裨灶爲例加以說明：

> 自梓慎、裨灶之徒，以星氣言事應，乃始有災祥之占，而其說亦有驗有不驗。有星孛于大辰，裨灶曰：宋衛陳鄭將同日火。若我用瓘斝玉瓚，則不火。子產弗與，已而火作。灶曰：不用吾言，鄭又將火。子產曰：天道遠，人道邇，灶焉知天道；卒不與；鄭亦不火。梓慎以日食占水，昭子曰：旱也。已而果旱，慎言不效。是故惟子產、昭子深明乎理數之實，乃有以折服矯誣之論，雖挾術如慎、灶而不爲所動。故歷學大著，則禨祥小數無所依託，而自不得行。其于政教，不無小補，與律禁私習之指，固殊塗而同歸矣。❹

在梅文鼎看來由於子產、昭子「深明理數之實」，因此不爲梓愼、裨灶「矯誣之論」所折。至於要深明理數之實，當然得研究歷法。因此歷法大著，禨祥小數便無所依托而不會盛行。

梅文鼎以自己研究歷法的心得，證明古代占驗家所以盛行是由於對歷法天象不明所致。他說：

> 曰：世皆謂天文歷數能前事而知，以豫爲趨避，而子謂歷學明，則占家無所容其欺，妄言之徒，不待禁而戢其說，可得聞乎？曰：可。❺

顯然一般人分不清天文與歷數的區別，而誤以爲都能「前事而知，以豫爲趨避」。但梅文鼎卻認爲歷學與占家是不同的。歷學不發達，所推測便不準確，於是占家便乘虛而入。梅文鼎在〈學歷說〉一文中舉十三個例子說明之。

（一）「日月之遇交則食，以實會、視會爲斷，有常度也。而古歷未精，於是有當食不食，不當食而食之占。」

（二）「日之食必于朔也，而古用平朔，于是有食在晦二之占。」

（三）「月之行有遲疾，日之行有盈縮，皆有一定之數，故可以小輪爲法。而古惟平度，于是占家曰：晦而月見西方謂之朓；朓則侯王其舒。朔而月見東方謂之仄慝，仄慝則侯王其肅。」

（四）「月行陰陽歷以不足廿年而周，其交也則于黃道；其交之半也，則出入于黃道之南北五度有奇，皆有常也。而古歷未知，于是占家曰：天有三門，猶房四表；房中央曰天街，南間曰陽環，北間曰陰環；月由天街，則天下和平，由陽道則主喪，由陰道則主水。夫黃道且有歲差，而況月道出入于黃道時時不同，而欲定之于房中央，不已謬乎？」

（五）「月出入黃道，既有南北，而其與黃道同升也，又有正升斜降、斜升正降之不同。唯其然也，故月之始升，有平有偃，而古歷未知也，則爲之占曰：月始生正西，仰天下有兵。又曰：月初生而偃，有兵兵罷，無兵兵起。」

（六）「月于黃道有南北，一因也；正升斜降，二因也；盈縮遲疾，三因也；人所居南北有里差，則見月有早晚，四因也。是故月之初見有在二日、三日之殊；極其變則有在朔日、四日之異，而古歷未知，則爲之占曰：當見不見，又曰不當見而見，則魄質成蚤也。」

（七）「食日者月也，不關雲氣。而占者之說曰：未食之前數日，日已有謫。」

（八）「日大月小，日高月卑；卑則近，高則遠，遠者見小，近者見大，故人所見之日月大小略等者，乃其遠近爲之，而非其本形也。然日月之行各有最高卑，而影徑爲之異，故有時月正掩日，而四面露光，如金環也，此皆有可考之數，而占者則以金環食爲陽德盛。」

（九）「五星有遲疾留逆，而古法惟知順行，于是占者以逆行爲災，而又爲之例曰：未當居而居，當去不去，當居不居，未當去而去，皆變行也。以占其國之災福。」

（十）「五星之出入黃道，亦如日月，故所犯星座，可以預求也。而古法無緯度，于是占者以爲失行而爲之例，曰凌、曰犯、曰鬥、曰食、曰掩、曰合、曰句已、曰圍繞。夫句已凌犯，占可也；以爲失行，非也。」

（十一）「五星離黃道不過八度，則中宮紫微及外宮距遠之星，必無犯理，而占書皆有之。」

（十二）「恆星有定數，亦有定距，終古不變，而世之占者既無儀器，以知其度，又不知星座之出入地平有濛氣之差。或以橫斜之勢而目視偶乖，遂妄謂其移動。于是爲占曰：王良策馬，車騎滿野。天鉤直，則地維坼，泰階平，人主有福。」

（十三）「中州以北，去北極度近，則老人星遠而近濁不常見也。于是古占曰：老人星見，王者多壽，以二分日候之。若江以南，則老人星甚高，三時盡見，而疇人子弟猶歲以二分占老人星。密疏貢諛，此其仍訛習欺，尤大彰明者矣。」

以上共十三條，前八條關於日食、月食者，其次三條則關於五星。後兩條則分別爲關於恆星與老人星。所以關於日食、月食及五星、恆星、老人星的天象變化都是可以觀測而預知的，但傳統由於缺乏儀器、不知濛氣差、或只知平度而不知以小輪爲法等等理由，致使古曆法無法提出合理精密的預測，因此占家便提出各種解釋。可是後世曆法密於古，對於占家之解釋便不攻自破了。梅文鼎以其曆法專業知識對於傳統占驗的批判是強而有力的。其實中國正史《天文志》、《五行志》以及各種占驗書籍可謂汗牛充棟，我們若能用現代科學知識像梅文鼎一樣加以分析、批判、解釋，應可對中國傳統文化的理解有很大貢獻。本文所以不避冗長對梅氏十三點批判，詳作介紹，其意義在此。

梅文鼎認爲鼓勵曆法研究才是制止占家妖言，最積極有效的方法，只以法律禁止是消極的。他說：

故曆學不明而徒爲之禁，終不能禁。或以禁之故，而私相傳習，矜爲秘術，以售其

詐，若歷學既明，則人人曉然于其故，雖有異說而自無所容。余所以數十年從事于斯，而且欲與天下共明之也。❻

梅文鼎畢生提倡歷學研究主要目的之一便是在破除占家之迷信。他認爲這是儒者所應盡的責任。一般儒者往往以政府禁止私習天文爲由而不習歷法。梅文鼎針對這一點提出澄清。第一，他認爲政府禁止的是天文而不是歷法，而且政府所禁止的天文，也只是妄言禍福、惑世愚民的天文。他說：

律所禁者天文也，非歷也。……且夫私習之禁，亦禁夫妄言禍福，惑世愚民者耳。若夫日月星辰，有目者所共睹，古者率作興事，皆用爲候，又何禁焉。……有一候則有一候之星，有一候之星則有一候之政令，且夫紅女皆知之矣，又何禁焉。❼

在古代天文知識是一般人的常識，而用之以爲日常工作與生活之依據，顧炎武《日知錄》便指出「三代以上，人人皆知天文」(卷三十〈天文〉條)。因此只要不妄言禍福，政府並不禁止私習天文。❽

第二，梅文鼎從科舉考試及政府政令來看，傳統政府並不禁止讀書人學習歷法。他說：

且子不徵之功令乎?《論》、《孟》、經、史，士之本業也，而《魯論》言辰居星拱，言行夏之時。《孟子》言千歲日至，可坐而致。《易》言治歷明時。《大傳》言五歲再閏，三百有六十當期之日。〈堯典〉中星，分測驗之地；璣衡之制，爲萬世法。辰弗集房，載於〈夏書〉。《詩》稱十月之交，朔日辛卯。《春秋》紀日食三十六。《禮》載月令；《大戴禮》述夏小正。皆詳日所在宿及恆星伏見昏旦之中，與其方向低昂之狀，用爲月節以佈政教而成百事。又自漢太初以來，造曆者數十家，皆具其說于史。若是者既刊布其書，使學者誦習之矣。三年而試之，程氏發策，往往有及于律歷者，其于律之禁，寧相背乎？是故律禁私習妄言者，而未嘗禁士之習經史也。而顧諉之爲星翁卜師之事，而漫不加察，反令術士者流得挾其不經之說，以相炫誘而不能斷其惑，是亦儒者之過也。故人之言天，以占驗爲奇，吾之言歷，以能辨惑爲正。(同上)

《論語》、《孟子》、五經都有關於天象、歷法的記載，而正史中更刊布漢代太初歷以來數十家的歷法供人閱讀。而這些都是「士之本業」，豈可說政府禁止士人研究歷法？再說科舉考試命題也往往有涉及律曆的題目，可見政府公開且倡導研究歷法，與律禁私習妄言並不衝突。換言之，律禁妄言而未嘗禁士之習經史而習歷法。由於讀書人不研究歷法，使術士「言天而以占驗爲奇」。因此梅文鼎畢生「言歷以能辯惑爲正」。這也是他復興原始儒學的工作之一。因之梅文鼎朋友王源曾很肯定梅氏研究歷法有「息邪闢妄解惑之功」。他說：

余曾謂裨灶、梓愼之術不能不屈于子產、昭子。徐理預知英宗北狩，及南宮復辟，亦以象緯決之，則倡議遷都，北平宜必不可守，而于忠肅力排其說，一意戰守，社稷遂

保無虞。是人事修，天意無不可挽。則梅子是書，豈特明歷法也乎？息邪闢妄解惑之功亦不小矣。❾

梅文鼎研究歷法雖以辨惑爲目的，但是他認爲古王者「遇災而懼」並進而修身修德以達天戒的精意也是占驗的功能，他並不主張廢占驗。他說：

> 然則占驗可廢乎？將天變不足畏邪？曰：惡是何言也。吾所謂辨其惑者，辨其誣也。若夫王者遇災而懼，側身修身以答天戒，固欽若之精意也，又可廢乎？古者日食修德，月食修刑。夫德與刑固不以日月之食而始修也。遇其變，加儆惕焉，此則理之當然，未敢以數之有常而或懈也，此又學歷者所當知也。❿

換言之，研究歷法是要以科學方法知道日食、月食的原因，而避免占驗之家妖言惑衆。但是遇有日食、月食而使人君修德修刑則是好事，應該保留。蓋此乃承宋代理學家如程頤等人見解而來。⓫

附帶一提的是梅文鼎對星命的看法。梅文鼎認爲以星推命應是九執曆以後才有。他對一般流行的推命法不滿意，但又覺得欲求改良，問題也很多。他說：

> 以星推命，不知始於何時。然呂才之闢祿命，只及干支，至韓潮州(按：即韓愈)始有我生之時，月宿南斗之說。由是徵之，亦在九執以後耳。每見推五星者，率用溪口

> 歷，則於七政躔度疏遠；若依新法，則宮度之遷改不常。二者已如柄鑿之不相入，又安望其術之能驗乎？夫欲求至當，則宜有變通。然其故多端，實難輕議。或姑以古法分宮，而取今算之七政布之，則既不違其本術，亦不謬乎懸象，雖未知驗否何如？而於理庶幾可通矣。⑫

一般星命家使用溪口歷，與七政躔度不合，而若用新法，則宮度遷改不常，因此都很難應驗。梅氏建議嘗試以古法分宮，而以今算之七政布之。在方法上或天象上都較相合。是否應驗不得而知，但起碼在理論上說得通⑬。大體上說梅文鼎似乎並不排斥星命之學⑭。因此有意改進之以求應驗。

二、梅文鼎對選擇宜忌的批判

梅文鼎認爲堯舜到元朝歷代歷法都沒有宜忌或選擇之記載，但是恐怕自元末明初歷法，才加上傳統盛行的選擇宜忌諸說，以至在明清官歷有之，民間通書更是如此。他指出堯舜原始作歷並無選擇之事。他說：

> 司馬遷曰：閱陰陽之書，使人拘而多畏，其說蓋起於戰國之時。夫箕子陳〈洪範〉，其七曰稽疑，古者有大政，既斷之于主心，又謀及卿士，謀及庶人矣，然必謀及卜筮。古聖人不敢自專自用，而必協謀于神人，蓋其愼也。戰國力爭，此義不明，太卜筮人之官廢，疑事無所決，陰陽家言乃紛紛然出矣。⑮

根據《尚書・洪範》記載，古聖王在決定大政時，因愼重其事，不敢自專自用，一定謀及卜筮。但戰國力爭，太卜筮人制度廢，疑事無所決，遂有陰陽家興起以取代之。選擇宜忌之風自此盛行不止。他說：

隋唐之季，其說愈多，故呂才援引古義，著論以非之，可謂深切著明矣。然而教化不行，吉凶禍福之說，深中于人心，黠者乘之，各立異說，以恫喝聾俗，愈出愈支。六十干支，而選擇之書，乃有九十餘家。同此一日，而此以爲大吉，彼以爲大凶，令人無所適從，誣民惑世，莫此爲甚。⑯

唐代呂才奉命撰書批判選擇之說，但是這種流行於民間的傳統，儘管多達九十餘家，而同一日或言大吉，或言大凶，彼此矛盾，但既已深中民心，還是無法禁止。

梅文鼎認爲民間流行的這種選擇宜忌學說列入官歷大概始於元末明初，可能是元統與郭伯玉等人所爲。他說：

今官歷宜忌，本于選擇歷書，不知其爲元時所定？明初所定？然考史志，歷代言歷者，初無一字及於選擇。又如羅計四餘，郭守敬《歷經》所無，而大統增之。然則此等不經之說，並元統、郭伯玉等所爲耳。⑰

梅文鼎認爲官歷宜忌可能用意在定民之趨向，但是民間通書卻各立異說，而術士私撰者更多。因此他主張恢復唐虞三代敬天勤民之至意，以編輯新歷法。他說：

> 原其初意，或亦欲假此以定民之趨。然官歷雖頒宜忌，而民間偏惑通書。通書既非一種，而術者私書更多，雖户説以渺論不能止也。今若能一切刪去，只載宜行政事，及南北耕耘收穫之節，則唐虞三代敬天勤民之至意，復睹今日，豈不快哉！⑱

梅文鼎這種恢復唐虞三代歷法之議，明初洪武年間解縉(1369–1415)已有此議。梅文鼎也很贊成，並認爲「此說甚正，惜當時不能用。然實爲定論，聖人所不能易也」。⑲

梅文鼎所謂唐虞三代之歷內容到底如何？他有〈論古頒朔〉一文，推論三代之歷甚詳，或可供參考。他說：

> 古者天子常以冬月頒來歲十二月之朔于諸侯。諸侯受而藏諸祖廟。月朔，則以特羊告朔，請而行之。如是其隆重者，何也？蓋既曰請而行之，則每月內各有當行之政令，須于天子，而諸侯奉行惟謹焉。故告朔之後，即有聽朔、視朔之禮，所以申命百官有司以及黎庶，相與恪遵以奉一王之大法。此之謂奉正朔也。是故大之有朝覲會同之期，有鄰國聘問之節，有天子巡狩于方岳之時。其于宗廟也，有禴祠烝嘗四時之祭，有耕藉田夫人親蠶以預備粢盛衣服之需。其於群神也有山川、社稷、祈穀、報歲、八蜡、五祀之典。其於饗序也，有上丁釋菜、冬夏詩書、春秋羽籥之制。其於農事也，有田畯、勸農、播種、收穫、溝洫、堤防、築場、納稼之務。有飲射、讀法、遒人、

> 徇鐸之事。其於軍政也，有蒐苗、獮狩、振旅、治兵之政。其于土功也，有公旬三日之限，其于刑罰也，有宥過、釋滯、折獄、致刑之月。又如藏冰，用冰、出火、內火，仲夏斬陽木，仲冬斬陰木。獺祭魚，然後漁入澤梁；豺祭獸，然後田獵之類。凡若此者皆，順四時之序，以爲之典章，先王之所以奉若天道也。而一代之典制，既藏之太府，恪守無斁矣。又每歲頒示諸侯以申命之，諸侯又於每月之朔告于祖廟，請而奉行之。天子本天以出治，無一事敢違天時，諸侯奉天子以治其國，無一事不遵王命，以上順天時。唐虞三代，所以國無異俗，家無異教，道德一而風俗同，蓋以此也。……則三代之時所頒之歷可知矣！⑳

三代所頒之歷是否誠如梅文鼎所考是另一回事，但由此可知梅氏理想中的歷法是只記載百官行政與百姓農耕及生活的大法，其中沒有時下流行通書各種擇日或官歷宜忌之說，可以說是完全與國計民生相關的經濟有用之歷法。梅氏擬恢復三代歷法之至意，也是他原始儒學思想的具體表現。

三、梅文鼎對風水的態度

最後，讓我們討論梅文鼎對風水(即地理)的看法。據云梅文鼎的風水術造詣與歷算之學同稱獨步㉑。他自己的記載中也說，自從其父親過世後，爲尋求葬地，而研究葬術，而在曆算研究方面磋跎了一些時間㉒。他自己所藏圖書除經史外、首列葬術。凡此均可看出梅文鼎自己是研究葬術的，而且相信葬術。他主持興建梅家祠堂時也曾參考形家意見。㉓

據目前資料顯示，與梅文鼎相善之形家有傅濟川。《續學堂詩鈔》卷二有〈題傅濟川小影〉詩注云「濟川善地形，著《三會正眼》」。詩云：

> 疇昔宛溪湄，招提共棲止。朝聞誦金經，晝出看山水。別去曾幾何，歷年餘一紀。爲君顯像者，多爲人人矣。剎那成古今，歲運疾于駛。自愧守蓬藁，徒然衰髮齒。君遊一何健，燕齊環杖履。風塵留好顏，視昔轉豐美。無以贈君行，呵凍聊書此。他時能復來，細論三會旨。

傅濟川似爲宛溪人，生平不詳，所著《三會正眼》，未見。但與梅文鼎曾一同研究風水，而且共同興趣於三會之說。此詩作於康熙二十三年(1684)。

梅文鼎基本上認爲風水本身固有其理，但更根本的是人必須「修德以承天休」。〈書地理集解後〉云：

> 今夫仁人孝子，求善地以安其親之體魄，福報原非所急。雖然，子孫者父祖之遺也，吾之子孫，父祖之子孫也。地吉而子孫興，亦所以安父祖，初不必諱言之。然其要則在修德以承天休而已。[24]

固然吉地可得福報，但是重要在「修德以承天休」。梅文鼎認爲不修德，即使有吉地亦不能得福報。他說：

> 廖公曰：若是惡人與善地，禍福皆反戾。故曰人傑地靈。今人或亦知吉地非德不能致，不知雖有吉地，而無德以承之，則亦不能享。譬若樹焉，欲茂其枝，必培其根。根培矣，枝茂矣，而其中仍有枯枝，則必其摧折蠹朽而自絕於樹者也。自絕於樹，則根之氣液雖盛，而有所不能受，豈種樹者能豫定其花實之出於何枝，主何公位也哉！一父之子、一祖之孫而興廢殊焉，亦若是則已矣。根雖盛不能生自絕之枝，地雖吉不能蔭敗類之裔。而屑屑於前砂龍虎、穿鑿附會耶。[25]

梅文鼎相信吉地可得福報，但更堅信福報必來自積德。所謂「根雖盛不能生自絕之枝，地雖吉不能蔭敗類之裔」。因此，同一吉地葬同一祖先，但子孫所獲福報不一，其因在此。梅文鼎認爲這是讀地理書首先必須知道的「理」。他說：「吾願讀地理書者信其所可信，而毋信其所不可信，斯不爲書誤矣。書以明理，而非明理亦不能讀書」。[26]

梅文鼎認爲可信的是「理」，即修德可得福報；不可信的是「公位之說」。他指出《地理集解》一書的缺點就是公位之說。他說：

> 《地理集解》一書集衆論而折其衷，略去枝蔓，獨標勝義，非深於此道者不能作也。惜前編論公位處，太迂而蔽，宜盡芟之，則醇乎其醇矣。[27]

所謂「公位」又稱「房位」。地理家認爲葬地可使墓主各房兒孫「受蔭」的不同位置，就叫「公位」。此說自古常遭批評。蔡元定《發微論》云：「今人動爭公位，以致久不葬親，何見之謬耶？」從梅文鼎「修德以承天休」的觀點，公位說是不可取的。

梅文鼎還以邊大受發李自成父墓爲例，說明人生之一切感召吉凶，不是全由葬親所決定。他說：

> 邊大受，崇禎末令米脂，募人發李自成父墓，……迺說者遂以自成之敗爲大受功，此大不然。㉘

梅文鼎認爲人們這種說法都是因相信人生吉凶與葬親有必然關係所致。他說：

> 夫風水之惑人深矣。孝子之卜宅兆也必誠必信，勿之有悔，黠者乘之，遂操禍福以中人。謂人生之一切感召吉凶，悉由於葬親之故，而其害至不可勝道。㉙

梅文鼎認爲以李自成之凶虐狂背，即使不掘其父墓，也終必敗亡。就歷史上許多實例亦可證明興亡與掘墓與否無關。他說：

> 自成之凶虐狂背，雖不掘其父墓，亦終不免於敗。不然張獻忠等之先墓又誰知之，而誰掘之。楊憐真珈利宋陵寶玉而發掘莫之禁者，或亦以此絕趙氏復興之望也。起輦谷不起陵，雖子孫莫識其處，藏之可謂固矣。然亦不復興，或以帝王關天運、異常人。彼魚朝恩遣盜發汾陽父墓，而於汾陽之享受，毫無益損，抑又何耶？㉚

從以上論述，可以看出梅文鼎固然相信吉地福報之說，但更強調人之爲善積德才能享受福報。

關於陽宅理論，梅文鼎頗疑《宅經》以八卦分東西四宅，而贊同九星飛白之說。康熙十八年(1679)，他在山陰友人(疑爲何奕美)家，得所傳幕講僧九星飛白之說吉凶方位，正與《宅經》所言八卦正相反。而前說流行於浙東，亦咸以爲靈驗。梅文鼎向即對《宅經》說有疑。他說：

> 近世相宅率祖黃帝《宅經》，以八卦分東西四宅，余故嘗疑之。歲己未於山陰友人得所傳幕講僧九星飛白之說，吉凶方位與八卦正相反。然其法盛行浙東，僉謂奇驗，亦如八宅家之信《宅經》。[31]

梅文鼎舉都邑、官衙實例，證明八宅家所說不一定是定說。他說：

> 姑以坎宅言之，在八宅則西三門不可開；在九星則離爲五黃關煞，然則都邑有東西門者皆爲相犯，而官衙南面皆犯關煞乎？此不待智者知其不然矣。[32]

就一般學者而言，有批評八宅之謬的，有不拘於八宅之說的。他說：

> 新安王之一著《婆心集》、楊長公著《理氣考正論》，皆闢八宅之謬，然未及九星者，未見《玉鏡》等書爾。周太常修應天學，豫識大魁三人，果符厥兆，金陵人至今能言之。然吾嘗見其《陽宅定說》，則亦未拘拘於東西不之相犯也。說者謂古人理氣授受，別有奧旨，不筆於書，其果然耶？[33]

梅文鼎所述諸人著作均待考，但他認爲這些人也都不相信八宅之說。

梅文鼎對風水中的理氣派與形勢派，基本上似乎是傾向於理氣派。但是他認爲《易傳》向明而治是堯舜以迄近代相傳之原則，因此不可忽略。總而言之，他希望讀地理書必以會通明理爲要，不可執其一說而無所復疑，自惑惑人。他說：

> 夫向明而治，本之《易傳》，堯舜以迄近代，未之或改。至遷都、立郡、城門、衢道之橫從，皆歷代名賢所區畫，乃學者漫不參究，而顧區區偏守乎俗巫之訛傳，以矜奇秘，豈非大愚。且夫知其一說而不知又有一說，則無所復疑，而不更事咨詢，於是迷惑、拘礙、窒閡以終其身，自誤誤人，貽害萬世。嗚呼！可哀也已。吾故特存此書以告夫世之專信八宅者，非欲其舍彼而用此也。將使之破其所恃，以生其疑問，庶幾能深思博考而有以盡其理乎？[34]

註釋

❶《梅氏叢書輯要》卷五十九〈歷學答問・答嘉興高念祖先生〉。以下簡稱《梅輯》。

❷同上，〈歷學答問・答滄州劉介錫茂才〉。

❸同上。

❹《績學堂文鈔》卷二，〈歷學說〉。

❺同上。

❻同上。

❼同上。

❽朱載堉〈聖壽萬年歷卷首〉也指律法禁止妄談占驗，而不禁止研究推步。他說：「蓋聞天文之家，其學有二，曰推步者，推其一定之氣朔，乃理之常者也。曰占驗者，占其未來之休咎，乃天之變者也。天之變者，不許術士妄談禍福惑世誣民，律法之所禁者此耳。而怪力亂神，亦儒者之所恥言也。若夫氣朔節候之早晏，則國家頒歷於四海，日月交食之秒刻，則所司移文於天下，此古聖人欽歷象、授民時之意，固皆理之常者，何曾不欲人知，而律法所禁，豈在是乎？」(《文淵閣四庫全書》・子部・天文算法類)朱載堉對「天文」的定義雖與梅文鼎不同，他分天文爲推步與占驗，而梅文鼎則把天文與歷法分開。但事實上朱載堉所謂推步，即是梅文鼎所謂的歷法。但無論如何，兩人都認爲政府所禁止的是妄言禍福的占驗，並不禁止研究歷法及不妄言禍福的天文，像梅文鼎、朱載堉的言論在明末是很普遍的，並非特例。

❾《梅輯》卷四十六，王源〈歷學疑問序〉。

❿同❹。

⓫《績學堂文鈔》卷一〈復張彝嘆書〉云：「伊川言：『日食有定數，聖人必書者，欲人君因此而恐懼修省也。』此說是矣。然如此則似此意自尼山發之。當云：『日食有定數，古者聖王克謹天戒；遇災而恐懼修省，故聖人必謹書之』，似語意更爲完足。」

⑫《梅輯》卷五十九，〈歷學答問・答滄州劉介錫茂才〉

⑬梅文鼎曾以八字爲例出過一個算術題。他說：「假如星命家以年月日時配成八字(自注：以七百二十乘七百二十)，問共該若干？答曰：五十一萬八千四百。解曰：六十年各十二月，則前四字七百二十。六十日各十二時，後四字亦七百二十，故以相乘。即能盡八字之變。」(見《梅輯》卷二，〈筆算二・乘法五〉。

⑭《續學堂文鈔》卷二〈經星同異考序〉云：「星歷之學，非小道也，其事凌雜米鹽，稍近卜祝，而探厥源流，乃根於天人理數之極。」此所謂「星歷之學」可能包括「星命之學」。

⑮《梅輯》卷五十，〈歷中宜忌〉。

⑯同上。

⑰同上。

⑱同上。

⑲梅文鼎〈歷中宜忌〉云：「洪武中解大紳〈庖西封事〉曰：『治歷明時，授民作事，但申播植之宜，何用建除之謬，方向煞神，事甚無謂。孤虛宜忌，宜且不經。東行西行之論，天德月德之云，臣料唐虞之歷，必無此等之文。所宜著者，日月之行，星辰之次，仰觀俯察，事合逆順，七政之齊，正此類也。』按此說甚正，惜當時不能用，然實爲定論，聖人所不能易也。」(《梅輯》卷五十〈歷中宜忌〉)。顧炎武《日知錄》卷三十〈建除〉條也引用了上面的文字。按：解縉，字大紳，吉水人。洪武二十一(1388)年舉進士，授中書庶吉士，頗爲明太祖所重，常侍帝前，一日太祖在太庖西室，諭縉：「朕與爾義則君臣，思猶父子，當知無不言」。縉即日上封事萬言，此即所謂〈庖西封事〉。《明史》卷一四七有〈解縉傳〉。

⑳《梅輯》卷五十，〈論古頒朔〉。

㉑見〈文峰梅氏族譜〉。

㉒ 見《績學堂文鈔》卷二，〈經星同異考序〉。
㉓ 《績學堂文鈔》卷四〈重建梅氏宗祠碑記〉云：「形家言亦且云吉，遂定今址。經始於康熙辛卯，落成於丙申。」
㉔ 《績學堂文鈔》卷五。
㉕ 同上。
㉖ 同上。
㉗ 同上。
㉘ 《績學堂文鈔》卷五，〈虎口餘生錄書後〉。
㉙ 同上。
㉚ 同上。
㉛ 《績學堂文鈔》卷五，〈陽宅九宮書題辭〉。
㉜ 同上。
㉝ 同上。
㉞ 同上。

引用書目

1.《二程集》 宋程顥、程頤 北京中華書局標點本 一九八二

2.《文直行書》 明熊明遇 一六六〇刊本 中央圖書館館藏

3.《文獻徵存錄》 清錢林輯 一八五八年刻本 中文出版社 一九八二

4.《天主教東傳文獻續編》三冊 明徐光啟等 台北學生書局印行 一九六六

5.《天經或問》 清游藝 日本享保十五年刻本（一七四三），東京大學東洋文化研究所圖書館館藏、四庫全書本、日本靜嘉堂文庫抄本（一八二五以後）

6.《天學初函》六冊 明李之藻刻 一六二六年刊本 台北學生書局印行 一九六五

7.《四庫全書總目提要》 清紀昀等 台灣商務印書館 一九六五

8.《名理探》 明李之藻等譯 一九三一年重刻 台灣商務印書館 一九六五

9.《朱子語類》 宋朱熹 北京中華書局標點本 一九八六

10.《宋元學案》 清黃宗羲 北京中華書局標點本 一九八六

11.《利瑪竇全集》 羅漁等譯 台北光啟出版社 一九八六

12.《吳江縣志》 清倪師孟等 一七四七年刊本 石印重印本 台北成文出版社印行

13.《明史》 清張廷玉等 北京中華書局標點本 一九七四

14.《春秋左傳會注》 楊伯峻 北京中華書局 一九八一
15.《宣城縣志》 清李應泰等 一八八八年刊本 台北成文出版社印行
16.《建陽縣志》 趙模修、王寶仁 一九二九年鉛印本 台北成文出版社印行
17.《格致草》 明熊明遇 一六四八年刊本 美國國會圖書館館藏
18.《徐光啟集》 明徐光啟 上海古籍出版社標點 一九八四
19.《原抄本顧亭林日知錄》 清顧炎武 台北文史哲出版社 一九七九
20.《莆田縣志》 清廖必琦等 一八七九年補刊本・一九二六年重印本 台北成文書局印行
21.《梅氏叢書輯要》 清梅文鼎《梅氏叢書輯要》本 台北藝文印書館印行 一九七一
22.《清史稿》（列傳部分） 趙爾巽等 北京中華書局標點本 一九七七
23.《進賢縣志》 清聶當世 一六七三年刊本 台北成文出版社印行
24.《陽明全書》 明王陽明 四部備要本 台灣中華書局 一九八五
25.《楊園先生言行見聞錄》 清張履祥 台北廣文書局 一九八六
26.《曉庵先生文集》、《曉庵先生詩集》 清王錫闡 清道光刊本 日本靜嘉堂文庫館藏
27.《續學堂文鈔》、《續學堂詩鈔》 清梅文鼎 清刊本 日本內閣文庫館藏
28.《疇人傳》 清阮元 台北世界書局 一九六三
29.《顧亭林詩文集》 清顧炎武 北京中華書局標點本 一九八三
30.《鶴林玉露》 宋羅大經 北京中華書局標點本 一九八三
31.《中西交通史》 方豪 中國文化大學出版社 一九八三
32.《中國之科學與文明》㈢ 李約瑟主編 台灣商務印書館譯本 一九七三

33.《中國哲學原論》 唐君毅 九龍人生出版社 一九六六
34.《朱子新學案》 錢穆 台北三民書局 一九八二
35.《宋明理學史》 侯外廬等 北京人民出版社 一九八四
36.《明清間耶穌會士譯著提要》 徐宗澤 台灣中華書局 一九五八
37.《近代中國思想學說史》 侯外廬 生活書店
38.《清人文集別錄》 張舜徽 北京中華書局 一九六二
39.《清代著名天文數學家梅文鼎》 李迪、郭世榮 上海科學技術文獻 一九八八
40.《梅園論學集》 戴君仁 台北開明書局 一九七〇
41.《第一頁與胚胎——明清之際的中西文化比較》 陳衛平 上海人民出版社 一九九二

國立中央圖書館出版品預行編目資料

明末清初理學與科學關係再論／張永堂著.--初版--
臺北市：臺灣學生，民83
面；　公分.--（中國哲學叢刊；40）參考書目：　面
ISBN 957-15-0594-3（精裝）.--ISBN 957-15-0595-1（平裝）

1.理學--中國--明（1368-1644）　2.理學--中國--清（1644-1912）　3.科學--中國--明（1368-1644）　4.科學--中國--清（1644-1912）

127.1　　83001133

明末清初理學與科學關係再論

著作者：張永堂
出版者：臺灣學生書局
發行人：丁文治
發行所：台灣學生書局
臺北市和平東路一段一九八號
郵政劃撥帳號〇〇〇二四六六八號
電話：三六三四一五六
FAX：三六三六三三四
本書局登記證字號：行政院新聞局局版臺業字第一一〇〇號
印刷所：淵明電腦排版
地址：永和市福和路一六四號四樓
電話：二三一三六一六
香港總經銷：藝文圖書公司
地址：九龍偉業街九十九號連順大廈五字樓及七字樓
電話：七九五九五九五

定價　精裝新臺幣三〇〇元　平裝新臺幣二四〇元

中華民國八十三年二月初版

12031

ISBN　957-15-0594-3（精裝）
ISBN　957-15-0595-1（平裝）

臺灣學生書局出版

中國哲學叢刊

①孔子未王而王論	羅夢册著
②管子析論	謝雲飛著
③中國哲學論集	王邦雄著
④王陽明傳習錄詳註集評	陳榮捷著
⑤江門學記	陳郁夫著
⑥王陽明與禪	陳榮捷著
⑦孔孟荀哲學	蔡仁厚著
⑧生命情調的抉擇	劉述先著
⑨儒道天論發微	傅佩榮著
⑩程明道思想研究	張德麟著
⑪儒家倫理學析論	王開府著
⑫呂氏春秋探微	田鳳台著
⑬莊學蠡測	劉光義著
⑭先秦道家與玄學佛學	方穎嫻著
⑮韓非子難篇研究	張素貞著
⑯商鞅及其學派	鄭良樹著
⑰陽明學漢學研究論集	戴瑞坤著
⑱墨學之省察	陳問梅著
⑲中國哲學史大綱	蔡仁厚著
⑳儒家政治思想與民主自由人權	徐復觀著
㉑道墨新詮	光晟著
㉒中國心性論	蒙培元著
㉓管子思想研究	徐漢昌著
㉔譚嗣同變法思想研究	王樾著
㉕明清之際儒家思想的變遷與發展	林聰舜著
㉖張載哲學與關學學派	陳俊民著
㉗明末清初學術思想研究	何冠彪著

㉘道教新論	龔鵬程著
㉙儒釋道與中國文豪	王　煜著
㉚帛書老子校注析	黃　釗著
㉛中國古代崇祖敬天思想	王祥齡著
㉜黃老學說與漢初政治平議	司修武著
㉝近思錄詳註集評	陳榮捷著
㉞老莊研究	胡楚生著
㉟莊子氣化論	鄭世根著
㊱韓非之著述及思想	鄭良樹著
㊲儒家的生命情調	戴朝福著
㊳中國文化哲學	馮滬祥著
㊴朱子學與明初理學的發展	祝平次著
㊵明末清初理學與科學關係再論	張永堂著